"新商科"电子商务系列教材

跨境电子商务

◎ 主　编　来立冬
◎ 副主编　张　函　金川涵
◎ 主　审　陈　明

电子工业出版社
Publishing House of Electronics Industry
北京·BEIJING

内 容 简 介

本书主要内容包括跨境电子商务理论的介绍、店铺开设、店铺装修、店铺管理与优化、店铺营销推广、跨境物流与海外仓、跨境电商支付与财务管理等，旨在国家"大众创业，万众创新"背景下向广大读者普及跨境电子商务理论知识，体验跨境电子商务与应用跨境电子商务，帮助读者实现网络创业。

本书适合作为职业院校电子商务及相关专业教材，也可供从业人员参考使用。

未经许可，不得以任何方式复制或抄袭本书的部分或全部内容。
版权所有，侵权必究。

图书在版编目（CIP）数据

跨境电子商务 / 来立冬主编. —北京：电子工业出版社，2018.3

ISBN 978-7-121-31931-0

Ⅰ.①跨… Ⅱ.①来… Ⅲ.①电子商务—高等学校—教材 Ⅳ.①F713.36

中国版本图书馆 CIP 数据核字（2017）第 139474 号

策划编辑：张云怡
责任编辑：张云怡　　特约编辑：张国栋
印　　刷：北京捷迅佳彩印刷有限公司
装　　订：北京捷迅佳彩印刷有限公司
出版发行：电子工业出版社
　　　　　北京市海淀区万寿路 173 信箱　邮编　100036
开　　本：787×1 092　1/16　印张：15.75　字数：403.2 千字
版　　次：2018 年 3 月第 1 版
印　　次：2020 年 8 月第 5 次印刷
定　　价：39.00 元

凡所购买电子工业出版社图书有缺损问题，请向购买书店调换。若书店售缺，请与本社发行部联系，联系及邮购电话：（010）88254888，88258888。

质量投诉请发邮件至 zlts@phei.com.cn，盗版侵权举报请发邮件至 dbqq@phei.com.cn。

本书咨询联系方式：（010）88254573，zyy@phei.com.cn。

2017年5月19—20日，全国电子商务职业教育教学指导委员会在常州召开高等职业教育电子商务类专业教学改革研讨会。来自全国高职院校的近400位院校负责人和专业负责人参加会议。为在经济全球化的时代背景下，适应商业、技术和人文愈发深层次融合的新商业时代特征需求，会议提出了高职"新商科"人才培养的理念和倡议。

"新商科"人才培养理念体现新的商业思维。商业、技术和人文愈发深层次融合的新商业时代，商业人才需要逐步构建起"计算思维"、"数据思维"、"交互思维"、"哲学思维"、"伦理思维"和"美学思维"，这些思维的交叉融合是商业创新的动力源泉。

"新商科"人才培养理念探索新的商业规律。新的基础设施、新的商业模式、新的商业组织、新的价值观正在悄然地以"非中心化"的模式构建起新的社会生活，也产生了新的商业规律，比如信用成为资产、数据成为生产资料等。这些新的规律逐渐形成并产生广泛而深刻的创新。

"新商科"人才培养理念融合新的知识与技能。经济学、管理学、传播学、计算机科学技术、智能科学、数据科学等在新商业中的交叉融合应用，以及新的劳动工具使用所产生的新的技术技能积累。需要我们对财经商贸专业大类中绝大多数专业内涵与外延进行再思考。

"新商科"人才培养理念推动新的教育教学模式。基于新商业特征的新商科人才培养，要实事求是地调整人才培养结构，重构专业内涵与外延，反思培养规律与培养方法，创新培养内容与培养载体。探索跨专业的专业群建设模式和教学研究方法。

"新商科"人才培养理念提出后，得到了各界的积极响应。2017年9月11—12日，在全国电子商务职业教育教学指导委员会的倡议下，来自联合国教科文组织等22个国际组织和国家的负责人在广西共同发起成立"新商科国际职教联盟"。中国商业经济学会职业教育分会设立了32项新商科应用人才培养专项研究课题。电子工业出版社率先组织编写

了这套融入新商科人才培养理念的系列教材。

"新商科"教育是新商业时代的客观需要和必然趋势。高等职业教育要把握时代机遇,主动拥抱新商业时代!

陆春阳

全国电子商务职业教育教学指导委员会副主任

"新商科"电子商务系列教材编委会名单

主　任：沈凤池

总主编：胡华江

副主任：（按拼音顺序）

　　　　陈　明

　　　　嵇美华

　　　　李玉清

　　　　商　玮

　　　　谈黎虹

　　　　杨泳波

前言

过去十多年，随着数字化与物流网络的快速发展，B2C 电子商务日益成为零售业主流。预计到 2020 年，全球网购人数将超过 20 亿，约占全球目标消费人群的 60%，而他们的线上交易量约占其总零售消费量的 13.5%，交易额将达到 3.4 万亿美元（预计 2014—2020 年全球 B2C 交易总额年复合增长率为 13.5%）。迄今为止，B2C 线上交易主要以境内（供需双方位于同一国家）为主，但是，跨境电商后来居上，正日益成为 B2C 贸易的主要增长引擎，预计 2014—2020 年，跨境电商年复合增长率高达 29.3%。因此，可以毫不夸张地说，我们正在迎来一场跨境消费盛宴。

从世界范围来看，亚太地区一马当先，正在成为这一潮流的引领者，因为无论是在跨境电商交易总额，还是在销量增长率方面，亚太地区都遥遥领先。预计 2014—2020 年，全球跨境电商交易量增长中有 53.6% 来自亚太地区。西欧和北美地区紧随其后，占比分别为 18.9% 和 14.4%。在其余新兴市场，目前其境内与跨境电商增长旗鼓相当，可见，全球各地区都在享受着日益成熟的全球跨境商务带来的益处。

本教材旨在国家"大众创业，万众创新"背景下，向广大学习者普及跨境电子商务理论知识，体验跨境电子商务与应用跨境电子商务，实现网络创业。本教材主要内容有：跨境电子商务理论介绍、店铺开设、店铺装修、店铺管理与优化、店铺营销推广、跨境物流与海外仓、跨境电商支付与财务管理等，随书提供配套的教学课件与教学视频。

本书整体结构设计合理、体系完整、业务流程清晰、知识点翔实、操作实践性强，并具有以下特色：

1. 鲜明的时代性

本书内容着力凸显时代感与现代性，融入了最新的跨境电子商务发展状况，同时又不因此而影响到知识的系统性和逻辑性，既有完整的跨境电子商务知识体系，又十分注重对学生跨境电子商务实践动手能力的培养。

2. 学习的便捷性

本书提供配套的学习资源，有全部教学课件，以及相关的视频和最新行业报告，读者亦可扫码在移动端进行学习。

3．受众的广泛性

本书内容浅显易懂，具有可实践操作的特性，读者可以通过对本书内容的学习全面认识电子商务，结合自身的专业实现网络创业。

本书由浙江商业职业技术学院来立冬主编与统稿，金华职业技术学院张函与金川涵两位老师任副主编。项目 1、项目 2 由来立冬编写，项目 3 由申潇潇编写，项目 4、项目 8 由张函编写，项目 5、项目 6 由金川涵编写，项目 7 由严宇婷编写。全书最后由来立冬完成统稿工作。浙江工商职业技术学院陈明教授担任本书主审，为教材的完善提出了宝贵的意见。

本书在编写过程中得到了浙江商业职业技术学院沈凤池教授与金华职业技术学院胡华江教授的悉心指导，并得到多位专家与教师的支持与帮助，在此表示衷心感谢。由于时间仓促，书中难免存在不足之处，恳求各位读者批评指正。

来立冬

2017 年 6 月于杭州

目 录

项目 1 跨境电子商务认知

引例	1
任务 1 认识跨境电子商务	2
1.1.1 跨境电子商务的概念与特征	2
1.1.2 跨境电子商务的模式	5
任务 2 跨境电子商务国际环境与发展现状	9
1.2.1 欧、美、亚典型国家跨境电商发展概况	10
1.2.2 我国跨境电商发展环境和现状	12
1.2.3 中国卖家使用较多的跨境电商平台	14
同步阅读	16
同步实训	17
实训 体验跨境网络购物	17
同步测试	21

项目 2 跨境店铺开设

引例	23
任务 1 开设店铺	24
2.1.1 注册账号	25
2.1.2 进行企业认证	27
2.1.3 在线考试	28
任务 2 商品发布与管理	28
2.2.1 商品发布与上架	28
2.2.2 运费模板的设置	34
同步阅读	40
同步实训	42
实训 敦煌网店铺开设流程	42
同步测试	45

项目 3 店铺装修

引例	47
任务 1 设计网店布局	48
3.1.1 布局网店结构	48
3.1.2 设计商品详情页	55
3.1.3 设计商品主图	58
任务 2 装修店铺	61
3.2.1 店铺装修基础操作	61
3.2.2 店铺装修第三方模块操作	67
同步阅读	75
同步实训	76
实训 制作高点击率商品主图	76
同步测试	80

项目 4 店铺日常管理与优化

引例	82
任务 1 速卖通后台基本功能及设置	83
4.1.1 卖家后台——"我的速卖通"	83
4.1.2 产品管理	87
4.1.3 交易管理	89
4.1.4 店铺表现与商铺管理	91
4.1.5 经营表现	93
任务 2 数据化运营	93
4.2.1 数据化选品	94
4.2.2 产品与店铺数据分析	100
4.2.3 产品与店铺优化	109
同步阅读	117
同步实训	118
实训 1 站内数据选品	118
实训 2 产品分析与优化	122
同步测试	125

项目 5　跨境店铺营销推广

引例 ⋯⋯⋯⋯⋯⋯⋯⋯⋯⋯⋯⋯⋯⋯⋯ 127
任务 1　店铺自主营销 ⋯⋯⋯⋯⋯⋯⋯⋯ 128
　　5.1.1　选择店铺促销活动时机 ⋯⋯⋯ 128
　　5.1.2　设计店铺促销活动方案 ⋯⋯⋯ 131
　　5.1.3　设置店内促销活动 ⋯⋯⋯⋯⋯ 134
任务 2　平台活动 ⋯⋯⋯⋯⋯⋯⋯⋯⋯⋯ 142
　　5.2.1　平台活动介绍 ⋯⋯⋯⋯⋯⋯⋯ 142
　　5.2.2　平台活动规则 ⋯⋯⋯⋯⋯⋯⋯ 142
　　5.2.3　平台活动报名 ⋯⋯⋯⋯⋯⋯⋯ 146
任务 3　借助直通车推广 ⋯⋯⋯⋯⋯⋯⋯ 146
　　5.3.1　设计直通车推广策略 ⋯⋯⋯⋯ 146
　　5.3.2　优化直通车设置 ⋯⋯⋯⋯⋯⋯ 149
任务 4　吸引站外流量 ⋯⋯⋯⋯⋯⋯⋯⋯ 151
　　5.4.1　二维码推广 ⋯⋯⋯⋯⋯⋯⋯⋯ 151
　　5.4.2　联盟营销推广 ⋯⋯⋯⋯⋯⋯⋯ 152
　　5.4.3　搜索引擎推广 ⋯⋯⋯⋯⋯⋯⋯ 154
　　5.4.4　社会化媒体推广 ⋯⋯⋯⋯⋯⋯ 155
同步阅读 ⋯⋯⋯⋯⋯⋯⋯⋯⋯⋯⋯⋯⋯⋯ 157
同步实训 ⋯⋯⋯⋯⋯⋯⋯⋯⋯⋯⋯⋯⋯⋯ 162
　实训 1　设置店内营销活动 ⋯⋯⋯⋯⋯ 162
　实训 2　合理设置关联营销 ⋯⋯⋯⋯⋯ 163
同步测试 ⋯⋯⋯⋯⋯⋯⋯⋯⋯⋯⋯⋯⋯⋯ 164

项目 6　跨境物流与海外仓

引例 ⋯⋯⋯⋯⋯⋯⋯⋯⋯⋯⋯⋯⋯⋯⋯ 166
任务 1　跨境物流方式 ⋯⋯⋯⋯⋯⋯⋯⋯ 169
　　6.1.1　认识邮政物流 ⋯⋯⋯⋯⋯⋯⋯ 169
　　6.1.2　认识商业快递 ⋯⋯⋯⋯⋯⋯⋯ 171
　　6.1.3　认识专线物流 ⋯⋯⋯⋯⋯⋯⋯ 172
　　6.1.4　认识海外仓 ⋯⋯⋯⋯⋯⋯⋯⋯ 173
　　6.1.5　跨境物流方案的选择 ⋯⋯⋯⋯ 175
任务 2　跨境物流运费计算 ⋯⋯⋯⋯⋯⋯ 178
　　6.2.1　国际海运运费计算（海外仓）⋯ 178
　　6.2.2　国际空运运费计算（海外仓）⋯ 179
　　6.2.3　跨境小包物流运费计算 ⋯⋯⋯ 179
任务 3　线上线下发货 ⋯⋯⋯⋯⋯⋯⋯⋯ 180
　　6.3.1　线上发货 ⋯⋯⋯⋯⋯⋯⋯⋯⋯ 180
　　6.3.2　线下发货 ⋯⋯⋯⋯⋯⋯⋯⋯⋯ 183
同步阅读 ⋯⋯⋯⋯⋯⋯⋯⋯⋯⋯⋯⋯⋯⋯ 184
同步实训 ⋯⋯⋯⋯⋯⋯⋯⋯⋯⋯⋯⋯⋯⋯ 185
同步测试 ⋯⋯⋯⋯⋯⋯⋯⋯⋯⋯⋯⋯⋯⋯ 187

项目 7　跨境电商客服

引例 ⋯⋯⋯⋯⋯⋯⋯⋯⋯⋯⋯⋯⋯⋯⋯ 189
任务 1　客服工作思路与技巧 ⋯⋯⋯⋯⋯ 190
　　7.1.1　工作思路 ⋯⋯⋯⋯⋯⋯⋯⋯⋯ 190
　　7.1.2　工作流程 ⋯⋯⋯⋯⋯⋯⋯⋯⋯ 192
　　7.1.3　工作技巧 ⋯⋯⋯⋯⋯⋯⋯⋯⋯ 192
任务 2　纠纷、评价和客户管理 ⋯⋯⋯⋯ 194
　　7.2.1　欺诈与纠纷处理 ⋯⋯⋯⋯⋯⋯ 194
　　7.2.2　管理评价 ⋯⋯⋯⋯⋯⋯⋯⋯⋯ 197
　　7.2.3　老客户维护 ⋯⋯⋯⋯⋯⋯⋯⋯ 199
同步阅读 ⋯⋯⋯⋯⋯⋯⋯⋯⋯⋯⋯⋯⋯⋯ 201
同步实训 ⋯⋯⋯⋯⋯⋯⋯⋯⋯⋯⋯⋯⋯⋯ 204
　实训　纠纷提交和协商流程 ⋯⋯⋯⋯⋯ 204
同步测试 ⋯⋯⋯⋯⋯⋯⋯⋯⋯⋯⋯⋯⋯⋯ 210

项目 8　跨境电商支付与财务管理

引例 ⋯⋯⋯⋯⋯⋯⋯⋯⋯⋯⋯⋯⋯⋯⋯ 212
任务 1　跨境支付 ⋯⋯⋯⋯⋯⋯⋯⋯⋯⋯ 213
　　8.1.1　跨境支付介绍 ⋯⋯⋯⋯⋯⋯⋯ 213
　　8.1.2　国际支付宝 Escrow ⋯⋯⋯⋯⋯ 214
　　8.1.3　其他跨境支付方式 ⋯⋯⋯⋯⋯ 217
任务 2　收款与提现 ⋯⋯⋯⋯⋯⋯⋯⋯⋯ 218
　　8.2.1　收款与提现账户 ⋯⋯⋯⋯⋯⋯ 218
　　8.2.2　提现操作 ⋯⋯⋯⋯⋯⋯⋯⋯⋯ 221
　　8.2.3　结汇和退税 ⋯⋯⋯⋯⋯⋯⋯⋯ 224
任务 3　查看报表与财务管理 ⋯⋯⋯⋯⋯ 227
　　8.3.1　订单报表 ⋯⋯⋯⋯⋯⋯⋯⋯⋯ 227
　　8.3.2　运费报表 ⋯⋯⋯⋯⋯⋯⋯⋯⋯ 228
　　8.3.3　资金账户管理 ⋯⋯⋯⋯⋯⋯⋯ 229
同步阅读 ⋯⋯⋯⋯⋯⋯⋯⋯⋯⋯⋯⋯⋯⋯ 231
同步实训 ⋯⋯⋯⋯⋯⋯⋯⋯⋯⋯⋯⋯⋯⋯ 233
　实训 1　查询银行的 SWIFT Code ⋯⋯⋯ 233
　实训 2　财务核算 ⋯⋯⋯⋯⋯⋯⋯⋯⋯ 236
同步测试 ⋯⋯⋯⋯⋯⋯⋯⋯⋯⋯⋯⋯⋯⋯ 240

参考文献

项目 1

跨境电子商务认知

跨境电子商务的概念与特点；传统企业进入跨境电子商务的主要做法和关键点；通过跨境网络购物体验，分析跨境网络购物的优势和劣势。

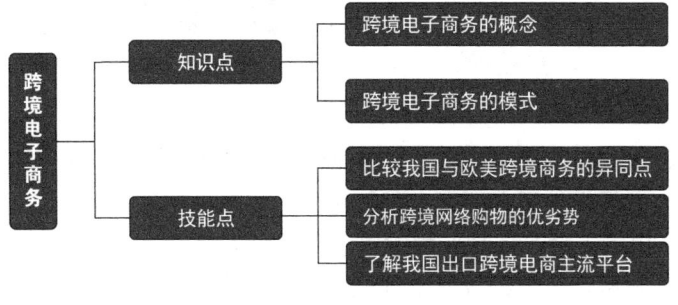

引例

Yandex 支付数据显示，2016 年俄罗斯网民采购中国商品订单总量比去年增加了 40%，中国零售商销售收入增加了 64%，中国产品占俄罗斯境外网购商品的一半以上。2016 年上半年俄罗斯网购市场总量达 4050 亿卢布，比 2015 年上半年增长了 26%。艰难的经济形势与俄罗斯卢布的严重贬值，实际上并没有影响俄罗斯的网上跨境贸易：按货币显示，2016 年上半年该市场总额为 1431 亿卢布，较 2015 年上半年增长 37%。

此外，根据电子商务协会数据显示，目前俄罗斯网民一半以上的跨境采购来自中国（51.5%），外国网上商店 90% 的网购订单属于中国商品。自 2015 年 10 月以来，通过 Yandex 支付接收货款的中国网商的营业收入增加了 64%，采购数量增加了 40%，顾客数量增加了 50%。

据了解，中国网商受俄罗斯顾客青睐的原因主要有：一是商品品种琳琅满目，二是商品价格低廉。俄罗斯网民平均每单发票数额不超过 24 美元（162 人民币），顾客从中国购买最多的是服装、鞋类、家电及儿童用品。当前有很多俄罗斯的广告咨询公司在为那些进军俄罗斯市场的中国网商提供相应服务，帮助中国电商企业完善网站促销产品，很多进入俄

罗斯市场的中国电商公司动作很快，并且效果显著。

目前，俄罗斯市场中国电子产品火爆，比如，2016年9月中国乐视公司进入俄罗斯市场时，在俄罗斯正式销售的第一天就卖出12.1万台智能手机，而且首个1万台在开盘第8分钟内即售罄。当前中国的各种等级电子产品相比他国同类产品在俄销售情况要好得多，特别智能手机。

（资料来源：http://www.cifnews.com/article/22913）

引例分析

从上面案例可以看出，跨境出口是我国跨境电商发展的重点。相比于传统的外贸进出口，互联网实现了全球性、实时性和交互性的国际贸易，基于互联网产生的跨境电商也构建起开放立体的多边贸易合作模式，促进了资源的优化配置，同时拓宽了企业进入国际市场的途径。当前很多企业都面临着转型升级的重要课题，应该好好利用跨境电商出口渠道，打造新的经济增长点。随着国家政策的不断支持，在移动互联网和智能物流等相关技术迅猛发展的背景下，围绕跨境电商产业会产生新的经济链，带动国内企业转型升级，催生出一系列新的经济增长点。

任务 1 认识跨境电子商务

计算机网络技术的重大突破，诞生了商业化的国际互联网（Internet），这正好为电子商务在全球的创立与发展提供了必不可少的网络平台，从而实现了海量信息的快速传递，也实现了网络营销、电子支付等各种新型的电子商务服务及应用。进入21世纪以来，随着互联网的普及和快速发展，全球经济各个领域已经进入了互联网时代。利用互联网进行跨境电商已经成为国际贸易发展的新方向。

据中国电子商务研究中心监测数据显示：2013年，中国跨境电商交易额达3.15万亿元；2014年，跨境电商交易额约4.2万亿元；2015年，跨境电商交易额约为5.4万亿元；2016年，我国跨境电商交易规模为6.7万亿元。预计未来几年跨境电商将继续保持平稳快速发展，在2017年将达到8万亿元的市场交易规模。由此可见，跨境电商在电商市场中占据着举足轻重的地位。

1.1.1 跨境电子商务的概念与特征

1. 跨境电子商务的含义

当前，对于跨境电子商务的认知主要体现在四个方面：政策领域、国际组织、咨询公司、学术研究。在政策方面，欧盟在其电子商务统计中出现了跨境电子商务（Cross border e-commerce）名称和有关内容，主要是指国家之间的电子商务，

跨境电商的含义与分类

但并没有给出明确的含义。2010 年国际邮政组织（IPC）在《跨境电子商务报告》中，分析了 2009 年的跨境电子商务状况，但对跨境电子商务的概念也没有明确地界定，而是出现了"Internet shopping"、"Online shopping"、"Online cross-border shopping"等多个不同的说法。同样，在 eBay、尼尔森等著名公司及诸多学者的表述中也运用了不同的名词，如跨境在线贸易、外贸电子、跨境网购、国际电子商务等。总体来看，这些概念虽然表达不同，但还是反映了一些共同的特点：一是渠道上的现代性，即以现代信息技术和网络渠道为交易途径，二是空间上的国际性，即由一个经济体成员境内向另一个经济体成员境内提供的贸易服务，三是方式上的数字化，即以无纸化为主要交易方式。

跨境电子商务概念有广义和狭义之分：

（1）广义的跨境电子商务是指分属不同关境的交易主体通过电子商务手段达成交易的跨境进出口贸易活动。

（2）狭义的跨境电子商务概念特指跨境网络零售，指分属不同关境的交易主体通过电子商务平台达成交易，进行跨境支付结算，通过跨境物流送达商品，完成交易的一种国际商业活动，如图 1-1 所示。跨境网络零售是互联网发展到一定阶段所产生的新型贸易形态。

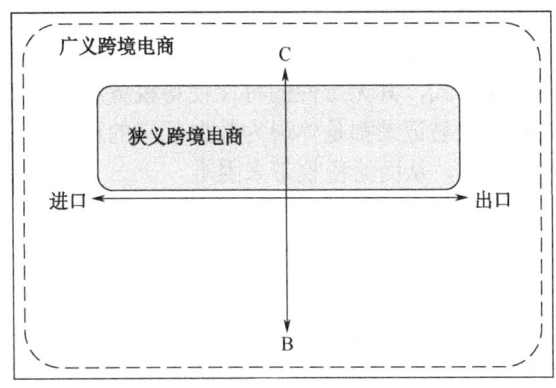

图 1-1　跨境电子商务概念界定

想一想

在加速发展跨境电子商务的大背景下，传统的企业涉足跨境电子商务有什么样的优势和劣势，又面临着怎样的机遇和挑战呢？

2．跨境电子商务的特征

跨境电子商务具有全球性、无形性、匿名性、即时性、无纸化、快速演进等特征。

（1）全球性(Global Forum)

网络是一个没有边界的媒介体，具有全球性和非中心化的特征。依附于网络发生的跨境电子商务也因此具有了全球性和非中心化的特性。电子商务与传统的交易方式相比，一个重要特点在于电子商务是一种无边界交易，丧失了传统交易所具有的地理因素。互联网用户不需要考虑跨越国界就可以把产品尤其是高附加值产品和服务提交到市场。网络的全球性特征带来的积极影响是最大程度的信息共享，消极影响是用户必须面临因文化、政治和法律的不同而产生的风险。任何人只要具备了一定的技术手段，在任何时候、任何地方都可以让信息进入网络，相互联系进行交易。美国财政部在其财政报告中指出，对基于全球化的网络建立起来的电子商务活动进行课税是困难重重的。因为电子商务是基于虚拟的

电脑空间展开的,丧失了传统交易方式下的地理因素;电子商务中的制造商容易隐匿其住所而消费者对制造商的住所却是漠不关心的。比如,一家很小的爱尔兰在线公司,通过一个可供世界各地的消费者点击观看的网页,就可以通过互联网销售其产品和服务,只要消费者接入了互联网。很难界定这一交易究竟是在哪个国家内发生的。

这种远程交易的发展,给税收制造了许多困难。税收权力只能严格的在一国范围内实施,网络的这种特性为税务机关对超越一国的在线交易行使税收管辖权带来了困难。而且互联网有时扮演了代理中介的角色。在传统交易模式下往往需要一个有形的销售网点存在,例如,通过书店将书卖给读者,而在线书店可以代替书店这个销售网点直接完成整个交易。而问题是,税务当局往往要依靠这些销售网点获取税收所需要的基本信息,代扣代缴所得税等。没有这些销售网点的存在税收权力的行使也会发生困难。

(2) 无形性(Intangible)

网络的发展使数字化产品和服务的传输盛行。而数字化传输是通过不同类型的媒介,例如数据、声音和图像在全球化网络环境中集中进行的,这些媒介在网络中是以计算机数据代码的形式出现的,因而是无形的。以一个 E-mail 信息的传输为例,这一信息首先要被服务器分解为数以百万计的数据包,然后按照 TCP/IP 协议通过不同的网络路径传输到一个目的地服务器并重新组织转发给接收人,整个过程都是在网络中瞬间完成的。电子商务是数字化传输活动的一种特殊形式,其无形性的特性使得税务机关很难控制和检查销售商的交易活动,税务机关面对的交易记录都是体现为数据代码的形式,使得税务核查员无法准确地计算销售所得和利润所得,从而给税收带来困难。

数字化产品和服务基于数字传输活动的特性也必然具有无形性,传统交易以实物交易为主,而在电子商务中,无形产品却可以替代实物成为交易的对象。以书籍为例,传统的纸质书籍,其排版、印刷、销售和购买被看做是产品的生产、销售。然而在电子商务交易中,消费者只要购买网上的数据权便可以使用书中的知识和信息。而如何界定该交易的性质、如何监督、如何征税等一系列问题都给税务和法律部门带来了新的课题。

(3) 匿名性(Anonymous)

由于跨境电子商务的非中心化和全球性特性,很难识别电子商务用户的身份和其所处的地理位置。在线交易的消费者往往不显示自己的真实身份和地理位置,重要的是这丝毫不影响交易的进行,网络的匿名性也允许消费者这样做。在虚拟社会里,隐匿身份的便利导致自由与责任的不对称。人们在这里可以享受最大的自由,却只承担最小的责任,甚至干脆逃避责任。这显然给税务机关制造了麻烦,税务机关无法查明应当纳税的在线交易人的身份和地理位置,也就无法获知纳税人的交易情况和应纳税额,更不要说去审计核实。该部分交易和纳税人在税务机关的视野中隐身了,这对税务机关是致命的。以 eBay 为例,eBay 是美国一家网上拍卖公司,允许个人和商家拍卖物品,到目前为止,eBay 已经拥有 1.5 亿用户,每天拍卖数以万计的物品,总计营业额超过 800 亿美元。

电子商务交易的匿名性导致了逃避税收现象的恶化。网络的发展,降低了避税成本,使电子商务避税更轻松易行。电子商务交易的匿名性使得应纳税人利用避税地联机金融机构规避税收监管成为可能。电子货币的广泛使用,以及国际互联网所提供的某些避税地联机银行对客户的"完全税收保护",使纳税人可将其源于世界各国的投资所得直接汇入避税地联机银行,规避了应纳所得税。美国国内收入服务处(IRS)在其规模最大的一次审计调查中发现大量的居民纳税人通过离岸避税地的金融机构隐藏了大量的应税收入。而美国政府估计大约 3 万亿美元的资金因受避税地联机银行的"完全税收保护"而被藏匿在避税地。

（4）即时性(Instantaneously)

对于网络而言，传输的速度和地理距离无关。传统交易模式，信息交流方式如信函、电报、传真等，在信息的发送与接收间，存在着长短不同的时间差。而电子商务中的信息交流，无论实际距离远近，一方发送信息与另一方接收信息几乎是同时的，就如同生活中面对面交谈。某些数字化产品（如音像制品、软件等）的交易，还可以即时清结，订货、付款、交货都可以在瞬间完成。

电子商务交易的即时性提高了人们交往和交易的效率，免去了传统交易中的中介环节，但也隐藏了法律危机。在税收领域表现为：电子商务交易的即时性往往会导致交易活动的随意性，电子商务主体的交易活动可能随时开始、随时终止、随时变动，这就使得税务机关难以掌握交易双方的具体交易情况，不仅使得税收的源泉扣缴的控管手段失灵，而且客观上促成了纳税人不遵从税法的随意性，加之税收领域现代化征管技术的严重滞后性，都使依法治税变得苍白无力。

（5）无纸化(Paperless)

电子商务主要采取无纸化操作的方式，这是以电子商务形式进行交易的主要特征。在电子商务中，电子计算机通信记录取代了一系列的纸面交易文件。用户发送或接收的都是电子信息。由于电子信息以比特的形式存在和传送，整个信息发送和接收过程实现了无纸化。无纸化带来的积极影响是使信息传递摆脱了纸张的限制，但由于传统法律的许多规范是以规范"有纸交易"为出发点的，因此，无纸化带来了一定程度上的法律混乱。

电子商务以数字合同、数字时间截取了传统贸易中的书面合同、结算票据，削弱了税务当局获取跨国纳税人经营状况和财务信息的能力，且电子商务所采用的其他保密措施也将增加税务机关掌握纳税人财务信息的难度。在某些交易无据可查的情形下，跨国纳税人的申报额将会大大降低，应纳税所得额和所征税款都将少于实际所达到的数量，从而引起征税国国际税收流失。例如，世界各国普遍开征的传统税种之一的印花税，其课税对象是交易各方提供的书面凭证，课税环节为各种法律合同、凭证的书立或做成，而在网络交易无纸化的情况下，物质形态的合同、凭证形式已不复存在，因而印花税的合同、凭证贴花（即完成印花税的缴纳行为）便无从下手。

（6）快速演进(Rapidly Evolving)

互联网是一个新生事物，现阶段它尚处在幼年时期，网络设施和相应的软件协议未来的发展具有很大的不确定性。但税法制定者必须考虑的问题是网络，像其他的新生儿一样，必将以前所未有的速度和无法预知的方式不断演进。基于互联网的电子商务活动也处在瞬息万变的过程中，短短几十年中，电子交易经历了从 EDI 到电子商务零售业的兴起过程，而数字化产品和服务更是花样出新，不断地改变着人类生活。

跨境电子商务越来越成为世界各国关注的焦点。随着世界范围内新一轮产业结构的调整和贸易自由化进程的推进，跨境贸易在各国经济中的地位还将不断上升，跨境电商产业整体趋于活跃。

1.1.2 跨境电子商务的模式

从业务模式角度来看，跨境电商可分为跨境零售（B2C、C2B）及跨境一般贸易（B2B）。从货物流向来看，跨境电商可分为跨境进口和跨境出口。从经营主体划分，跨境电子商务分为平台型、自营型、混合型（平台+自营），如表 1-1 所示。

表 1-1　中国主要跨境电商经营模式分类

经营模式	平台型	自营型
跨境 B2B（出口）	阿里巴巴国际站、中国制造网、环球资源网、敦煌网	
跨境 B2B（进口）	1688.com、海带网	
跨境电商零售（出口）	速卖通、eBay、Amazon、Wish	兰亭集势、DX、米兰网
跨境电商零售（进口）	天猫国际、淘宝全球购、洋码头	网易考拉、京东全球购、聚美优品、小红书

根据不同的业务形态，跨境进口电商分为海外代购模式，直发、直运平台模式，自营 B2C 模式，导购、返利平台模式，海外商品闪购模式。

1．海外代购模式

简称"海代"的海外代购模式是继"海淘"之后第二个被消费者熟知的跨国网购概念。简单地说，就是身在海外的人、商户为有需求的中国消费者在当地采购所需商品并通过跨国物流将商品送达消费者手中的模式，如图 1-2 所示。

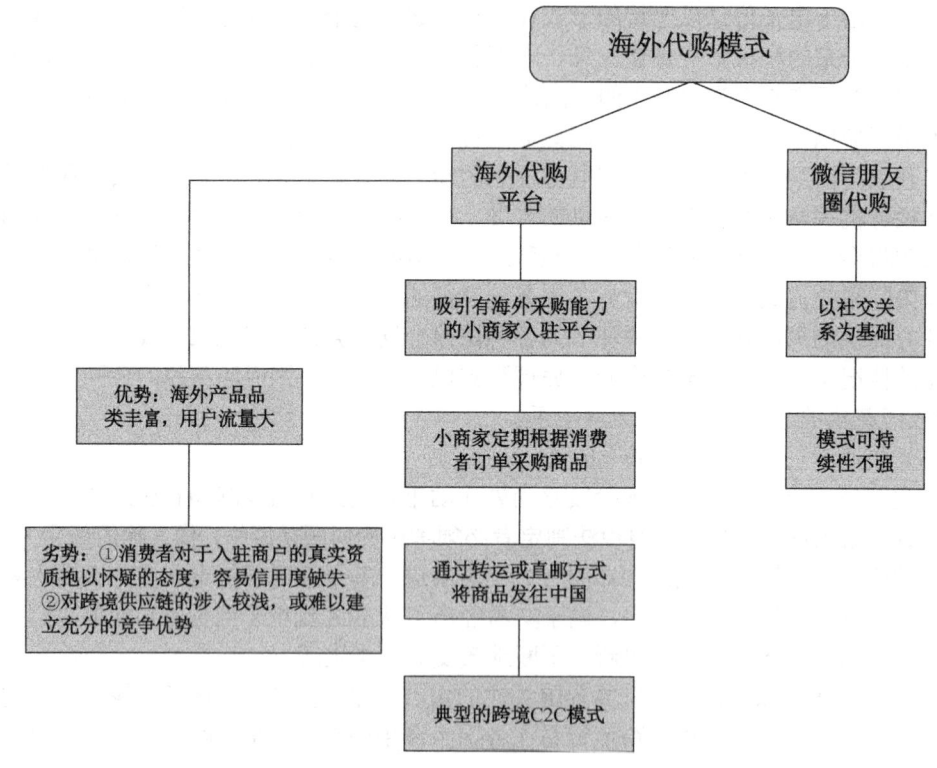

图 1-2　海外代购模式

从业务形态上，海代模式大致可以分为以下两类：

（1）海外代购平台。海外代购平台地运营重点在于尽可能多地吸引符合要求的第三方卖家入驻，不会深度涉入采购、销售以及跨境物流环节。入驻平台的卖家一般都是有海外采购能力或者跨境贸易能力的小商家或个人，他们会定期或根据消费者订单集中采购特定商品，在收到消费者订单后再通过转运或直邮模式将商品发往中国。

海外代购平台是典型的跨境 C2C 平台路线。代购平台通过向入驻卖家收取入场费、交易费、增值服务费等获取利润。

优势：为消费者提供了较为丰富的海外产品品类选项，用户流量较大。

劣势：① 消费者对于入驻商户的真实资质报以怀疑的态度，交易信用环节是 C2C 海代平台目前最需要解决的问题之一。② 对跨境供应链的涉入较浅，难以建立充分的竞争优势。

代表企业：淘宝全球购、京东海外购、易趣全球集市、美国购物网。

（2）朋友圈海外代购。微信朋友圈代购是依靠熟人、半熟人社交关系从移动社交平台自然生长出来的原始商业形态。虽然社交关系对交易的安全性和商品的真实性起到了一定的背书作用，但受骗的例子也不在少数。随着海关政策的收紧，监管部门对朋友圈个人代购的定性很可能会从灰色贸易转向走私性质。在海购市场格局完成未来整合后，这种原始模式恐怕将难以为继。

2. 直发、直运平台模式

直发、直运平台模式又被称为"Dropshipping 模式"，如图 1-3 所示。在这一模式下，电商平台将接收到的消费者订单信息发给批发商或厂商，后者按照订单信息以零售的形式对消费者发送货物。

图 1-3 直发、直运平台模式

由于供货商是品牌商、批发商或厂商，因此直发、直运是一种典型的 B2C 模式。我们可以将其理解为第三方 B2C 模式（参照国内的天猫商城）。直发、直运平台的部分利润来自于商品零售价和批发价之间的差额。

优势：对跨境供应链的涉入较深，后续发展潜力较大。直发、直运模式在寻找供货商时是与可靠的海外供应商直接谈判签订跨境零售供货协议的。为了解决跨境物流环节的问题，这类电商会选择自建国际物流系统（如洋码头）或者和特定国家的邮政、物流系统达成战略合作关系（如天猫国际）。

劣势：招商缓慢，前期流量相对不足，前期所需资金体量较大。

代表企业：天猫国际（综合）、洋码头（北美）、跨境通（上海自贸区）、苏宁全球购（意向中）、海豚村（欧洲）、一帆海购网（日本）、走秀网（全球时尚百货）。

3. 自营 B2C 模式

在自营 B2C 模式下，大多数商品都需要平台自己备货，因此这是所有模式里最重的一类模式，如图 1-4 所示。

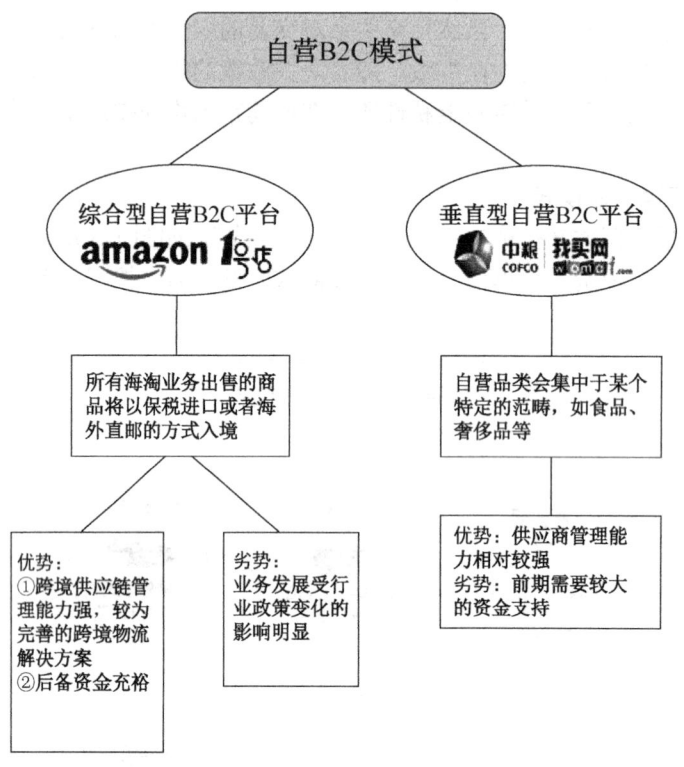

图 1-4　自营 B2C 模式

自营 B2C 模式分为综合型自营和垂直型自营两类：

（1）综合型自营跨境 B2C 平台。目前能够称得上综合性自营跨境 B2C 平台的只有亚马逊和有沃尔玛在背后支撑的 1 号店。亚马逊和 1 号店先后宣布落户上海自贸区开展进口电商业务。他们所出售的商品将以保税进口或者海外直邮的方式入境。

优势：跨境供应链管理能力强，较为完善的跨境物流解决方案，后备资金充裕。

劣势：业务发展会受到行业政策变动的影响明显。

（2）垂直型自营跨境 B2C 平台。垂直是指平台在选择自营品类时会集中于某个特定的范畴，如食品、奢侈品、化妆品、服饰等。

优势：供应商管理能力相对较强。

劣势：前期需要较大的资金支持。

代表企业：中粮我买网（食品）、蜜芽宝贝（母婴）、寺库网（奢侈品）、莎莎网（化妆品）、草莓网（化妆品）。

项目 1　跨境电子商务认知

4．导购、返利平台模式

导购、返利模式是一种比较轻的电商模式，可以分成两部分来理解：引流部分和商品交易部分。引流部分是指，通过导购资讯、商品比价、海购社区论坛、海购博客以及用户返利来吸引用户流量。商品交易部分是指，消费者通过站内链接向海外 B2C 电商或者海外代购者提交订单实现跨境购物。

为了提升商品品类的丰富度和货源的充裕度，这类平台通常会搭配以海外 C2C 代购模式。因此，从交易关系来看，这种模式可以理解为海淘 B2C 模式和代购 C2C 模式的综合体。

在典型的情况下，导购、返利平台会把自己的页面与海外 B2C 电商的商品销售页面进行对接，一旦产生销售，B2C 电商就会给予导购平台 5%~15% 的返点。导购平台则把其所获返点中的一部分作为返利回馈给消费者。

优势：定位于对信息流的整合，模式较轻，较容易开展业务。引流部分可以在较短时期内为平台吸引到海购用户，可以比较好的理解消费者的前端需求。

劣势：长期而言，把规模做大的不确定性比较大，对跨境供应链把控较弱，进入门槛低，玩家多，相对缺乏竞争优势，若无法尽快达到一定的可持续流量规模，后续发展比较难以维持。

代表企业：55 海淘、一淘网（阿里旗下）、极客海淘网、海淘城、海淘居、海猫季、悠悠海淘、什么值得买、美国便宜货。

5．海外商品闪购模式

跨境闪购所面临的供应链环境比起境内更为复杂，因此在很长一段时间里，涉足跨境闪购的玩家都处于小规模试水阶段。每年进入 9 月，聚美优品的"聚美海外购"和唯品会的"全球特卖"频道纷纷高调亮相网站首页。两家公司都宣称对海外供应商把控力强、绝对正品、全球包邮、一价全包。海外商品闪购模式是一种第三方 B2C 模式。

优势：一旦确立行业地位，将会形成流量集中、货源集中的平台网络优势。

劣势：闪购模式对货源、物流的把控能力要求高。对前端用户引流、转化的能力要求高。任何一个环节的能力有所欠缺都可能以失败告终。

代表企业：蜜淘网（原 CN 海淘）、天猫国际的环球闪购、1 号店的进口食品闪购活动、聚美优品海外购、宝宝树旗下的杨桃派、唯品会的海外直发专场。

任务 2　跨境电子商务国际环境与发展现状

2012 年，全球跨境电子商务市场规模超过 1 万亿美元，同比增长约 21%。从区域上看，欧洲地区成为全球最大的跨境电子商务市场。2012 年，欧洲电子商务市场规模达到 4126 亿美元，占全球电子商务市场的 35.1%。北美地区电子商务市场规模达到 3895 亿美元，占全球的 33.1%。亚太地区是全球增长最快的第三大电子商务市场，总交易额达到 3016 亿美元，占全球的 25.7%。

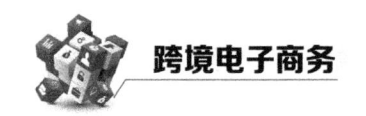

1.2.1 欧、美、亚典型国家跨境电商发展概况

1. 欧洲跨境电子商务市场——规模最大

欧洲的 8.2 亿居民中有 5.3 亿互联网用户，2.59 亿在线购物用户。电子商务为欧洲贡献了大约 10% 的 GDP。纵观欧洲电商，英国电商渗透率最高。数据显示（图 1-5），81% 的消费者更习惯选择线上购物，丹麦、德国、法国的在线购买率也排在前列。而在南欧地区，希腊、葡萄牙、意大利等国，仅有 1/3 的消费者会选择线上购物。2016 年，欧洲 B2C 电子商务市场达到 6250 亿欧元。

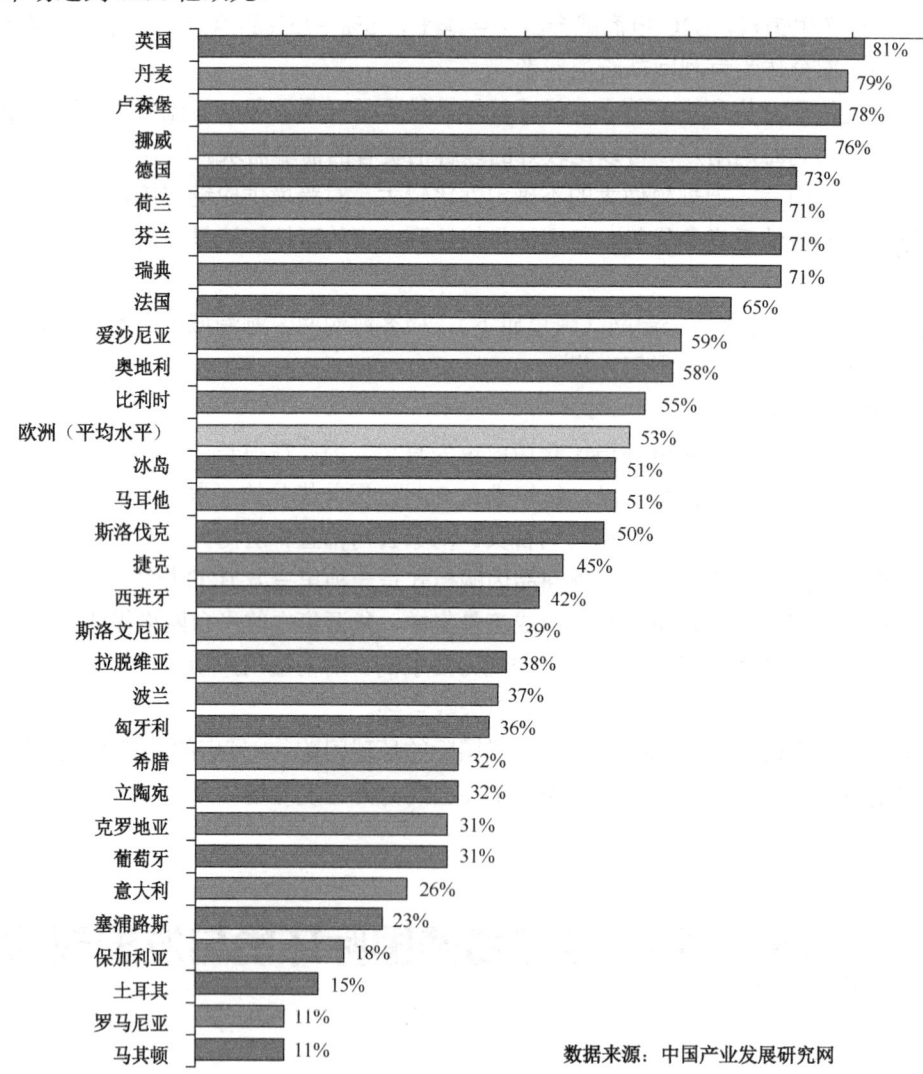

国家	渗透率
英国	81%
丹麦	79%
卢森堡	78%
挪威	76%
德国	73%
荷兰	71%
芬兰	71%
瑞典	71%
法国	65%
爱沙尼亚	59%
奥地利	58%
比利时	55%
欧洲（平均水平）	53%
冰岛	51%
马耳他	51%
斯洛伐克	50%
捷克	45%
西班牙	42%
斯洛文尼亚	39%
拉脱维亚	38%
波兰	37%
匈牙利	36%
希腊	32%
立陶宛	32%
克罗地亚	31%
葡萄牙	31%
意大利	26%
塞浦路斯	23%
保加利亚	18%
土耳其	15%
罗马尼亚	11%
马其顿	11%

数据来源：中国产业发展研究网

图 1-5　2015 年欧洲各国电商渗透率

网上交易对经济的贡献率逐步增长，互联网对欧洲 GDP 的贡献在迅速增加，尤其是英国，它引领了欧洲电子商务的潮流。除了给 GDP 作出贡献外，电子商务同时也为高失业率的欧洲创造了很多就业岗位。

欧洲电子商务市场可以分为北部成熟的市场、南部增长迅速的市场和东部新兴市场。

一旦资金和物流体系有所改善，东欧将会有很大改变。仅以俄罗斯来说，该国共有 6000 万互联网用户、1500 万在线购物用户和很高的移动设备渗透率，电子商务发展环境较好。但俄罗斯较低的信用卡渗透率以及落后的物流服务等，导致了俄罗斯的电子商务仍停留在现金交易阶段。尽管如此，俄罗斯的在线零售市场依然在 2016 年达到 160 亿美元。

2. 北美跨境电子商务市场——最受欢迎

全球约 37%的跨境在线买家集中在北美。美国拥有 3.15 亿居民，2.55 亿网民，1.84 亿在线购买者，88%的美国网民都在网购，并且这一数字还在上升。

美国和加拿大在线总销售额达到 3895 亿美元，占到全球网购额的 33.1%，在线零售领域，美国是世界上最大的市场。美国电子商务的销售额在 2017 年有望达到 3700 亿美元。

超过半数的美国电子商户都从国外接受订单。虽然跨境电子商务存在各种挑战，依然挡不住巨大的商机。尼尔森调查表明，美国是最受欢迎的跨境市场，紧接着是英国、中国大陆、中国香港、加拿大、澳大利亚和德国。在跨境运送服务方式中，45%的美国商户会选择标准邮政渠道。

加拿大的互联网、手机和银行服务的普及率很高，但由于加拿大地广人稀，物流对于偏远地区来说是一个挑战。加拿大也是美国跨境电子商务的重要市场之一，因为其税率比美国国内更为优惠。60%的加拿大人从美国网购，其中 38%的加拿大人生活在安大略省。这里相对较低的物流费和相对较低的汇率，使加拿大居民的网购热情有增无减。

北美的南部和加勒比海地区的在线购物发展势头迅猛。这些地区对于美国和加拿大来说都是潜在客户。但目前来看，欧洲的电子商务发展得更加迅速，美元贬值吸引了更多欧洲、加拿大和亚洲的在线购买者。

3. 亚洲跨境电子商务市场——增长最快

亚洲在线销售统计中，日本和韩国独树一帜，他们有 80%的人活跃在网上，25%的韩国人和 18%的日本网购者都会海淘。亚洲各地区之间有着极强的联系，排名前三的跨境电子商务地区分别是：中国香港、中国大陆、日本。在全世界的互联网使用者中，前 5 名中有 3 个亚洲国家：中国、日本和印度。

除了增长的财富和繁荣的中产阶级，互联网的普及是电子商务的重要推手，没有互联网的普及就不可能有在线销售。在网民增长率排名中，中国和印度分列第一和第二位。

亚洲数字产业发展呈现出不同的情况。在一些国家，例如印度，互联网的渗透率只有 8%，但使用互联网的用户数量却很高。相比之下，日本有着相当高的互联网普及率，但网民却只有 1.01 亿，明显少于印度的 1.37 亿。在 12 亿人口的印度有 1.37 亿人使用互联网。这一比例相对较小，主要是由于在印度偏远地区只有 3%的人口拥有网络。印度的网络状况十分多样化，城镇和农村的情况相差悬殊。20%的印度城市人口上网，在中国，这一比例是 60%。尽管如此，印度在线交易量在 2011 年仍达到了 1 亿美元。其中，2/3 的在线交易是通过手机完成的。

印度互联网渗透率正在急速上升，电子商务机会巨大。随着 3G 和 4G 技术的应用，印度政府计划为每个村庄铺设高速宽带。如果采取正确的措施，并且公司都能认真选取商业策略模式，那么交易额有望在 2024 年达到 2600 亿美元。

马来西亚也是未来电子商务发展的潜力股，超过半数的人口都上网，并且银行客户比例很高。而在印度，旅行开支占了在线支付的很大部分，其次是书籍销售。

日本和韩国电商成熟度较高。日本是亚洲第二大电子商务市场，2015 年，在线销售额接近 2500 亿美元。日本的卡支付业务普及率非常高，信用卡支付是 52%的日本在线购物者支付方式的首选，共有 5600 万张日本银行卡在市场中使用。日本电子商务的渗透率达到 97%，因为大部分日本人都居住在城里，这也就解释了为什么多渠道销售较为赢利，在一个基础设施发达且面积相对较小的国家中，提供物流服务更易于使客户感到满意。

1.2.2 我国跨境电商发展环境和现状

跨境电子商务的发展

近年来，我国跨国电商交易增长迅速，远超同期的外贸增速。中国电子商务研究中心的数据显示，全国 2016 年上半年交易额达到 2 万亿，同比增长 42.8%，较 2015 年增速提高 12.2%。从进出口角度看，2015 年跨境进口交易额接近 6000 亿元，较 2008 年增长 16.6 倍，年均复合增长率达 59.71%，增速惊人。

跨境电商已经成为进出口贸易的重要组成部分，2016 年上半年交易额占我国进出口总值的 17.3%，较 2015 年底提高 2.5%。伴随着跨境电商的快速发展，从事跨境电商业务的企业也进入急速增长期。2015 年我国跨境电商平台企业超过 5000 家，境内通过各类平台开展跨境电商的企业已超过 20 万家，如图 1-6 所示。

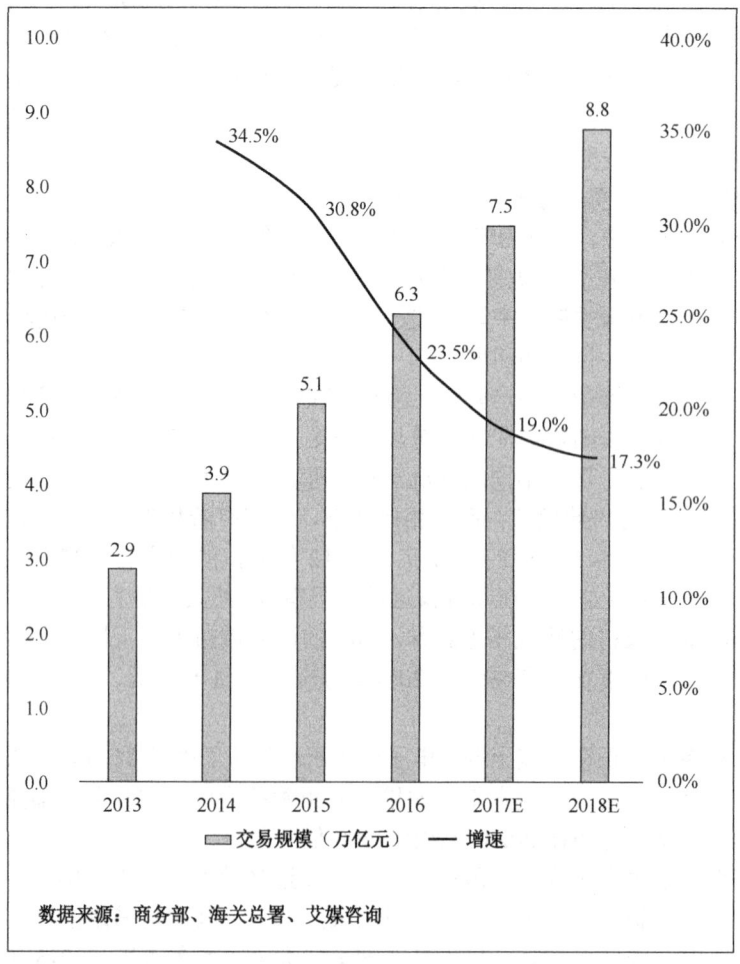

图 1-6 中国跨境电商交易规模及预测

从进出口看，跨境电商出口占据绝对比重，进口增长迅速。2015 年，跨境电商出口交易额在总交易额中的比重为 86.7%，跨境电商进口不足 15%，这意味着目前跨境出口电商发展快速，而跨境进口电商还处于起步阶段，享受明显的税收优惠，如图 1-7 所示。这种进出口结构集中反映了我国仍然是以出口为主、进口为辅的经济结构。

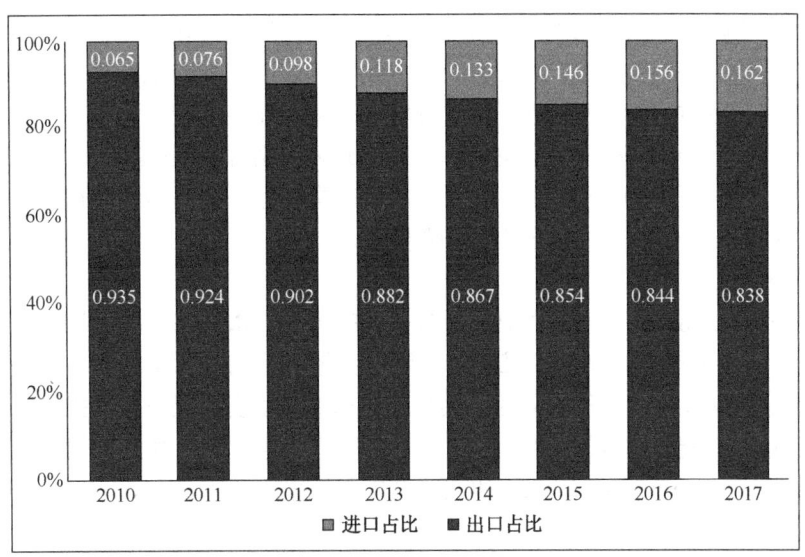

图 1-7　中国跨境电商进出口占比

从交易对象看，跨境电商业务以 B2B 为主。2015 年，B2B 占比为 92.4%，B2C 仅为 7.6%。考虑到 B2B 交易量较大、订单较为稳定，估计未来一个时期，跨境电商交易仍将以 B2B 为主体，但随着政策放松和物流条件改善，B2C 还有很大的增长空间。

从交易品类看，跨境电商的交易品类较为集中。相关机构研究表明，我国跨境电商品类主要集中在服装服饰、3C 电子产品、家居园艺和汽车配件等行业，其中 3C 电子产品占比高达 41.2%。这些产品的标准化程度高、退货率低、便于运输存储等特点突出，适宜通过电商渠道进行销售。

从跨境出口电商卖家区域分布看，主要集中在外贸发达的地区。广东、江苏、浙江、上海、福建五省市的跨境电商交易额占比接近八成，其中广东占比高达 38.9%。这与沿海外贸发达地区经济实力较强、区位优势明显有较大关系。

从跨境出口电商贸易对象看，美国和欧盟市场较为稳定，一些新兴市场，如东盟、俄罗斯、印度、巴西等地区和国家的交易也在迅速增长。当前，美国、欧盟地区、东盟地区成为我国的三大跨境电商贸易对象，交易额分别占到 16.6%、15.3% 和 11%。

从用户群体来看，我国跨境电商用户主要由高学历、高收入、高职位群体构成。艾瑞咨询的研究显示，跨境网购用户中 25～35 岁群体占比高达 65%，其中 25～30 岁群体占比达 39.7%，高于境内网购用户群体 6.4%，跨境电商用户更趋于年轻化。这类群体对生活品质的要求较高，对互联网购物非常熟悉，同时部分高收入群体愿意为质量较高的国外产品支付更高的价格，对跨境电商的接受程度较高。

1.2.3 中国卖家使用较多的跨境电商平台

在众多国内外跨境交易平台中，eBay、速卖通、亚马逊、敦煌网、Wish 这五家的市场份额占到 80%以上。同时新的一批跨境电商平台也在陆续搭建中，"印尼中国商品网"、"丹麦中国商品网"等精细化国家级的电子商务网站分别于 2013 年、2014 年上线运行，都想在跨境电子商务这块大蛋糕中抢占一席之地。其他市场占有率和知名度较高的跨境电商平台还有环球资源、兰亭集势和中国制造网。除了传统 PC 端购物模式外，随着移动互联网的迅速发展，移动购物也开始向传统跨境电商平台发起挑战，并正在逐步改变人们的生活方式和消费观念。

跨境电商平台介绍

1. 亚马逊

亚马逊公司（Amazon，简称"亚马逊"；NASDAQ：AMZN），是美国最大的一家网络电子商务公司，位于华盛顿州的西雅图，是网络上最早开始经营电子商务的公司之一。亚马逊公司成立于 1995 年，一开始只经营网络的书籍销售业务，现在已经扩展了范围相当广泛的其他商品，成为全球商品品种最多的网上零售商和全球第二大互联网企业。在公司名下，也包括了 AlexaInternet、a9、lab126 和互联网电影数据库（Internet Movie Database，IMDB）等子公司。

亚马逊及其他销售商为客户提供数百万种独特的全新、翻新及二手商品，如图书、影视、音乐、游戏、数码下载、电子和电脑、家居园艺用品、玩具、婴幼儿用品、食品、服饰、鞋类、珠宝、健康和个人护理用品、体育及户外用品、玩具、汽车及工业产品等。

2000 年，亚马逊在美国开通了第三方平台业务，首次允许其他卖家入驻；2012 年初，亚马逊在中国正式启动"全球开店"项目；2014 年 6 月，亚马逊"全球开店"业务增加日本和加拿大两个站点，至此，中国卖家可以在美国、德国、英国、法国、意大利、西班牙、加拿大，以及日本网站进行全球跨境业务的拓展。亚马逊依靠成熟运作的海外站点和物流仓储系统，使得跨境业务获得高速发展，仅 2013 年入驻的卖家数就增长了 196%。

亚马逊的优势在于品牌的国际影响力和优质的买家服务体系，以及领先的国际物流仓储服务。亚马逊在北美市场提供 FBA 服务，能实现 2~3 天到货，最快次日送货；在欧洲市场，可以帮助卖家实现欧洲五国（英国、法国、德国、意大利、西班牙）的统一仓储和物流服务，并可配送至欧盟其他国家，方便卖家向亚马逊欧洲网站的顾客提供本地化客户服务以及快捷的送货服务。亚马逊平台提供免费的站内推广服务，以及向消费者精准的商品推荐服务。

2. eBay

eBay 是在线交易平台的全球领先者，利用其强大的平台优势和旗下全球市场占有第一的支付工具 PayPal 为全球商家提供网上零售服务。通过 eBay 的全球平台，中国卖家的支付、语言、政策、品牌、物流等问题得到了很好的解决，同时在出口电商网络零售领域发挥了自身优势，可将产品销售到世界各国，直接面对亿万消费者。中国卖家还可通过 eBay 推广自有品牌，提升世界地位认可度。eBay 也帮助买卖双方削减中间环节，创造价格优势，降低运营成本。

eBay 对入驻其平台进行跨境电子商务交易的商家收取两项费用，一项是刊登费，即商

家在 eBay 上刊登商品所收取的费用；另一项是成交费，即交易成功时，平台收取一定比例的佣金。

eBay 的优势在于品牌的国际影响力、全球市场覆盖率、健全的买家保障体系和 PayPal 支付的紧密合作。在物流方面，eBay 联合第三方合作伙伴——中国邮政速递，为中国卖家提供便捷、快速、经济的国际 E 邮宝货运服务，并逐渐从美国、澳大利亚、德国等发达国家向俄罗斯等新兴市场延伸。eBay 推出卖家保护政策，通过大数据技术及买家质量评估，强化对卖家的支持和保护，助力卖家业务的快速发展。

3．敦煌网

敦煌网于 2004 年正式上线，是中国国内首个实现在线交易的跨境电商 B2B 平台，以中小额外贸批发业务为主，开创了"成功付费"的在线交易佣金模式，卖家免费注册，只有在买卖双方交易成功后才收取相应的手续费，将传统的外贸电子商务信息平台升级为真正的在线交易平台。

目前，敦煌网已经在线拥有 120 多万家国内供应商，2500 万种商品，遍布全球 200 多个国家和地区的 550 万买家。在过去十年的发展过程中，敦煌网实现了在物流、资金流和信息流三大环节的平台整合。敦煌网提供第三方网络交易平台，中国卖家通过商铺建设、商品展示等方式吸引海外买家，并在平台上达成交易意向，生产订单，可以选择直接批量采购，也可以选择先小量购买样品，再大量采购。并且提供货源、海外营销、在线支付和国际物流、保险、金融、培训为一体的供应链整合服务体系，实现一站式外贸购物体验。

敦煌网于 2013 年推出"在线发货"物流服务，通过线上申请、线下发货的方式简化了发货流程，为外贸商家提供更为便捷的快递服务。敦煌网的优势在于较早推出增值金融服务，根据自身交易平台的数据为敦煌网商户提供无须实物抵押、无须第三方担保的网络融资服务。虽然速卖通后续也推出过类似服务，但时间上晚于敦煌网。敦煌网在行业内率先推出 App 应用，不仅解决跨境电商交易中的沟通问题和时差问题，而且还打通了订单交易的整个购物流程。

4．Wish

作为较新的电商平台，不得不说 Wish 是跨境电商移动端平台的一匹黑马。从下面几个数据就可以看出它到底有多"黑"：凭借仅 50 个人的团队，只用了 3 年时间，就成为北美最大的移动购物平台，95%的订单量来自移动端，89%的卖家来自中国，App 日均下载量稳定在 10 万左右，注册用户数超过 3300 万，日活跃用户 100 万，重复购买率超过 50%，向卖家收取高达 15%的佣金费率……一组组令人尖叫的数据让人震惊，也让 Wish 在中国跨境电商平台中迅速蹿红。

Wish 的优势在于坚持追求简单直接的风格，不讨好大卖家，也不扶持小卖家，全部通过技术算法将消费者与想要购买的物品连接起来。卖家入住门槛低，平台流量大，成单率高，利润率远高于传统的电商平台。与 PC 端展开差异化竞争，利用移动平台的特点，卖家不必以牺牲产品价格来取胜。

5．速卖通

全球速卖通是阿里巴巴旗下面向全球市场打造的在线交易平台，被广大卖家称为国际版"淘宝"。速卖通于 2010 年 4 月上线，经过 7 年多的迅猛发展，目前已经覆盖 220 多个国家和地区的海外买家，每天海外买家的流量超过 5000 万，最高峰值达到 1 亿，已经成为全球最大的跨境交易平台之一。在 2016 年双 11 速卖通当天成交 3578 万个订单，比去年增长 68%，截

至美国太平洋时间 11 月 11 日 24 点，速卖通订单最多的国家和地区包括俄罗斯联邦、西班牙、美国、法国及乌克兰。速卖通采用对成功交易收取 5%手续费不成功不收费的模式，现正逐步向不同品类、不同支付方式、不同交易金额收取不同手续费比例的商业模式发展。

速卖通是俄罗斯最受欢迎的跨境网购平台，交易额占俄罗斯跨境网购市场总值的 35%，紧随其后的是 eBay，所占的比例为 30%，亚马逊为 7.5%。速卖通不仅拥有英文主站，还拥有俄语、葡萄牙语分站，并计划建立印尼分站，呈现向东南亚扩张的趋势。

速卖通的优势在于平台交易手续费率低，和其他竞争对手相比有明显的优势。丰富的淘宝商品资源，其淘代销的功能使卖家可非常方便地将淘宝商品一键卖向全球。速卖通还为卖家提供一站式商品翻译、上架、支付、物流等服务。另外，凭借其阿里巴巴国际站的知名度，再加上各大洲相关联盟站点、Google 线上推广等渠道也为速卖通引入了源源不断的优质流量。

二、三线城市跨境网购消费力爆发

随着新一年的到来，关于 2016 年的各种总结报告接踵而至。而在 2016 年中发展得如火如荼的跨境电商无疑是如今互联网行业中少有的增长点。日前，包括亚马逊中国、网易考拉海购等平台纷纷发布了年度跨境网购趋势报告，对一年来跨境网购趋势进行了总结和分析。

跨境网购越发常态化

根据亚马逊中国的报告显示，去年中国跨境网购愈发普及并常态化，"黑五"深入人心。数据显示，2016 年 12 月，亚马逊海外购活跃用户数量是 2014 发布之初的 23 倍。亚马逊中国消费者调研结果显示，拥有 2 年以下跨境网购经验的消费者占比超过 50%，由此可见亚马逊海外购的推出吸引了大量全新的跨境网购人群。而自亚马逊在国内推出亚马逊 Prime 会员服务以来，注册会员的订单覆盖了全国 31 个省、市、自治区的 380 多个城市和地区。

此外，随着跨境网购的普及，亚马逊黑色星期五购物狂欢概念深入人心。2016 年"黑五"期间，亚马逊中国成绩斐然，黑五当日销售额较 2015 年同期翻番，也是双 11 当日销售额的 6 倍。亚马逊香港/保税仓的销售同样异常火爆，黑五当日销售额是 2015 年黑五销售额的 12 倍之多。

年轻化、高学历、高收入依然是目前亚马逊跨境消费人群的三大特点。近八成的亚马逊中国跨境消费者年龄集中在 35 岁以下。九成以上的亚马逊消费者拥有大学及以上学历，月收入 5000 元以上的消费者占比则由 2015 年的 53%提高到了 62%，提高近十个百分点。与此同时，家庭成为跨境网购群体的主力军，其中，有子女的家庭占比约 84%。以家庭为单位的群体已经成为跨境网购的主导群体，从个人需求到家庭需求的衍变也是跨境网购品类呈多元化发展和与日常生活紧密结合的主要因素之一，跨境网购从偶尔为之的尝鲜之举逐渐成为生活常态。

二、三线城市消费爆发

据网易考拉海购发布《2016 跨境消费趋势报告》显示，自信、个性、专业成为了去年跨境消费的三大趋势，与 2015 年奶爸奶妈时代的纸尿裤、尿不湿主力军相比，2016 年的跨境消费者已发生巨大变化。

在经过一年的急速发展后，奶爸奶妈群体的比例已被单身人群超越。2016年未婚跨境消费者比例从33%上升至45%，一跃成为主力军，而奶爸奶妈群体占比则降低了13%，有孩子的跨境消费者占比为43%。

值得留意的是，这些急速增加的年轻跨境消费者，除了来自北上广等一线城市外，更多来自南京、武汉、苏州和西安这些二线大城市。2015年北京、上海、广州三地跨境消费者的占比与其他城市拉开明显差距，但随着更多二、三线城市跨境消费者的出现，虽然TOP5仍为一线城市，但与其他城市间的占比差距从2015年的13%已降低至2%~3%。

在省份分布上，这一差别更为明显。2015年，前TOP3省份（浙江、广东、江苏）的跨境消费者在总群体中占比超过50%，但在2016年这一比例已下降至35%，湖北、四川、河南这些中、西部省份发力迅猛。

直播+场景营销成亮点

随着更多样化的消费体验出现，跨境的消费过程开始变得更加直观和丰富，各大电商平台不遗余力地在各种营销手段上做出新的突破。

为了在直播运营取得突破，网易考拉海购一口气与虎牙直播、斗鱼直播、nice、网易BOBO四大直播平台达成战略合作，并启动"818洋货节"全球直采直播项目。首批嘉宾包括胡兵、吴尊等明星，前往韩国、日本、中国台湾、澳大利亚、巴西等地进行全球直采行动，挖掘品牌和商品背后的故事。双11期间网易考拉海购又联手什么值得买，直播日本花王、卡乐比、UCC咖啡正品直采全过程，吸引了数百万人参与。

而为了紧跟国外潮流，给国内消费者第一手的新鲜货。走秀网更是获英国政府邀请赴伦敦男装周现场"即秀即买"，在新品发布会结束之后立即在线发售新品，且现场可使用电子平台即刻订货。主办方表示，全球男装销售增长速度都在加快，男性消费增长趋势明显。这与走秀网的销售数据相吻合，男性用户的增长速度正在加快，且在中国深圳、北京、上海等一线城市，走秀网男性用户的数量逐渐逼近女性用户，甚至开始反超，男性对自我形象的投入意识增强将极大拉动男性消费市场。

（资料来源：跨境一步达，www.kjeport.com）

实训　体验跨境网络购物

亚马逊简介

实训目的

通过跨境网络购物实践，能够熟练描述跨境购物流程，能够比较分析跨境网络购物与传统购物的优劣势，加深对跨境电子商务概念及特点的感性认识。

实训内容与步骤

（1）进入亚马逊官网首页（http://www.amazon.com），如图1-8所示，单击"Hello, Sign

in"注册账户。

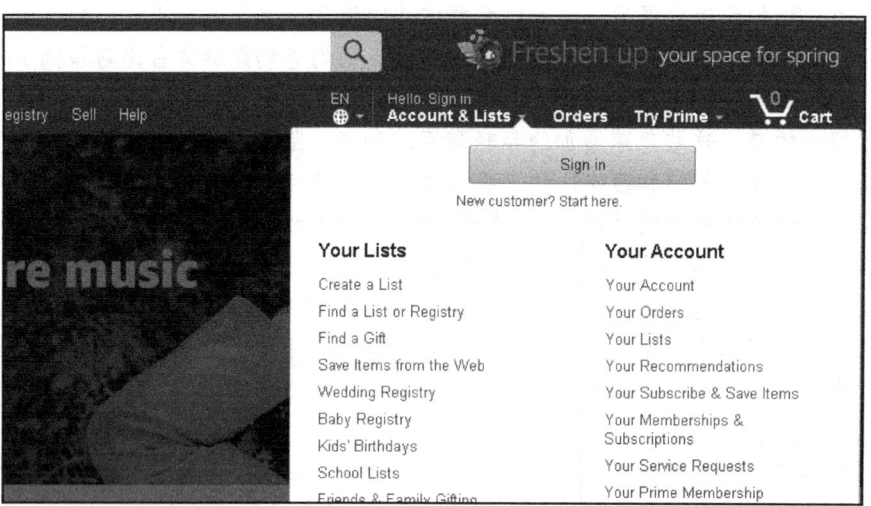

图 1-8　登录亚马逊注册账户

（2）进入注册页面（图 1-9），填写 E-mail 地址，并点击选择"Create your Amazon Account"继续。

（3）补充完整注册信息后（图 1-10）点击"Create your Amazon Account"，你的账户便建立好了。

图 1-9　填写 E-mail 地址　　　　　　　　图 1-10　完善注册信息

（4）现在可以选购商品了。可以在中间空白条输入关键词，比如要买宝宝牙刷，就输入"baby toothbrush"进行搜索，如图 1-11 所示。

（5）比如点击第一个商品，进入商品详情页面，如决定购买，点击"Add to cart"把商品加入购物车。在商品页面应注意：① 价格旁边是否写有"Free shipping on orders over $35"字样，写了这个表示购物满 35 美元，运送美国境内可以免运费；② 是否有写"Ships from and sold by Amazon.com"字样，写有这个表示为美国亚马逊自营商品，商品质量比较有保障，如图 1-12 所示。

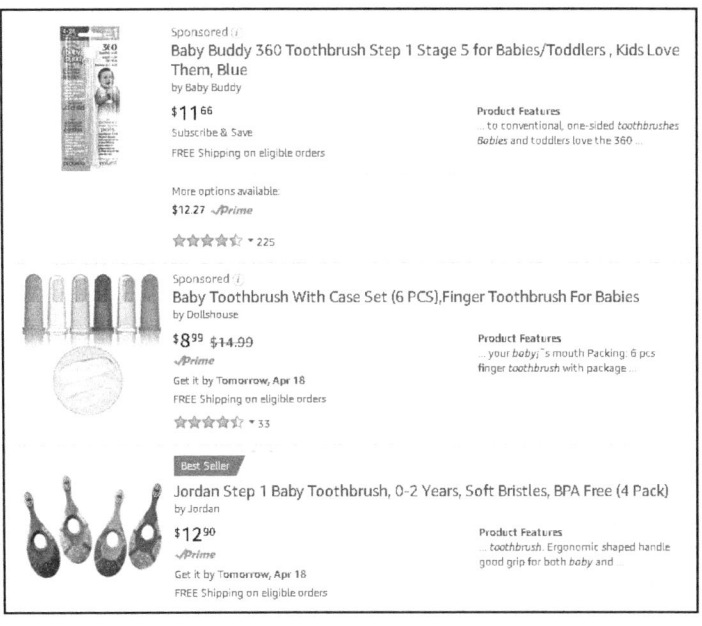

图 1-11　搜索关键词

图 1-12　查看商品

（6）继续选择所需商品，选完之后，点击"Proceed to Checkout"就可以去结账了。结账前还要填写地址和信用卡信息。

（7）页面跳转至地址填写页面，请按照转运公司地址对应填写，可复制过来，并点击"Continue"继续。

进入如图 1-13 所示页面，选择运输方式，选择的商品若都符合"super saving shipping"并总金额超过 35 美元的话，就可以选择"free super saver shipping"，即免费运输。然后选"Group my items into as few shipments as possible"，点击"Continue"继续。

（8）下面就进入了信用卡填写页面，信用卡上有 VISA 或 MASTER 标示就可以使用。填入卡号、持卡人姓名（须同卡片上一致），以及有效期等信息。

（9）点击"Place your order"，就确认下单了，如图 1-14 所示。

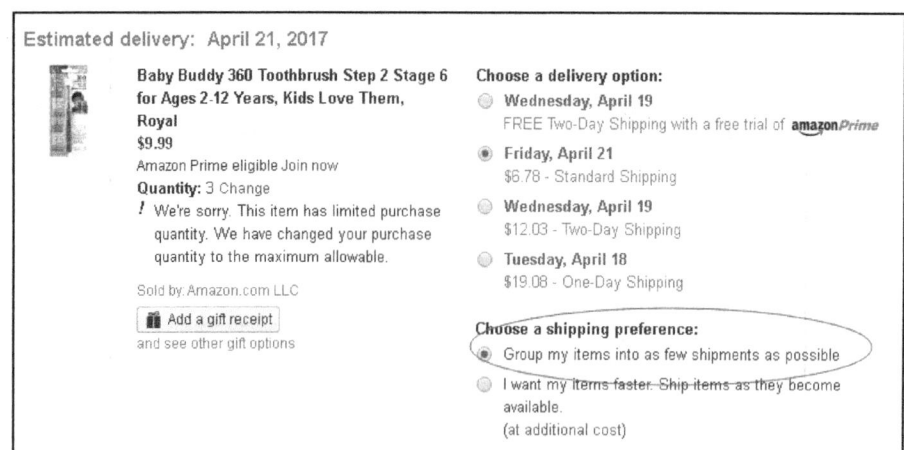

图 1-13 选择运输方式

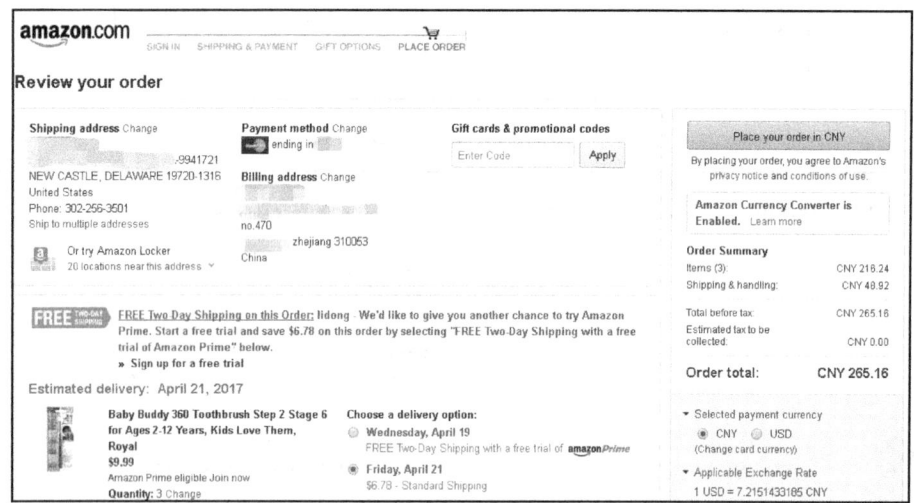

图 1-14 下单购买

 **实训提示**

选择买家虽然主要比较价格,但还必须考虑商品星级评分、是否亚马逊自营等因素,毕竟交易的安全性是最重要的。

亚马逊平台运营相关规则与政策

 思考与练习

请体验一次美国亚马逊网上购物,以文字配截图形式记录操作过程,并回答下列问题:

(1)用框图描述美国亚马逊网的交易流程。

(2)美国亚马逊网提供了哪些支付方式和配送方式?在交易中你选择的是什么支付方式和配送方式?说明选择理由。

(3)在此次交易中,你体会到美国亚马逊网络购物与传统购物比较具有哪些优势与劣势?

项目小结

随着电子信息技术和经济全球化的深入发展,跨境电子商务在国际贸易中的地位和重要作用日益凸显,跨境电子商务已广泛地渗透到全球经济和生活的各个领域。从此之后,随时、随地、方便、快捷地满足地球村上每一位居民的个性化需求的梦想不再遥远。

在后面的章节中,将以速卖通平台为例做详细的操作讲解和运营营销理念介绍,不同的跨境电商平台的具体规则不同,所以操作和运营策略稍有不同,但是对于产品的理解和市场的分析都是相通的。希望大家学习了本书以后对跨境电商有一个整体的认识和理解,融会贯通地运用到各项具体工作中,相信每一个认真、努力的人都可以在跨境电商方面取得满意的成绩。

同步测试

习题答案

1. 单项选择题

(1) 和传统外贸相比,以下不是跨境电子商务呈现的主要特征的是( )。
    A. 交易渠道变短　　　　　　　　B. 业务流程简化
    C. 交易效率降低　　　　　　　　D. 无纸化

(2) 以下不是跨境电子商务通关出口监管模式的是( )。
    A. 一般出口　　　　　　　　　　B. 保税出口
    C. 直购进口　　　　　　　　　　D. 网购保税

(3) 2014 年 1 月,海关总署增列海关监管方式代码为( ),适用于境内个人或电子商务企业通过电子商务交易平台实现交易,并采用"清单核放、汇总申报"模式办理通关手续的电子商务零售进出口商品。
    A. 1210　　　B. 1220　　　C. 9610　　　D. 9620

(4) 电子商务出境货物运抵海关监管场所装货( )前,按照已向海关发送的订单、支付、物流等信息,如实填制《货物清单》,逐票办理货物通关手续。
    A. 4 小时　　　B. 12 小时　　　C. 24 小时　　　D. 3 天

(5) 以下哪个有关跨境电子商务的政策文件被称为"外贸国六条"?( )
    A. 《关于促进外贸稳定增长的若干意见》
    B. 《关于实施支持跨境电子商务零售出口有关政策的意见》
    C. 《关于促进进出口稳增长、调结构的若干意见》
    D. 《关于跨境贸易电子商务进出境货物、物品有关监管事宜的公告》

2. 多项选择题

(1) 和传统国际贸易相比,跨境电子商务呈现出传统国际贸易所不具备的特征有( )。
    A. 多边化　　　B. 小批量　　　C. 高频度　　　D. 透明化

(2) 为什么要大力发展跨境电商?( )
    A. 有利于传统外贸企业转型升级　　　B. 缩短了对外贸易的中间环节

C．为小微企业提供了新的机会　　　　D．促进产业结构升级

（3）跨境电商的参与主体有哪些？（　　）

A．通过第三方平台进行跨境电商经营的企业和个人

B．跨境电子商务的第三方平台

C．物流企业

D．支付企业

（4）以下哪些是跨境电商人员需要具备的素质？（　　）

A．了解海外客户网络购物的消费理念

B．了解相关国家知识产权和法律知识

C．熟悉各大跨境电商平台不同的运营规则

D．具备"当地化/本地化"思维

（5）跨境电商呈现哪些发展趋势？（　　）

A．产业生态更为完善，各环节协同发展

B．产品品类和销售市场更加多元化

C．B2C 占比提升，B2B 和 B2C 协同发展

D．移动端成为跨境电商发展的重要推动力

3．分析题

（1）阐述中小企业开展跨境电商的优势和劣势在哪里？

（2）调研本地两家已经实施跨境电子商务的传统企业，分析这两家企业进入跨境电子商务的做法有何不同。

项目 2
跨境店铺开设

能够在跨境平台上注册店铺、上传产品,并能设置合适的运费模版。能够正确地选择合适的类目,准确地为产品填写标题和关键词。

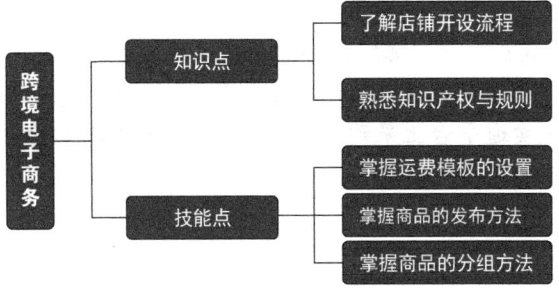

"什么是速卖通?"这是过年回家,黄玲燕被问得最多的一句话。

黄玲燕总会掏出手机,打开淘宝 App 解释说:"速卖通就是外国人用的淘宝。"亲友们大多数都知道淘宝,点头表示理解后,又有些不明白,黄玲燕店铺里卖的那些包包造型古怪容量又小,到底什么样的人会买啊?

"这是我的兴趣啊,就像玩游戏上瘾也能赚零花钱一样。"黄玲燕说,另一方面则是来自家庭环境,她的父母在丽水经营一家鞋店,养家糊口之余,还把家从农村搬进了县城,生活忙碌而富足。

大学毕业后,黄玲燕和丈夫都从事了服装外贸工作,穿梭于国内各个工厂之间,经常与国外客户谈判。几年下来,他们对服装行业有了较深的了解,对于尺码、库存、质量把控和采购价格等问题了如指掌,便萌生了开家网店的想法。

2012 年,黄玲燕从 1688 进货,开了第一家速卖通店铺,以经营女装为主。其运作流程很简单:从 1688 上寻找商品,并把挑中的商品放到速卖通的店铺中,如果有人下单,就马

上到 1688 上购买，产品先寄到家中，经过大致检查后贴上单号，累积到一定量就能打包寄给代运公司统一寄出。

速卖通官方数据显示，截至 2015 年 4 月，速卖通平台的注册用户（含未开店者）接近 200 万，其中平台型卖家 40 万。而更多的则是黄玲燕这样的中小卖家，没有自己的生产线，也不会有积压库存，投入不多，经营起来简单便利。

黄玲燕的一天通常是这样度过的：早晨 9 点起床，开始在 1688 上搜索商品，并逐个抠图、复制、上架，通常在下午 3 点后结束工作。黄玲燕的丈夫丁沅则负责商品宝贝详情的英文描述，以及购买过程中与顾客的邮件沟通。

一开始不懂行，黄玲燕也在物流方面吃过亏，她曾将所有国际包裹统一使用邮政小包寄出。后来摸清门道，原来中小卖家一般会寻找当地的货代公司帮忙发货，但发往国外的快递公司需要商家自己选择，且不同的快递公司在不同的国家有不同的收费标准，选择好了可以节省一大笔物流成本。

几年下来，黄玲燕积累了自己的生意经：国外客户中，俄罗斯客户最喜欢低价和折扣，欧美用户最在意评价的好坏；不断的上新，比买广告吸引流量更有效；比起迫不及待要收货的国内客户，国外的客户对于商品到货期限更有耐心。

（资料来源：http://www.henghuinet.com/Case/detail/id/509）

引例分析

速卖通平台一直在海外主流网站、电视、报纸、杂志等媒体投放巨额广告，利用 SNS、电子邮件等方式扩大其在海外的影响，精确锁定海外买家，导入海量访问流量。时至今日，速卖通平台的交易额增长已超过千百倍，每天有近 200 个国家，数以百万计的海外消费者在速卖通平台上采购商品，速卖通平台已经培育了大量优秀卖家，目前的速卖通平台正处在高速发展时期。本项目将详细地讲述像黄玲燕夫妻这样在开店初期时遇到的问题和困惑。

任务 1 开设店铺

目前，国际上主流的跨境电子商务平台有阿里巴巴国际站、速卖通、敦煌网、Wish、亚马逊和 eBay 等。作为阿里巴巴未来国际化的重要战略产品，速卖通这几年的发展可谓如火如荼，自 2010 年 4 月正式发布以来已经成为全球最活跃的跨境电商平台之一。速卖通平台已经于 2016 年 2 月开始，实行全面的招商入驻策略，卖家必须缴纳一定的年费才可以在相关类目下开设店铺。入驻流程如图 2-1 所示。

店铺开设前期准备

项目 2 跨境店铺开设

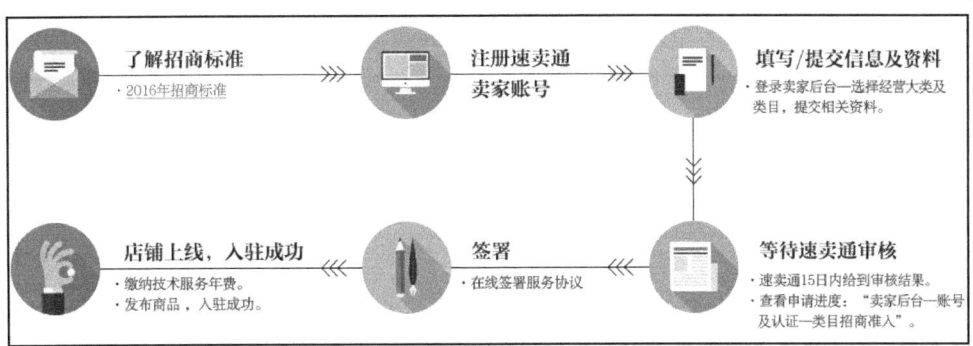

图 2-1 速卖通入驻流程

想要在速卖通平台上开店，肯定想了解速卖通开店的条件是什么？首先要知道一点，不同的速卖通店铺有不同的开店条件和要求，所以先要明确速卖通店铺类型。在速卖通平台上，有三种店铺类型，如图 2-2 所示。

店铺类型	官方店	专卖店	专营店
店铺类型介绍	商家以自有品牌或由权利人独占性授权（仅商标为R标）入驻速卖通开设的店铺。	商家以自有品牌（商标为R或TM状态），或者持他人品牌授权文件在速卖通开设的店铺。	经营1个及以上他人或自有品牌（商标为R或TM状态）商品的店铺。
开店企业资质	需要完成企业认证，卖家需提供如下资料： 1. 企业营业执照副本复印件 2. 企业税务登记证复印件（国税、地税均可） 3. 组织机构代码证复印件 4. 银行开户许可证复印件 5. 法定代表人身份证正反面复印件	同官方店	同官方店
单店铺可申请品牌数量	仅1个	仅1个	可多个
平台允许的店铺数	同一品牌（商标）仅1个	同一品牌（商标）可多个	同一品牌（商标）可多个
需提供的材料	1. 商标权人直接开设官方店，需提供国家商标总局颁发的商标注册证（仅R标） 2. 由权利人授权开设官方店，需提供国家商标总局颁发的商标注册证（仅R标）与商标权人出具的独占授权书（如果商标权人为境内自然人，则需同时提供其亲笔签名的身份证复印件。如果商标权人为境外自然人，提供其亲笔签名的护照/驾驶证复印件也可以） 3. 经营多个自有牌商品且品牌归属同一个实际控制人，需提供多个品牌国家商标总局颁发的商标注册证（仅R标） 4. 卖场型官方店，需提供国家商标总局颁发的35类商标注册证（仅R标）与商标权人出具的独占授权书。（仅限速卖通邀请）	1. 商标权人直接开设的品牌店，需提供由国家商标总局颁发的商标注册证（R标）或商标注册申请受理通知书（TM标） 2. 持他人品牌开设的品牌店，需提供商标权人出具的品牌授权书（若商标权人为自然人，则需同时提供其亲笔签名的身份证复印件；如果商标权人为境外自然人，提供其亲笔签名的护照/驾驶证复印件也可以）	需提供由国家商标总局颁发的商标注册证（R标）或商标注册申请受理通知书复印件（TM标）或以商标持有人为源头的完整授权或合法进货凭证（各类目对授权的级数要求，具体以品牌招商准入资料提交为准）

图 2-2 速卖通店铺类型及相关要求

✓ 2.1.1 注册账号

（1）首先登录卖家首页（www.aliexpress.com），单击"卖家入口"

开店注册流程

025

下的"卖家频道"按钮或者单击"Join My AliExpress"按钮，如图 2-3 所示。

图 2-3　速卖通卖家首页

（2）在跳转页面中输入邮箱和验证码，单击"下一步"按钮，如图 2-4 所示。之后，系统会向注册邮箱发送一份确认邮件，点击链接进行确认。

（a）

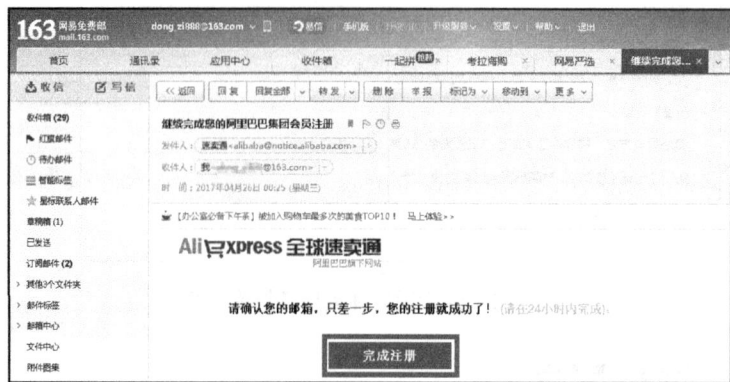

（b）

图 2-4　邮箱验证

（3）填入注册信息，其中的"经营模式"选定后不可更改，不过这个选项对账户没有任何影响。所有注册信息准确无误填写后，单击"确认"按钮，如图2-5所示。

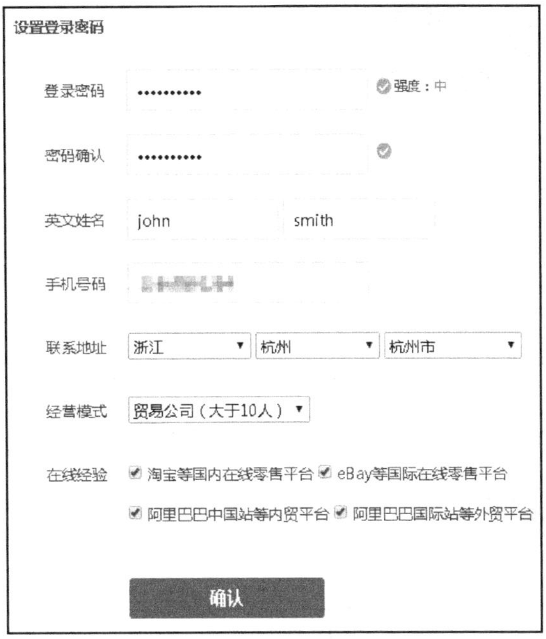

图 2-5　填写账户信息

（4）随后，速卖通会向所输入的手机号发送验证码，验证手机后，即完成注册，如图2-6所示。

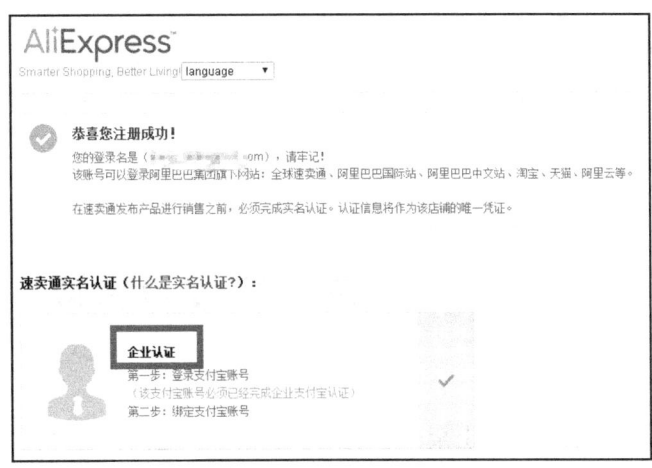

图 2-6　账户注册成功

2.1.2　进行企业认证

登录支付宝账户（该支付宝账号必须已经完成企业支付宝认证），如图2-7所示，绑定支付宝账号后，需要严格根据要求上传企业资料。

跨境电子商务

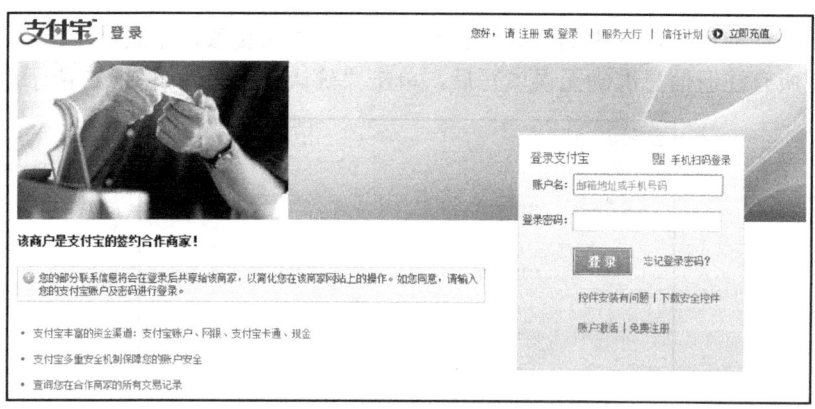

图 2-7　登录支付宝

进行实名认证后，速卖通会对卖家信息进行审核。审核通过后，卖家会收到通知邮件和短信，即可登录速卖通账户。但是，此时尚不能进入实际操作，还需要进行在线考试。

✅ 2.1.3　在线考试

为了让新卖家尽快了解与熟悉速卖通，在正式开店之前，新卖家需要通过一个开店考试。考试的试题总分为 100 分，90 分及格。

考试内容包括：速卖通的基本知识、速卖通的交易流程、速卖通常见页面介绍、如何发布产品、如何发布淘代销产品、速卖通搜素排序规则、速卖通物流知识、店铺自主营销、速卖通平台活动、数据纵横工具介绍、搜索作弊行为介绍、速卖通纠纷规则、速卖通平台规则等。

考试为开卷考试，题目旁边有相关知识点的视频，可以从视频中找到答案。考试没有次数限制，可以重考几次完成。考试通过后，在跳转页面单击"进入我的速卖通"按钮即可开始发布产品。

任务 2　商品发布与管理

跨境电商平台的产品发布与上架一般包括以下步骤：选品、选择类目、填写属性、设置标题、上传主图、产品定价、制作详情页等。下面以速卖通为例，详细介绍跨境电商平台产品发布与上架的过程。

✅ 2.2.1　商品发布与上架

登录速卖通账号后，单击"我的速卖通"→"发布产品"即可进入发布产品的界面，如图 2-8 所示。

发布新产品操作示例

项目 2　跨境店铺开设

图 2-8　速卖通发布产品界面

1. 选择正确的类目

类目是跨境店铺的主要流量来源之一，国外的买家可以通过首页的类目进行产品筛选。

根据自己搜索发布的商品逐层查看推荐类目层级，也可以参考使用商品关键词搜索推荐类目，从而在类目推荐列表中选择最准确的类目，发布同时要注意正确填写商品重要属性，如图 2-9 所示。

速卖通宝贝定价公式

图 2-9　速卖通网站后台类目

2. 填写完整的属性

速卖通的后台产品属性包含两个方面，即系统定义属性和自定义属性，分别如图 2-10 和图 2-11 所示。系统定义的属性根据行业类目的不同而不同。为了产品的优化，系统属性填写率最好为 100%，否则会影响产品的曝光率。带有绿色叹号标记的为关键属性，带有红色星号标记的为必填属性。

029

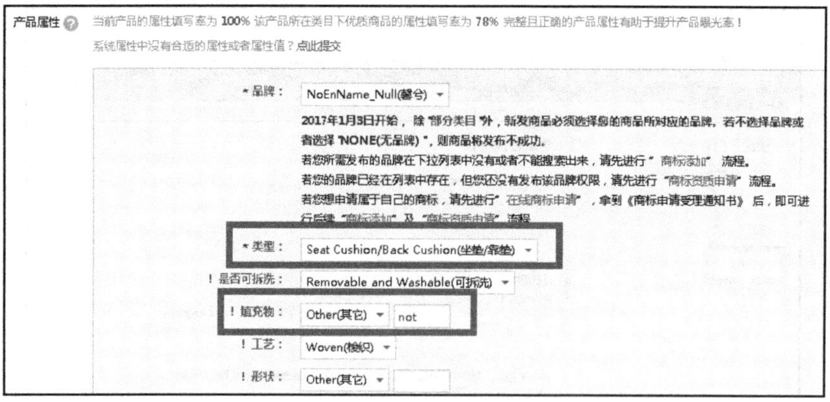

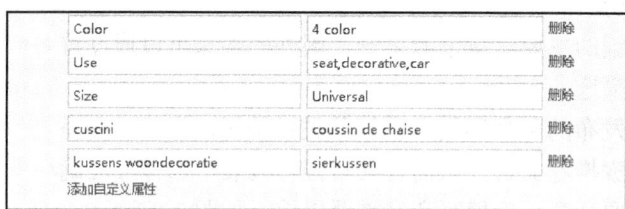

图 2-10　系统定义属性

速卖通允许添加 10 个速卖通自定义属性，可以方便设置产品的属性，比如颜色、尺寸等的设置。完整地填写产品属性可以提高搜索时的曝光率，也可以使买家更加全面地了解产品。

图 2-11　自定义属性

注意：在填写时，用红色"*"标记的属性是必填的。自定义属性最好与系统属性不同，这样可以增加属性的曝光率。

3. 设置标题

2017 年 1 月 3 日开始，除"部分类目"外，新发商品必须选择您的商品所对应的品牌。若不选择品牌或者选择"NONE(无品牌)"，则商品将不能发布成功，如图 2-12 所示。

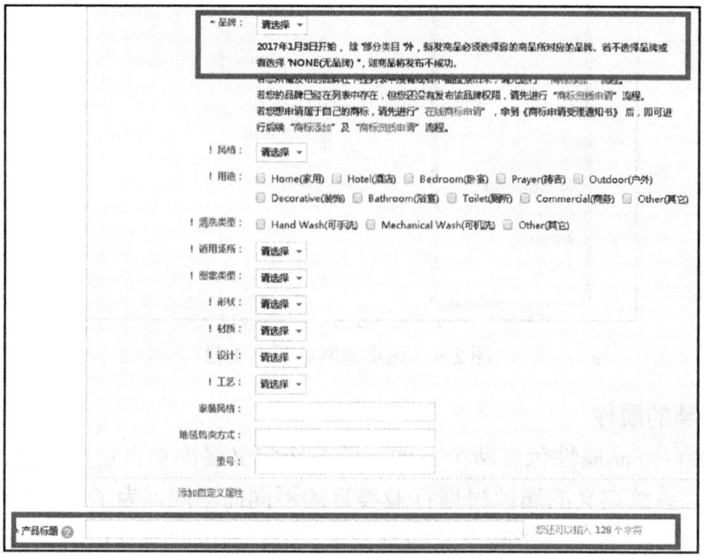

图 2-12　产品标题填写

标题通常由三部分组成：核心词、属性词和流量词。其中，核心词是行业热门词，影响排行顺序和点击率。属性词包括颜色、长度、功能、材质、款式等，而流量词则是实际带来流量的词。

标题的设置要符合买家的搜索习惯。标题的目的就是为了让买家发现，所以买家搜查的词就是卖家需要的词，这些词就是标题的重要组成部分，也就是我们常提到的关键词。

4．上传产品图片

图片对于电商的重要性不言而喻，衡量图片优劣的关键在于点击率和转化率。

在速卖通中共有 6 张主图，第 1 张主图会被展示在搜索引擎列表中，所以第 1 张主图最为重要，用途是获得精确的、更多的流量。剩下的 5 张主图用来给移动端的买家看。具体界面如图 2-13 所示，卖家可以从自己的电脑中上传，也可以从"图片银行"中上传。

图 2-13　上传图片

产品图片排列要遵守整体功能描述、细节展示、使用效果图和包装图的顺序。这个顺序符合买家的浏览习惯。如图 2-14 所示，该界面图片的效果是十分值得肯定的，首图让产品展示得充分、美观、有质感，产品的主要特点一目了然。图片为白色背景，简洁明了。

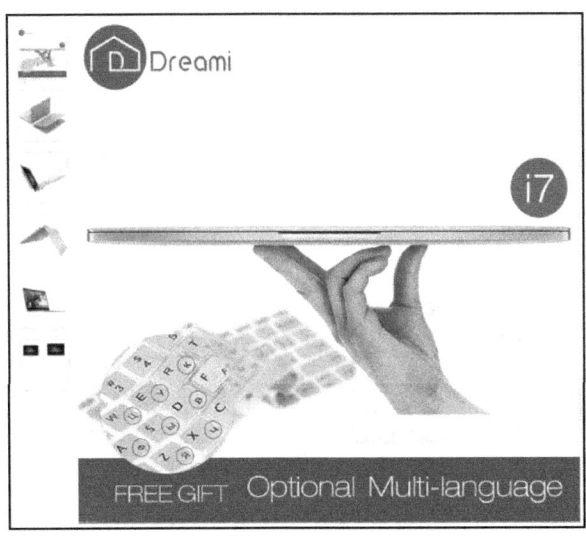

图 2-14　图片设置的优秀案例

5. 制作详情页

宝贝详情页是绝大多数买家进入商家的第一个页面，因此其页面设计十分重要，好的详情页是促进店铺转化率、提升客户浏览深度、提升整店客单价的关键所在。

详情页由文字、图片、视频组成，向买家介绍宝贝属性、使用方法等详细情况。其最主要的作用就是完成订单、实现转化。产品详情页包括广告图、关联营销图、产品广告图、产品实拍图以及店铺信息图。

（1）广告图。从 2015 年 7 月开始，速卖通平台为了让卖家的优质产品信息拥有更多维度的展示形式，配合卖家产品优化，上线了产品视频，允许在详情页中上传视频，用以进行产品宣传。视频可以从多个纬度向买家展示产品的特性。速卖通详情页广告图如图 2-15 所示。

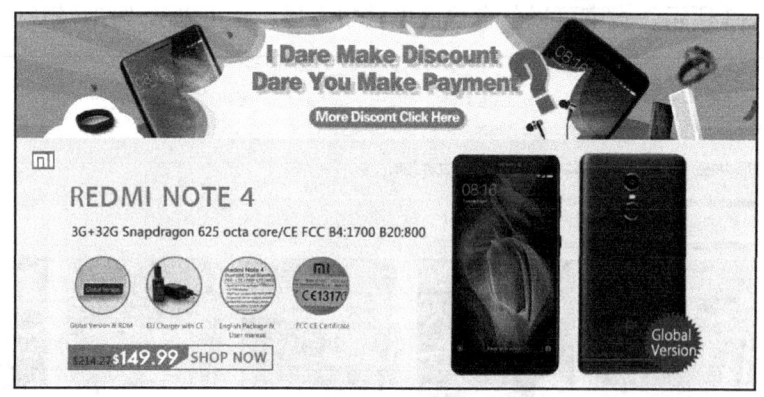

图 2-15　速卖通详情页广告图

（2）关联营销图。关联营销产品信息的"模块"一般放在详情页的最上面，也就是说，当买家进入详情页后，在浏览产品前，先向买家推荐本店其他产品，增加买家进入其他页面的可能性，从而引导流量。防止买家因为看过产品后没有兴趣，而直接关闭页面离开店铺。

在这个区域，一般会放置一些美观的广告图、海报图或者放置一些重要的想告诉买家的信息，同时还可以放置一些关联营销图，如图 2-16 所示。

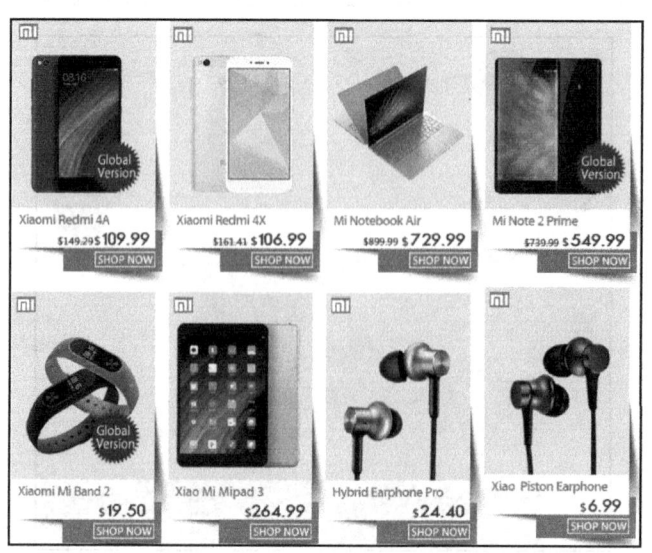

图 2-16　速卖通详情页关联营销图

对于速卖通来说，根据数据分析，80%～90%的买家都只看详情页，而不会看店铺首页。所以，这给了我们两个提示：一是详情页比首页更重要；二是需要引导买家去店铺首页，店铺首页是最好的关联营销。

（3）产品广告图。在这个区域，一般会放置产品的广告图、SKU 介绍、产品属性、产品卖点、颜色对比等，这个区域主要是对产品进行广告宣传。图 2-17 是针对同款产品不同颜色的展示。

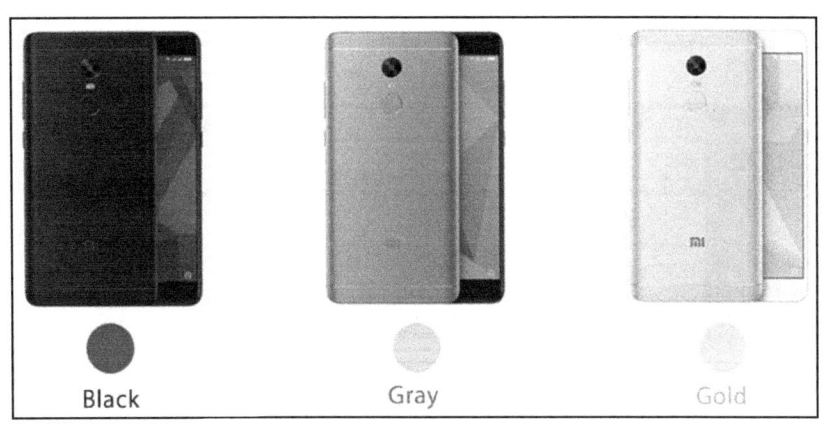

图 2-17　产品广告图

（4）产品实拍图。在这个区域，一般会放置产品的实拍图、细节图、使用图、买家分享图等。总之，就是要在真实的基础上做到美观、有吸引力，如图 2-18 所示。

图 2-18　产品实拍图

（5）店铺信息图。这里可以放置一些和产品本身关系不大，但是和交易有关的信息。比如付款方式、物流方式、公司介绍、公司实拍图、FAQ 等，如图 2-19 所示。

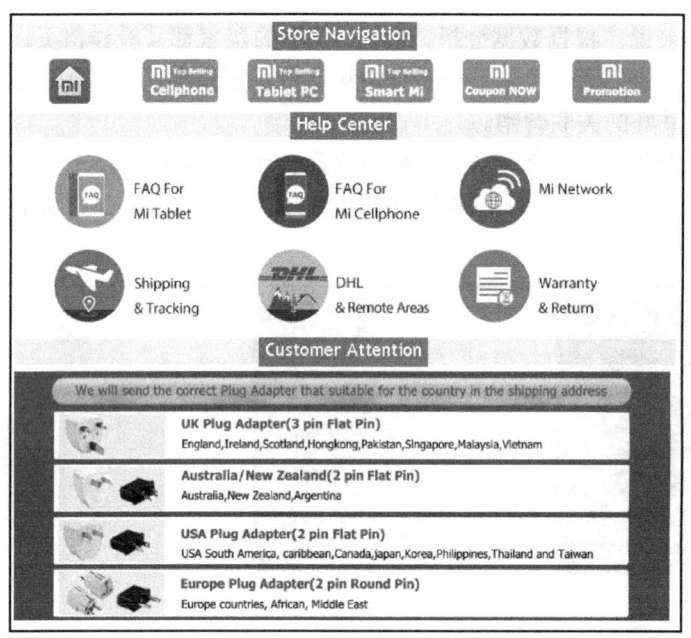

图 2-19 店铺信息图

2.2.2 运费模版的设置

发布产品时,需要对产品的运费进行计算。如果每发布一个产品,都要对运费进行定义,将会变得非常烦琐。这时就需要设置一个运费模版。运费模版就是为了一批商品设置一个运费计算方式。发布产品时,选择已经设定的运费模版即可。当需要修改运费时,这些关联商品的运费将一起被修改。

速卖通平台的运费模版主要有标准运费、卖家承担运费和自定义运费三种方式。

1. 新手运费模版

卖家在发布产品之前需要先设置好产品运费模版,如果未设置自定义模版,则只有选择新手运费模版才能发布产品,如图 2-20 所示。

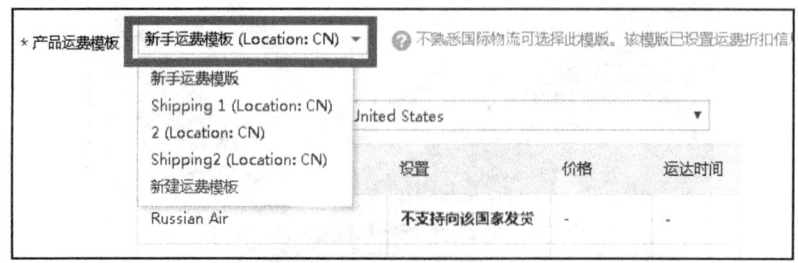

图 2-20 选择新手运费模版①

运费模版的设置位置在店铺后台的"产品管理"→"运费模版"中,即后台显示的"Shipping Cost Template for New Sellers",单击模版名称,如图 2-21 所示。

---

① 软件中"模板"应为"模版"。

项目 2　跨境店铺开设

图 2-21　新手运费模版

单击模版名称后可以看到"运费组合"和"运达时间组合",如图 2-22 所示。在"运费组合"下平台默认的新手模版只包含了"China Post Registered Air Mail"、"Russian Air"、"EMS"、"ePacket"等。系统提供的标准运费为各大快递运输公司在中国大陆地区公布的运费价格,对应的减免折扣率则是根据目前平台与中国邮政洽谈的优惠折扣提供的参考。而平台显示的"其余国家"不发货包括了两重意思,一是部分国家不通邮或邮路不够理想,二是部分国家有更好的物流方式可供选择。如收件人在中邮小包不发货的国家,卖家可通过 EMS 发货。从"运达时间组合"上看,"承诺运达时间"为平台判断包裹寄达收件人所需的时间。

图 2-22　查看新手运费模版

2. 新建运费模版

对于大部分卖家而言，新手模版并不能满足需求，这种情况下就需要进行运费模版的自定义设置。设置入口有两个，一是单击"新增运费模版"按钮，二是单击"编辑"按钮，如图2-23所示。两种方式进去显示的界面不同，但都包含几个方面：一是选择物流方式，二是设置优惠折扣，三是个性化地选择寄达国家，四是个性化地设置承诺的运达时间。

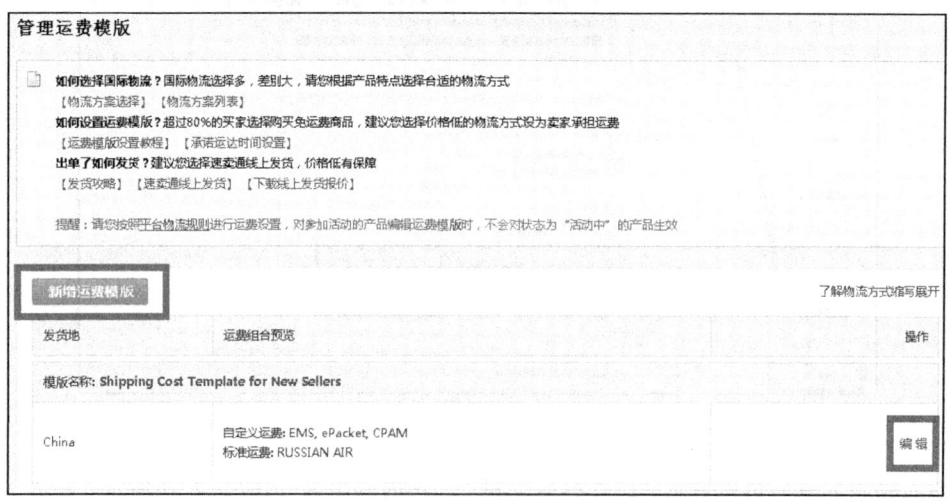

图2-23　新增运费模版

以China Post Registered Air Mail，即中国邮政挂号小包的设置为例进行操作说明。首先勾选该物流方式，设置标准运费意味着对所有的国家均执行此优惠标准。如果需要对所有的国家均采取卖家承担运费设置，即包邮处理，则勾选"卖家承担运费"选项。如果卖家希望对所有的买家均承诺同样的运达时间，则需要设置"承诺运达时间"，并填写承诺天数，如图2-24所示。

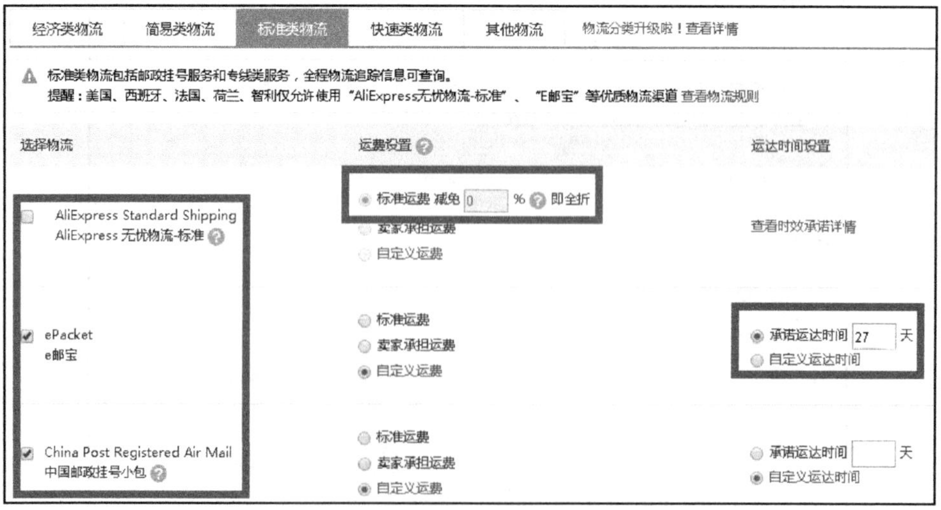

图2-24　运费模版设置

如果卖家希望进行更加细致、更加个性化的设置，则可以通过自定义运费和自定义运达时间来实现。

（1）自定义运费设置。卖家可以选择"自定义运费"选项对运费进行个性化设置，设置的第一步是选择国家或地区，可以按照地区选择国家，也可以按区域选择国家，如图 2-25 所示。

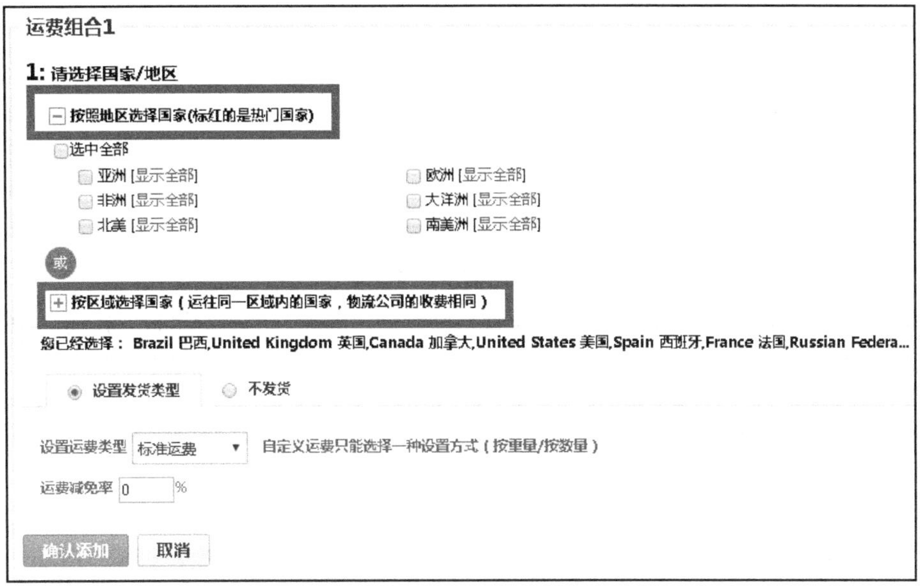

图 2-25　自定义运费的设置

为便于说明，下面以对阿根廷采取"不发货"为例进行说明。进入自定义运费设置界面后，操作步骤如下：

① 选择国家。该步骤有两种方法：一是展开南美洲的国家名，然后找到阿根廷，并勾选，如图 2-26 所示；二是按照区域选择国家，在第 4 区找到阿根廷，并勾选。

图 2-26　不发货国家的选择

② 对已经选择的国家进行"不发货"操作，并单击"确认添加"按钮完成设置，如图2-27所示。

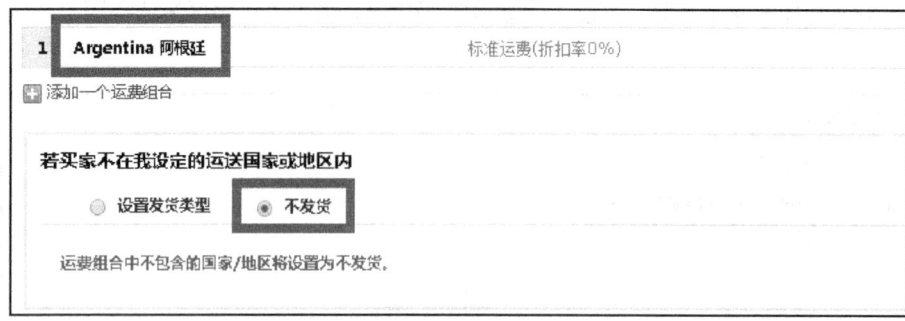

图2-27　不发货国家的设置

③ 如果需要对更多国家进行个性化设置，则单击"添加一个运费组合"按钮，如图2-28所示。

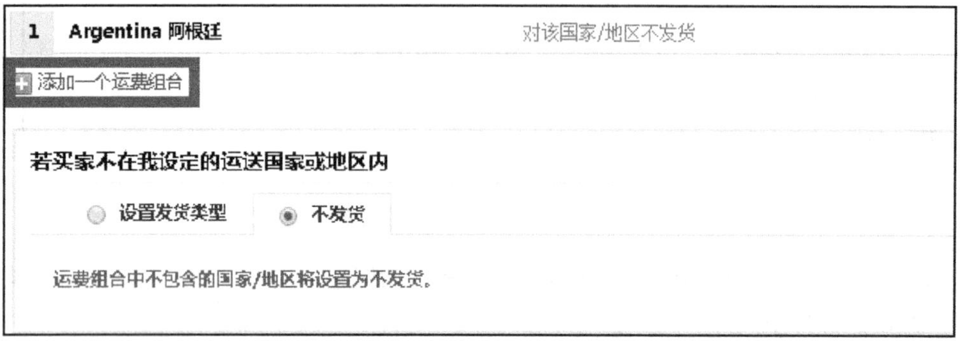

图2-28　添加运费组合

然后选取相关的国家，再进行发货类型的设置。发货类型除了对选择的国家采取"不发货"操作外，还可以对标准运费进行一定程度的折扣减免，如图2-29所示。同时，还可以对重量或者数量进行自定义运费的设置，如图2-30所示。单击"确认添加"、"保存"按钮后，即可建立自定义运费设置。

图2-29　设置运费类型

项目 2　跨境店铺开设

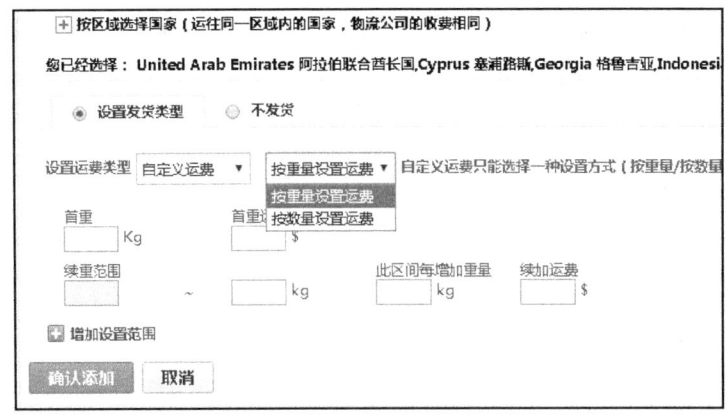

图 2-30　自定义运费设置

（2）自定义运达时间设置。仍以中国邮政挂号小包为例，为便于理解，这里以设置"巴西 60 天，俄罗斯 45 天，其他国家 30 天"为例进行说明。

① 勾选所需要的物流方式后，勾选"自定义运达时间"，如图 2-31 所示。

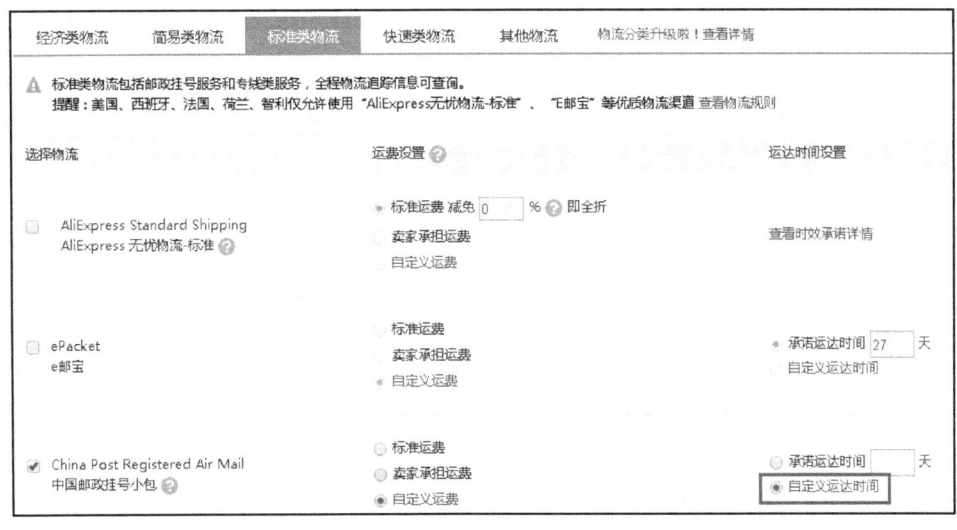

图 2-31　自定义运达时间的选择

② 对不同的国家设置不同的承诺运达时间。不同国家的选择和自定义运费的设置一致，可以按照国家或地域进行选择。选中南美洲的巴西，对其承诺运达时间为 60 天；选中欧洲的俄罗斯，承诺运达时间为 45 天；其他国家为 30 天，如图 2-32 所示。

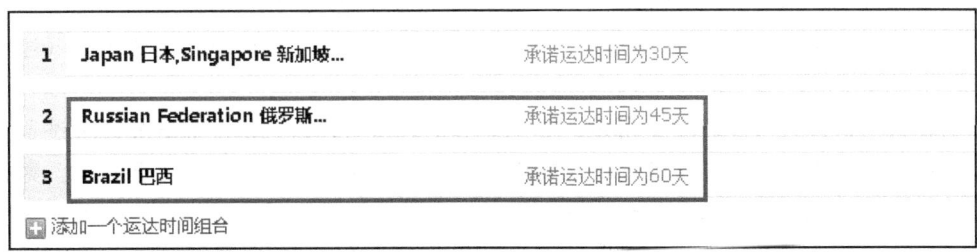

图 2-32　运达时间组合

039

承诺运达时间并非实际包裹从发出到买家签收的时间，为了更好地保障卖家和买家的权益，卖家应在如下三个要素中寻求一个平衡点：一是买家的购买感受，二是邮路的实际情况，三是卖家防止买家在承诺最后运达时间到期提起纠纷。因此，卖家需要适当地修改承诺运达时间。

卖家必须根据自身的实际情况进行自定义运费的设置，切忌盲目模仿。因为国际物流受国家政策、物流资费调整、极端天气、政治原因、邮路状况等多种因素影响，不同时期卖家应该设置不同的运费模版。

浅谈网店定位

作为店铺经营者，要想给自己的网店准确定位，首先，得明确消费者是谁。只有明确消费者是谁，要为哪类消费者服务，才能去研究他们的需求，发现他们的需求，才能知道他们需要什么样的产品，才能去研究他们在什么地方活动，最后才知道通过何种渠道可以将信息传播给他们。

其次，应该明确竞争对手是谁。定位其实就是以竞争为导向的竞争战略，所以第二步应明确竞争对手，明确竞争对手有何优势，然后避开其优势，进行差异化经营，开辟别人未涉足的领域，建立自己的优势——这就是定位。

对于网店而言，要进行市场定位，可以先分析类目 TOP50 店铺爆款，看看这些店铺的风格。当然，目前很多类目可以发现行业前十名中的 80%都是低价。如果一个新进入的小卖家也去玩低价，那是经营不下去的。

如何寻找市场空白。最简单的方法就是价格维度分析，查看类目 TOP50 店铺的爆款价格区间。比如，假设 TOP50 店铺的爆款价格区间如表 2-1 所示，那么竞争强度较低的为 60 元左右，再结合成交量分析，如果市场容量较大，那么可以初步选定该价格区间。

表 2-1　爆款价格区间

价格区间（元）	10～20	20～30	30～40	40～50	50～60	60～70
卖家数（家）	13	9	8	8	7	5

注：表中数字仅为举例说明使用，并不属实。

如果选定了价格区间，比如 60 元左右，那么，你的竞争对手就是价格为 60 元左右的店铺，而那些 9.9 元、19.9 元的店铺就没有参考价值了，买 9.9 元包邮的买家不会买你店铺里 60 元的商品。接下来要做的就是分析商品价格为 50～70 元 TOP10 店铺的风格（注：规模越小，就需要分析越多的店铺）。

假设这些店铺风格如表 2-2 所示，如果能有别人没做过的风格，那是最好不过了。如果每个风格都有了，要么自己提出新的概念，要么选择竞争小的进入。表 2-2 中，竞争比较小的就是卡通风。如果选择了卡通风，那么就在卡通风下进行差异化，比如可以做唯美卡通、动物卡通、动漫卡通等。在选定了做哪个卡通风格之后，确定广告语。确定广告语后，店铺装修、产品设计、产品包装、店铺活动、运营、推广、客服等内容都要以广告语为中心，店铺进行的一切工作，就是支撑起这句广告语。

表 2-2　店铺风格统计

店铺风格	小清新	日韩风	欧美风	卡通风	春华风	其他
数量（家）	3	2	1	1	2	1

注：表中数字仅为举例说明使用，并不属实。

下面举几个价格维度分析的例子。

例1：化妆品维度如表2-3所示。

表 2-3　化妆品维度

功效	滋润	保湿补水	美白	祛痘	防辐射	……
原料	玫瑰	橄榄	中药	薰衣草	珍珠	……
人群	男性	女性	青少年	中年人	老年人	……
流程维度	洁面	面膜	爽肤	眼部护理	T区护理	……
……	……	……	……	……	……	……

以上只是粗略列举了少数维度，还有其他的维度可供选择，通过多个维度的组合，定位就出来了。例如，在原料定位方面有肌情的橄榄护肤，长生鸟的珍珠护肤；在功效定位方面做得不错的有比度克的祛痘，花酿的去黄；按"护肤流程+原料定位"做得不错的有透真的眼部护理、御泥坊的泥巴面膜、膜法世家的绿豆面膜等。

例2：茶叶维度如表2-4所示。

表 2-4　茶叶维度

功效	减肥	降火	美容	保健	……
人群	男性	女性	中年人	老年人	……
……	……	……	……	……	……

目前的茶叶基本上没有定位，都是同质化的。对消费者来说，喝哪个品牌的茶差别不大，只是价格不同而已。可以通过"功效+人群"的组合，如女性减肥茶、中年人保健茶等进行简单地划分。凉茶王老吉之所以成功，就是因为定位为降火，有了准确定位才能进行最有效的广告传播。

例3：服装的维度如表2-5所示。

表 2-5　服装的维度

风格	日韩风	欧美风	英伦风	卡通风	民族风	OL风	简约风	复古风	……
材质	棉	麻	丝	毛料	皮革	化纤	……	……	……
价格	低	中低	中	中高	高	轻奢	奢侈		
性别	男性	女性							
年龄	少年	青年	中年	老年	……	……	……	……	

 跨境电子商务

市场越成熟，就分的越细。所以，越是成熟的市场，越需要精准定位。在过去网络服装市场不成熟的时代，大家都像杂货铺，有自己风格定位的韩都衣舍、天使之城就立刻凸显出来了。现在，市场成熟了，只有通过多个维度进行精准的定位，服务好一小群消费者群体，才能在现代竞争中立足。

（资料来源：派代网.http://bbs.paidai.com/topic/171414）

实训　敦煌网店铺开设流程

敦煌网

实训目的

通过跨境网络平台——敦煌网店铺的开设，能够比较分析不同跨境平台之间的区别，加深对各类跨境平台的感性认识。

实训内容与步骤

（1）进入敦煌网卖家首页（http://seller.dhgate.com），界面为全中文操作，通俗易懂。单击左上角"免费注册"按钮或者右下角的"免费开店"按钮即可。敦煌网的注册只需要三步，填写信息、激活账号、注册成功，如图 2-33 所示。

图 2-33　敦煌网卖家首页

（2）接下来需要填写商户各种重要的信息，如图 2-34 所示。

（3）提交信息后，进行手机和邮箱的激活处理，如图 2-35 所示。激活后，敦煌网账号就已经注册完成，如图 2-36 所示。但是，刚刚注册的账号还不能发布产品，需要对注册者的身份进行认证。

项目 2　跨境店铺开设

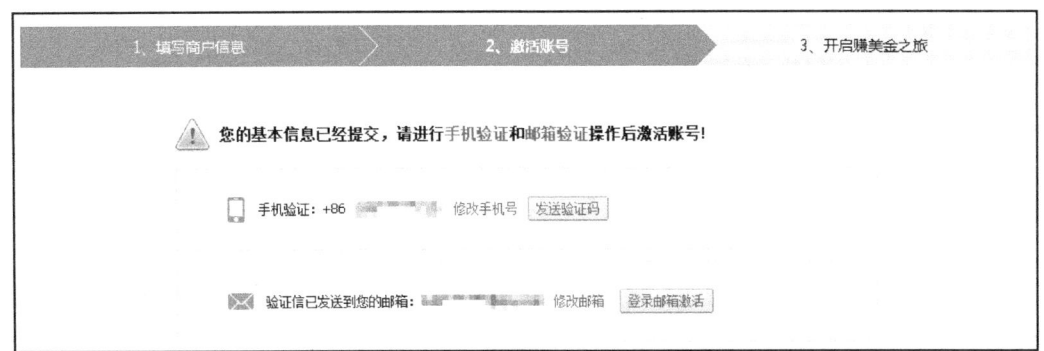

图 2-34　商户信息填写

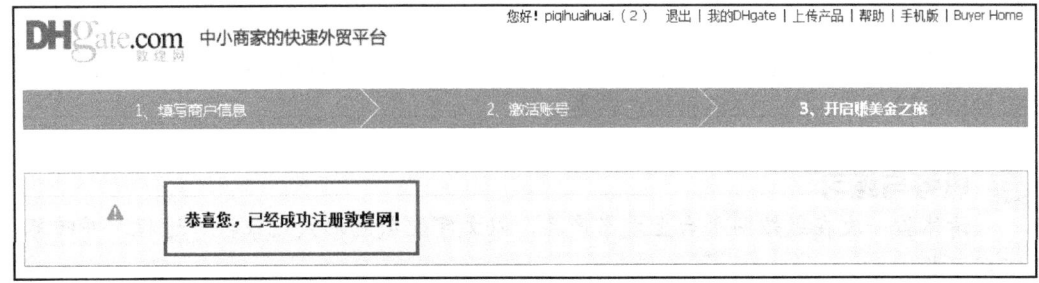

图 2-35　敦煌网账号激活

图 2-36　敦煌网注册成功

（4）敦煌网账号注册成功后，需要进行身份认证，如图 2-37 所示。

043

图 2-37　身份认证

（5）企业用户可以认证 10 个账号，个人用户可以认证 3 个账号。如图 2-38 所示，单击"进行身份认证"按钮后填写姓名和身份证号码等基本信息。

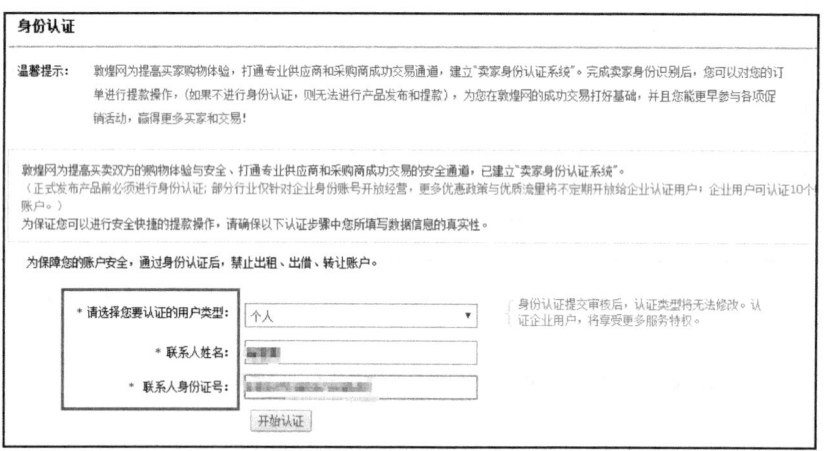

图 2-38　填写身份认证信息

（6）单击"开始认证"按钮，再提交身份证件信息后，敦煌网会在 3 个工作日内完成审核。

 **实训提示**

敦煌网目前支持免费开店，能够低成本地进行跨境操作练习。但是跟速卖通相比，其日流量相对较小，店铺发展前景相对较差。

 思考与练习

请体验一次在敦煌网平台上发布产品，以文字配截图形式记录操作过程，并回答下列问题：

(1) 用框图描述敦煌网的交易流程。

(2) 敦煌网提供了哪些支付方式和配送方式？

(3) 敦煌网是如何设置运费模版的？如何根据需求设置运费模版？

跨境电商店铺的开设是卖家开启跨境之旅的起点。在店铺开设前，卖家首先要对自己的店铺进行定位，选择一个合适的行业，确定目标市场和客户，明确自己的优势，确定店铺的风格和特点。其次，卖家需要对商品的进货渠道有把握，尽量避免商品断货或出现质量问题。最后，卖家需要确定商品的定价，采取合理的定价策略。

接下来，卖家就可以在各类跨境平台上注册店铺，利用平台提供的各类工具，进行选品。按照跨境平台的要求发布产品，在发布产品的时候，要特别注意类目的选择、商品属性的填写、商品主图的准备、运费模版的设置等。

1. 单项选择题

（1）速卖通卖家频道网址为（　　）。
　　A．www.alibaba.com　　　　　　B．seller.aliexpress.com
　　C．www.aliexpress.com　　　　　D．http://daxue.aliexpress.com

（2）淘代销已认领产品需要在几天之内编辑发布，否则将会自动删除？（　　）
　　A．3 天　　　　B．7 天　　　　C．5 天　　　　D．10 天

（3）下面哪种快递方式不是按体积计算费用呢？（　　）
　　A．TNT　　　　B．UPS　　　　C．DHL　　　　D．EMS

（4）新手运费模版中 EMS 的承诺运达时间是多少天？（　　）
　　A．39 天　　　B．14 天　　　C．27 天　　　D．60 天

（5）以下哪种物流方式的收费最贵？（　　）
　　A．香港邮政小包　　　　　　　　B．中国邮政小包
　　C．EMS　　　　　　　　　　　　D．UPS

2. 多项选择题

（1）买家可以通过哪些方式联系咨询卖家？（　　）
　　A．已下单买家可以通过订单留言
　　B．站内信
　　C．Trademanager
　　D．已下单买家可以通过邮箱

（2）买家可以通过哪些方式找到想要购买的商品？（　　）
　　A．活动　　　　B．收藏　　　　C．类目筛选　　　D．关键词搜索

（3）产品发布时需要注意什么？（　　）
　　A．完整清晰的详细描述　　　　　B．全面准确的属性
　　C．完整而又重点突出的标题　　　D．与产品匹配的类目

（4）产品标题应如何填写？（　　）
　　A．清楚地描述商品的名称、型号以及关键特征和特性

B．切记避免关键词堆砌，以免引起搜索降权处罚

C．符合海外买家的语法习惯

D．切记避免虚假描述，以免影响商品的转化

（5）新手运费模版包含哪些物流方式？（　　　）

A．EMS　　　　　　　　　　　　B．ePacket

C．DHL　　　　　　　　　　　　D．China Post Air Mail

3．分析题

（1）在速卖通平台上开店与在敦煌网上开店相比，他们各自的优势和劣势有哪些？

（2）调研本地一家已经实施速卖通平台的跨境企业，分析这家企业的发展历程。

项目 3

店 铺 装 修

本项目重点难点

网店基础页面布局元素；商品详情页布局元素及内容策划要点；商品主图背景搭配的类型；店铺装修基础操作及进阶操作。

项目导图

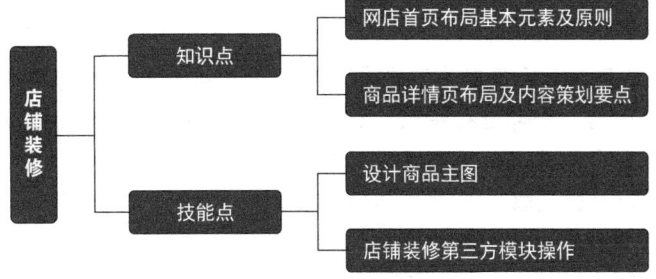

引例

浙江省某专科院校学生小王从2016年底开始准备创业，打算在速卖通平台上开设店铺，主要销售真丝类睡衣、围巾等产品。然而，当小王把店铺账号申请下来之后，他却无从下手了，天天对着电脑在发布新品，一心想着产品丰富，种类齐全，不愁没销量，过了一个月，小王的店铺不光销量几乎为 0，流量也很少。这时候，小王听到他的一个速卖通店铺做的风生水起的朋友说，他一开直通车，销量飞速上涨，现在每天发货都来不及，小王听得心痒痒，想着估计是自己不敢砸钱买流量的缘故，所以第二天，小王就把直通车开起来了。直通车开了一周，每天投入近 1000 元，店铺流量是提高了，但却没有转化成订单，反而让店铺的转化率不断下降；停掉直通车，流量就又没有了。

在店铺开通的前三个月里，小王几乎牺牲了自己所有的空闲时间，专注在开店上，天天忙到凌晨两点，做了大量工作，每天上传产品、优化产品信息，店铺流量也有小范围的上涨，但实际效果，尤其是转化不尽如人意，这样的结果让小王很受挫，看着旁边同一时间一起开店的同学都把速卖通店铺经营得有声有色，小王不禁开始怀疑自己是不是不够努力、是不是不够聪明，一度有放弃的想法。那么，如果不是小王不够努力、不够聪明，那究竟是什么原因呢？难道是小王的方向是错的？选品有问题，所以卖不出去？实际上，小王在选择这些产品的时候，曾花了近两个月时间反复对速卖通的数据和其他跨境电商平台的数据进行分析，也直接和间接地调查过目标市场国当地情况、风俗习惯以及目标市场国该类产品的市场销售情况和用户接受程度，因而，在选品上，小王从未怀疑过自己。那么，如果不是选品问题，又是哪个环节出了问题？或者是哪个消费者关注的点被他们忽略了呢？小王开始自我反思，从各个角度分析自己的店铺。

引例分析

分析小王店铺的情况，可以发现小王在选品上综合考虑过目标市场国市场规模、消费者接受程度、风俗习惯、当地情况、速卖通和其他跨境电商平台销售数据等多个方面的情况，考虑全面，选品上基本不会出现问题。同时，深入分析可以发现，小王店铺在开了直通车之后流量猛涨，这是正常现象，但是却不成交，就不是很正常了，这往往可以说明小王店铺的产品主图对顾客有一定吸引力，但是当顾客点击进去之后，却没有想买的欲望，这往往是由两方面原因造成的：（一）直通车关键词定位不精准导致，即这款产品跟顾客想要的产品差别较大，对于这个问题，需要小王不断对直通车关键词进行测试和更新，找到最为精准的关键词，提高转化；（二）极有可能是商品详情页和店铺首页等页面出现了问题，这往往是由于这些页面的制作达不到客户审美要求、不够专业、图片文案等对顾客而言不够有吸引力或者关联营销不够到位等原因导致，没有很好地起到视觉营销的作用。

与此同时，结合小王店铺在未开直通车前的情况，流量较少但成交几乎为 0。由此，我们可以发现小王的店铺极有可能出现的问题是店铺视觉优化未做好所导致的转化率低的问题，因而小王后续需要把更多的精力投向店铺首页和商品详情页的优化上，根据视觉营销的原则，全部进行细致、谨慎的优化，而非一味地上传产品，优化到店铺转化率趋向类目平均值，甚至高于平均值时，则说明视觉营销的目的基本达到了，这时候再辅以平台营销策略，店铺整体数据将会有出人意料的变化。

实际上，无论是开实体店，还是网店，我们首先需要做的是把基础打好，商品详情页和店铺首页就是我们的根基，因而，我们只有打好这一根基，才能在大批流量进来的时候，应对自如，充满自信。那么，针对跨境电商店铺而言，应该如何从视觉规范化和视觉营销角度做好各类店铺页面呢？本项目将从各类页面的设计原则和技巧、店铺装修操作等多方面入手来剖析这一问题。

任务 1　设计网店布局

3.1.1　布局网店结构

1. 网店基础页面布局元素

在一个完整的速卖通店铺中，店铺基础页面一般由页头、首屏、

新品发布的前期准备

主体和页尾四个部分组成,其中页头的基本元素一般包括店招、导航;首屏的基本元素一般包括轮播海报、主推信息、客服和所有分类,原则上主推分类和所有分类不可共用,同时,主推信息、客服和所有分类这三个部分严格意义上说不在首屏,但同属于重点展示区,为表达其重要性,故将其划分在首屏区块;主体部分包括分类标题、分类海报及分类商品列表等元素;页尾部分主要包括买家须知、快递说明、联系方式等元素(图3-1)。

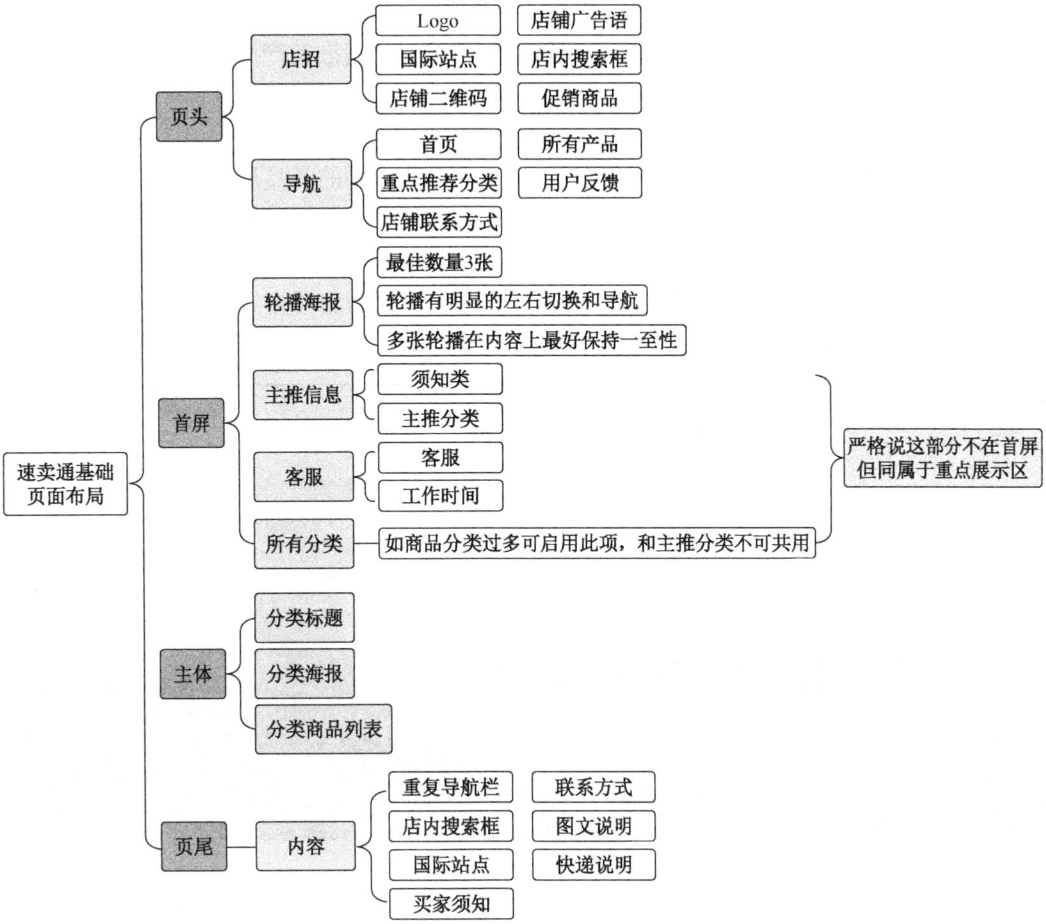

图3-1 速卖通店铺基础页面布局元素

(1)店招

店招从字面去理解,即为店铺的招牌,位于店铺页面的顶端。现有速卖通平台上店铺的店招往往可以分为两类:一类是简约版,往往只做Logo、店铺广告语和国际站点(图3-2);另一类是多功能版,一般包括Logo、广告语、二维码、国际站点、促销商品和店内搜索框等(图3-3)。

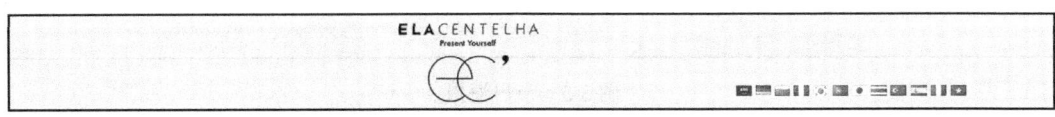

图3-2 简约版店招

图 3-3 多功能版店招

具体选用哪一类店招,需要卖家视店铺具体情况而定,一般需遵循两个基本原则:一是在店招内植入品牌形象;二是抓住产品定位。其中,品牌形象的植入可以通过店铺名称、Logo 和广告语来展示,产品定位则展示店铺主营的产品,精准的产品定位可以快速吸引目标消费者进入店铺。

(2)轮播海报

轮播海报位于主区内,在导航栏下方,是一个非常重要的产品展示区块,消费者通常打开店铺首页映入眼帘的就是轮播海报,它将多张店铺广告图片以滚动播放的形式进行动态展示,能更直观、更生动地表达产品和店铺活动,吸引消费者的点击,提升店铺访问深度和停留时间,进而促成更多转化。轮播海报的内容主要为店铺自主活动、节日海报和上新海报等(图 3-4 至图 3-6)。

图 3-4 店铺自主活动海报

图 3-5 节日海报

项目 3　店铺装修

图 3-6　上新海报

(3) 主推分类

主推分类属于店铺的主推信息，一般位于店铺轮播海报的下方。主推分类主要为店铺通过对用户浏览记录和购买记录等数据进行数据分析，所得出的有助于买家浏览和挑选商品、能激起买家浏览和点击兴趣、促进成交的店铺产品分类方式，原则上来说主推分类与所有分类不可在店铺内共用（图 3-7）。

图 3-7　主推分类

(4) 客服

目前速卖通上有大量店铺未在首页设客服板块，这往往是一个相对不专业的表现。当国外买家在浏览店铺首页时，若能看到首页有客服板块，首先这将给予国外买家一个好印象——店铺专业；其次，当国外买家在浏览首页时，若发现疑问需要咨询，则无须点击到某个商品详情页找到客服再进行咨询，否则会大大降低买家的用户体验，因而，从专业性和用户体验角度来讲，首页的客服板块是一个较为重要的板块。

同时，针对中大型的速卖通店铺而言，在客服板块应当详细区分销售类客服和售后客服两块。专业分工，将有利于店铺工作开展，也能在较大程度上给予国外买家这家店铺是个大店、服务专业的印象，激起购买兴趣（图 3-8）。

051

图 3-8 客服板块

（5）分类标题、分类海报和分类商品列表

速卖通上大量商家将店铺商品进行分类，在店铺首页以分类商品的形式进行展示，方便国外买家挑选。但是在首页的分类商品列表里面，卖家往往由于商品多而无法完全列出该分类下的所有产品，这就需要卖家从热搜、热销和新品等多个维度入手去进行数据分析，挑选出对买家来说最有吸引力、最能激发点击和购买欲望的产品进行罗列（图3-9）。

图 3-9 分类标题和分类商品列表

（6）页尾

页尾板块位于店铺基础页面最底端，其主要功能是为店铺基础页面提供辅助性说明，专业的速卖通店铺往往会在页尾部分重复一遍导航栏内容，以方便买家在浏览至首页底端时，可以通过导航栏选择浏览店铺其他内容，如店铺重点推荐等，而不用拉回至首页顶端才能进行选择，这样有助于提升用户对店铺的访问深度和用户体验，从而促进购买。店铺应设置国际站点、店内搜索框、买家须知、快递说明、联系方式及图文说明等内容，为买家选购商品提供方便，用店铺的专业性来增加买家信任（图3-10）。

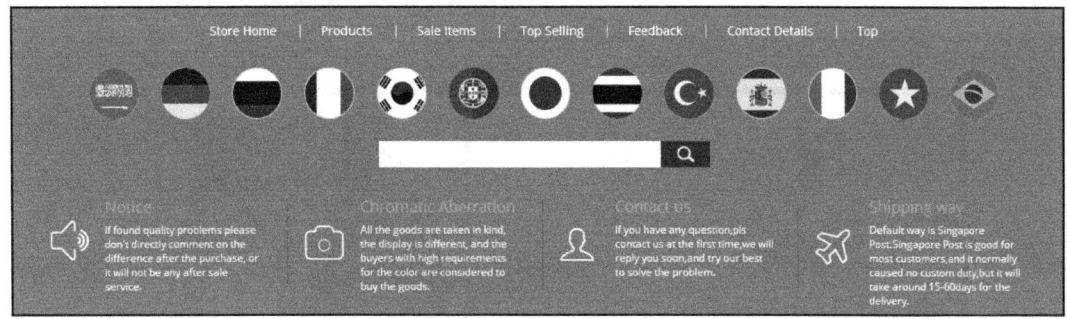

图3-10　店铺首页页尾

2. 网店页面布局原则

一个店铺布局的成功与否，直接影响了买家能否在第一时间产生浏览或者购买的欲望。那么，为了最大限度地把握店铺的每一位访客、每一点流量，提高流量转化，卖家不仅需要根据店铺风格、产品类别对店铺产品、促销活动等进行清晰、完整的布局，还需讲究布局的合理性，让买家有一个舒适、流畅的视觉体验。合理的店铺布局，往往需要遵循以下几点原则。

（1）主次分明、中心突出

人的视觉中心一般在屏幕中心位置或中部偏上的位置。将店铺促销活动、新品信息、店铺爆款、主推款等重要信息放置在最佳视觉位置，无疑会吸引买家眼球。在视觉中心以外，可以放置相对次要的信息，这样做可以达到主次分明，重点突出的效果（图3-11）。

图3-11　ZIRUNKING Love Fur Store 的首屏

图3-11为速卖通上店铺 ZIRUNKING Love Fur Store 的首屏，通过观察我们可以发现，其店招、导航栏及轮播海报中的关键信息都集中在这三个模块的中心位置。这家店铺虽为1920像素宽度的全屏店招、导航栏和海报，但在中心位置以外区域均以背景进行填充，这可以有效地聚焦消费者的眼球，同时能规避部分买家由于屏幕小无法展示如此大的画面，所导致的买家屏幕中只显示一部分海报内容的情况。若在设计时，将产品主体等关键信息

放在了旁边的位置,则很可能无法在屏幕中完全显示。

因而,在设计页面布局时,应考虑买家体验的问题,把关键信息放在中心位置,确保关键信息都能传达给买家,关键信息一般控制在 1200 像素以内显示。

(2)区域划分明确

合理、清晰的分区可帮助买家快速找到自己的目标商品,例如国外买家可根据图 3-12 中清晰的店铺商品分类找到所需商品(图 3-12)。

图 3-12　区域划分

(3)简洁与一致性

保持页面简洁与一致性是布局的基础,如页面字体、颜色搭配得当,页面字体种类不宜过多,保持店铺各个页面的文本、商品的间距和图形、标题之间的留白一致等。

(4)布局饱满,应有尽有

布局饱满不是指店铺各个板块的简单堆砌,而是根据买家的思维逻辑和浏览路径将有必要的板块涵盖全面,除店招、轮播海报、导航栏等常规板块外,还应包括客服、搜索、多语言栏等板块,以提升买家体验,增加黏性。

3.1.2 设计商品详情页

商品详情页不仅能向买家清晰地展示商品规格、细节、颜色、材质等基础信息，还能够向买家展示商品搭配、商品优势、创意文案等内容，由此可见，买家能否喜欢上该商品或成为店铺的忠诚顾客，常常取决于卖家的商品详情页是否能打动人心。

速卖通商品发布详情制作

1. 商品详情页模块布局

在速卖通上，商品详情页的设计相对简单，通常包括商品参数、关联营销、商品规格信息、颜色展示、商品全方位展示、商品细节展示、品牌故事、物流服务、买家须知等模块，如图 3-13 所示。

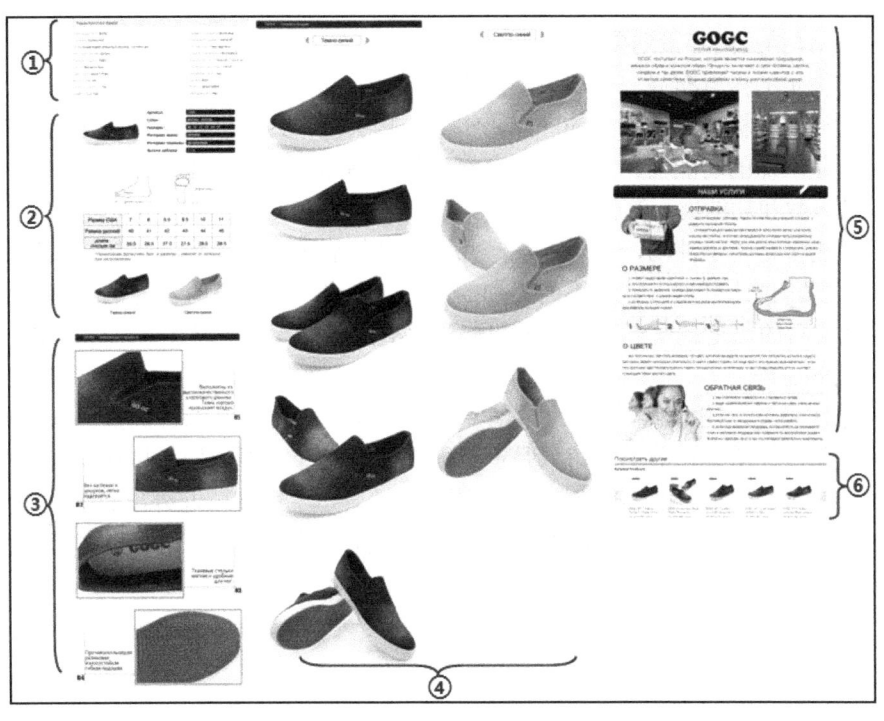

图 3-13 商品详情页案例展示

第①部分为商品参数模块。这个模块的主要目的在于让买家了解这款鞋子的一些基本参数，这些参数往往会在买家最终收到的鞋子的包装盒上有所展示。

第②部分为商品规格信息模块和颜色展示模块。这一模块主要对鞋子更为细化的规格进行描述。例如，不同国家的鞋号编码、通过图片指导买家如何测量自身脚的大小来挑选合适的鞋子、告知鞋码可能存在的测量误差、材质以及颜色等内容。

第③部分为商品细节展示和亮点分析。这一模块主要针对鞋底、鞋子内饰、鞋子两侧以及鞋标等细节，通过大图进行展示，让买家能通过大图更直观地了解到鞋子的情况，同时在细节图旁边辅以对应文案，有助于提炼亮点，以创意文案和宝贝优势赢得买家芳心，因而这一模块是买家关注的一大重点。

第④部分为商品全方位展示模块。这一模块主要将鞋子进行 360 度无死角的展示，以帮助买家做出购买与否的决策。

第⑤部分为品牌故事、包装展示、物流服务、买家须知和联系方式。这一部分为店铺各个商品详情页的通用部分，品牌故事主要向顾客传递品牌价值及理念，增加顾客的认同，有助于增加回头客。包装展示和物流服务的描述能够让买家放心购买，同时，精美的包装是体现产品服务质量的重要部分，也是店铺营销实力的体现，这都有助于提升买家的购物体验。买家须知模块可以规避在购买时可能产生的不必要误会，减少很多售后基础性问题。联系方式模块能在较大程度上提升买家信任感，给予买家"无论何时，卖家一直都在"的感受。

第⑥部分为关联营销模块。在开店的过程中，很多卖家客单价较低的原因往往是关联营销模块没有用到实处，成功的关联营销不仅是卖家提供给消费者的展示区域，也是卖家在深入分析店铺数据，挖掘店铺内不同商品之间的关联轨迹以及买家的偏好的基础上，有选择性地进行关联销售。优质的关联营销能提升买家访问深度，降低跳失率，促进销售，提升客单价，由此可见关联营销的重要性所在。

2. 商品详情页内容策划要点

商品详情页的内容布局、模块设置及文案撰写需要根据产品的类别进行策划。例如，数码电子类产品等标准化程度高的产品，买家的购买基本为理性购买，针对这类产品买家关注的重点是产品的功能性。那么，卖家在进行商品详情页布局时，往往会涉及商品细节展示、商品参数和功能展示等模块。而对于标准化程度较低的产品，如女装、珠宝饰品等，买家的购买更多是基于冲动，针对这类产品，产品的展示方式、场景烘托以及创意文案就显得格外重要。由此可见，针对不同类别的商品，在设计详情页时考虑的角度往往有所区别，但是最终目的都是激发买家的兴趣和购买欲望，因而万变不离其宗，在策划详情页时，需要把握以下三点。

（1）**激发兴趣，挖掘潜在需求**。在详情页布局中可以运用创意性的焦点图来吸引买家眼球，通过焦点图所营造的场景可以是产品的功能特点、应用场景、目标消费人群等，从而激发买家的潜在需求。图3-14这张焦点图很好地营造了朋友一起外出野餐烧烤的场景，通过营造贴近大自然这一场景，将烧烤架的产品功能进行了升华，给人以清新、温馨，且乐趣无穷的感受，能很好地激发了买家的购买欲望。

图3-14　焦点图

（2）**赢得买家信任**。卖家在设计详情页时可以从商品细节的完善、解决买家痛点、挖掘产品卖点、增加品牌附加值、引起买家情感共鸣和塑造买家拥有后的感受等多个角度入手，赢得买家信任。即卖家应站在买家角度考虑详情页的布局和设计，当详情页能打动自己时，往往说明有可能激发跟你各方面相类似的买家的欲望，当然这只是第一步。

在图 3-15 中，第一幅场景图通过放置烧烤食物，让买家感受到这个烧烤架的宽度和长度合适，不会太小，适合很多人一起使用；第二幅场景图，通过让一个人坐在烧烤架上，展示出烧烤架质量好、耐受力强、结实，可以承受 75kg 的重量；第三幅场景图展示出烧烤架便于携带的特性。由此可以发现这一商品的卖家很好地解读了买家的痛点，通过三幅图有效地帮助买家解决困惑，能在较大程度上为客服减轻压力，赢得买家信任，且能有效地引起买家内心的共鸣，所有的问题都被这个烧烤架解决了，从而很好地激发了买家的购买欲望。

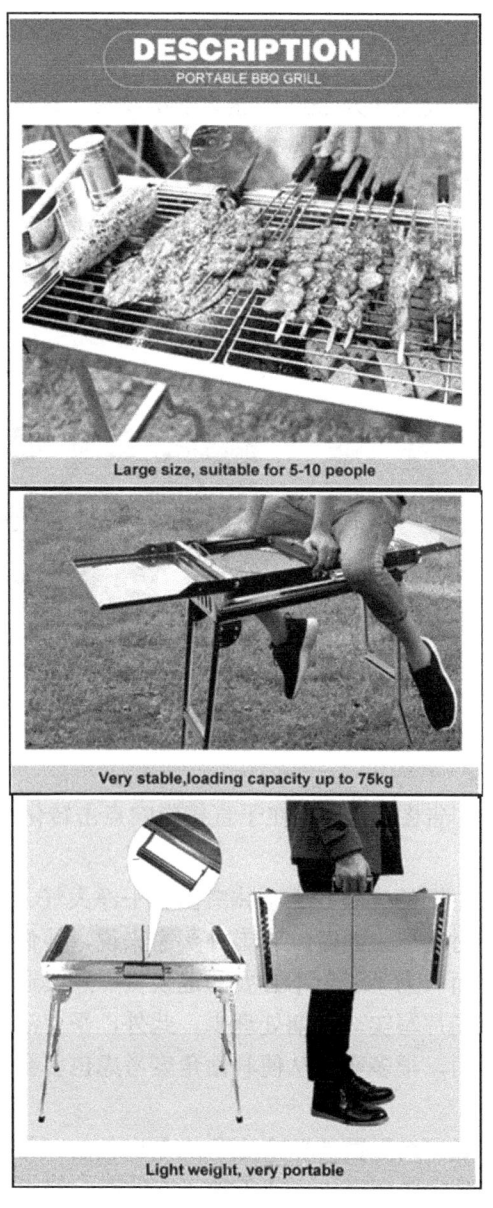

图 3-15　商品细节展示

（3）替买家做决定。 通过限时限量折扣、品牌介绍、数量有限、库存紧张等手段吸引犹豫不决的买家快速做出决定。当买家浏览完详情页仍然没有下单时，可以通过关联营销模块进行其他商品的推荐。

3.1.3 设计商品主图

商品主图往往是最先映入买家眼帘的商品图片，一般出现在产品搜索结果页、店铺首页和商品详情页顶端这三个地方，表达了一家店铺的风格和气质，因而非常重要。好的商品主图往往能在买家看第一眼的时候就抓住买家的眼球，引起购买欲望，那么，什么才是好的产品主图呢？下面我们从主图规范、背景搭配和制作技巧等多个角度入手来分析这一问题。

1. 商品主图规范

速卖通对商品主图的建议尺寸为 800 像素×800 像素，这是由于详情页提供图片放大功能，若主图像素过低，放大后会出现模糊，即只有当卖家上传的图片达到 800 像素×800 像素这一尺寸或超过这一尺寸时，在详情页被放大时，图片才清晰，因而，为了让买家在将鼠标移至宝贝主图时可以清晰地看到商品的细节，卖家应上传至少 800 像素×800 像素的主图（图 3-16）。

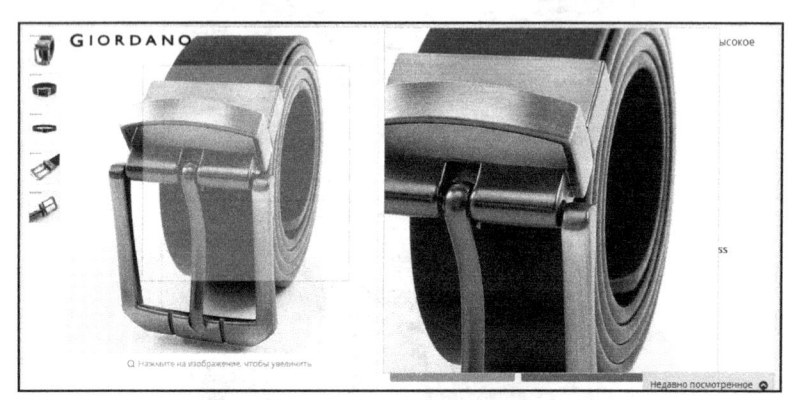

图 3-16　放大商品主图

2. 商品主图背景搭配

主图作为店铺重要的广告图，其作用在于直接影响点击转化率。目前在速卖通平台上，商品的主图主要分为三类。

（1）白底主图。 白底主图的优势在于主体突出、干净大气、简单明了。对卖家来说，拍摄、布景及后期处理相对简单。同时，对国外买家来说，他们更加追求图片的真实性和商品时尚大气的风格，因而，为了避免不必要的退换货，速卖通上大量卖家往往都遵循一条原则：产品质量过硬且图片写实，后期处理少。此外，平台活动和促销往往也要求卖家报送白底的产品主图，因而，很多卖家从便利性角度考虑也多会选择白底的图片作为商品主图，如图 3-17 所示。

（2）边框主图。 速卖通平台页面的整个底色均是白色的，带有边框的主图恰好能有效利用这一点，在众多的产品中脱颖而出，便于被买家发现，促成点击，如图 3-18 所示。

项目 3　店铺装修

如何使用 Photoshop 切图

图 3-17　白底主图

图 3-18　边框主图

（3）**背景主图**。背景主图作为一个色块，在速卖通上的吸引力还是非常大的，但经常有很多卖家在使用的时候，把握不好度，变成"主图牛皮癣"，反而降低了商品的日常点击量。因而，若卖家在审美、布景、设计等维度上对主图的观感难以把握，应尽量选择白色或者其他颜色的纯色主图，不要额外布景、拍摄和后期制作，防止适得其反。

实际上，背景的搭配影响着主图的质量。合理灵活地搭配背景色和商品，可以让商品更具亲和力和感染力。在搭配主图的背景时，卖家不仅要考虑背景中的元素恰当与否，更应考虑商品的形象与背景的色调是否相得益彰，能否从背景中凸显出来。

图 3-19 中的男士穿着一件驼色的针织短袖衫站在一艘大型船只旁边（图中船只不明显），背后是有些凌乱的船只靠岸的绳线，配以少量光照，慵懒、凌乱中不失大气和休闲，很好地凸显出这件驼色短袖衫百搭和随意的风格，给人以舒适、和谐的观感，有较强的感染力。

059

图 3-19　背景主图

综上所述，卖家应当清楚自己的店铺在何时应该使用何种主图，若是参加活动，应尽量选择干净大气的白底主图；平时则可用一些简单的背景主图和边框主图聚焦眼球，增加点击转化。

3. 设计优质商品主图的技巧

买家在浏览商品主图时速度一般较快，如何让主图在速卖通搜索结果页的众多主图中凸显出来，成功引起买家注意力，是制作优质主图的关键，一般可以从下面四个方面入手。

（1）卖点清晰有创意。 卖点即商品具备的别出心裁或与众不同的特色、特点，可以是商品的款式、形状，也可以是商品的价格等。卖点清晰是指即便买家快速浏览，也能迅速了解到商品的优势所在。

主图的卖点不在于多，而在于是否能击中买家痛点，打动买家。深入分析速卖通，会发现大量商品的卖点大同小异，因而，商品若想脱颖而出，引起点击，就需要卖家去优化卖点，让其变得有创意和感染力。

在图 3-20 中，虽然没有模特的正面展示，却营造了一个人穿着运动鞋，拉着拉杆箱准备出游或是出游归来的场景，这能引发人联想这双鞋适合出游，舒适感好，这能很好地规避掉当前很多鞋子好看不好穿的痛点，激起买家的购买欲。

（2）商品大小适中。 商品在主图中过大则显得臃肿，给人以压力感。主图过小则不利于表达商品细节，不利于突出商品的主体地位。而大小合适的商品往往能给人以视觉的舒适感，有助于提升商品点击率。

（3）宜简不宜繁。 有部分卖家为了突出产品卖点，在主图上设置大量文案，加之排版不合理，最终导致适得其反。实际上，买家在浏览商品主图时速度非常快，因而，主图传达的信息越简单、越明确，越容易被买家接受。背景繁杂、产品放置杂乱、文案信息多以及水印夸张的主图均会影响产品信息的传达。所以，卖家在设计产品主图时，应当从买家的接受程度和认可程度入手进行考虑和设计。

（4）丰富细节。 在设计主图时，卖家可以通过放大商品细节提高主图点击率，也可在主图上添加少许文案，如商品名称、特点与特色、包邮、特价等想要买家关注的内容，丰富主图细节，如图 3-21 所示。

项目3 店铺装修

图 3-20　运动鞋主图　　　　　　　图 3-21　主图的丰富细节（特点与特色）

任务 2　装修店铺

✓ 3.2.1　店铺装修基础操作

对于速卖通的任何一个卖家而言，店铺首页都是其苦思冥想想要优化的页面。目前，平台在视觉营销方面增加了新的开放式功能板块。其中，基础模块包含店招板块、图片轮播板块、联系信息、收藏店铺、商品推荐以及自定义内容区等部分。第三方模块相对于基础模块在功能上更加丰富，包含新品上市、限时导购、自定义模块、全屏轮播、优惠券、分类导航、广告墙及页角等。下面我们将对速卖通店铺装修基础模块的操作进行介绍。

1. 装修前准备工作

首先，进入卖家后台，单击"店铺—店铺装修及管理—进入装修"按钮，登录店铺装修页面，如图 3-22 所示。

图 3-22　登录店铺装修页面

061

进入装修页面，当鼠标靠近"装修"按钮时，会出现下拉菜单，菜单中包括页面管理、样式编辑和模版管理，如图 3-23 所示。

图 3-23　装修按钮下拉菜单

（1）页面管理：编辑首页版式、模块。
（2）样式编辑：选择首页主题色。
（3）模版管理：选择免费模版或者购买收费模版。

点击"装修—样式编辑"按钮，可以看到有四种配色样式可供选择，即卖家在装修店铺之前，首先需从整体上为店铺定一个主色调。在基础模块中，有四种样式可供选择，分别是湖蓝、蓝色、红色和棕色，卖家可以根据主营产品的性质、类别以及目标市场选择一种相应的主色调，然后点击"保存"按钮即可。其中，主要的选色方式有三种，如图 3-24 所示。

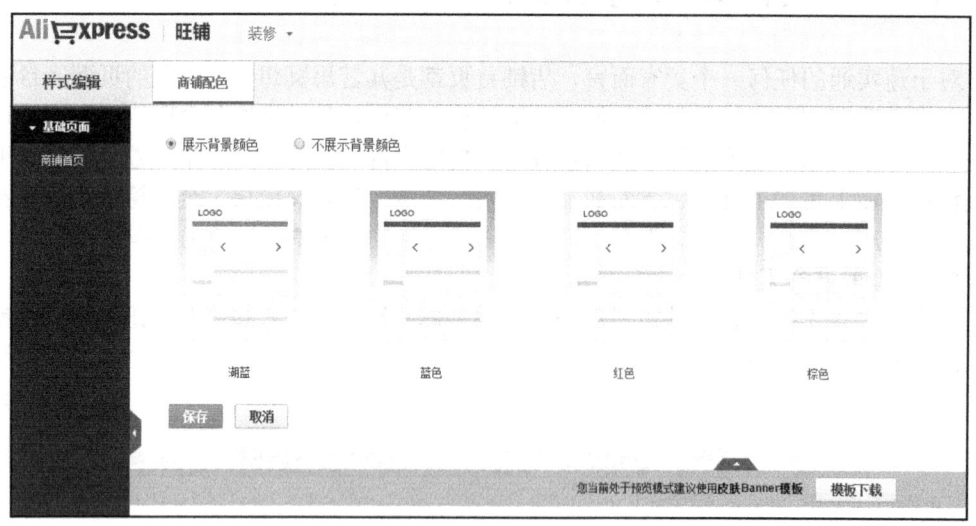

图 3-24　4 种配色样式选择

（1）基于店铺主营商品选色。当卖家店铺的商品具有一定相似度，且颜色相对统一时，卖家可以选取商品的核心颜色作为店铺首页的主色调。

（2）基于目标客户人群选色。根据目标客户来选色，即当店铺主营产品为童装、童鞋等儿童相关的产品时，应当选择色彩鲜艳，充满朝气的颜色；当主营产品为老年服装、拐杖等老年人使用居多的产品时，店铺首页的主色调应当选择稳重、大气、色调相对偏深的颜色。

（3）基于概念性选色。当店铺产品颜色众多，没有统一性时，卖家可以考虑主营商品是否与节日或者某些特定的概念相关，从而引申至选择与这一节日或概念相对应的颜色。

2. 店招板块

在后台首页装修页面，将鼠标放在每个板块上，右上角均会出现"编辑"按钮和"删除"按钮（图 3-25），点击编辑可以进行图片的修改、增加链接、排布等功能。"布局管理"栏目则可以调整首页整体结构，如图 3-26 所示。

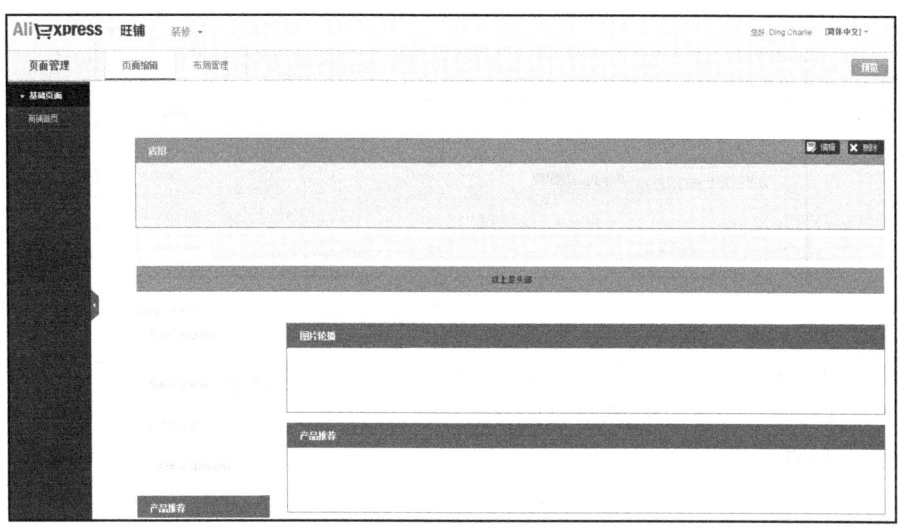

图 3-25　"编辑"和"删除"按钮

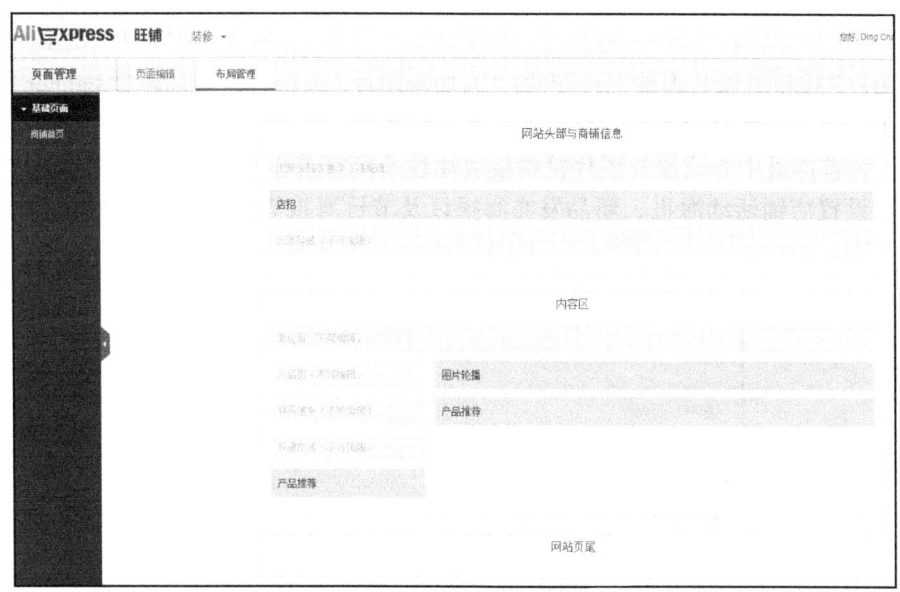

图 3-26　"布局管理"栏目

将鼠标放在店招板块上，单击右上角的"编辑"按钮，可看到对应的店招板块规格参数，店招的模块高度为 100～150 像素，宽度为 1200 像素，图片大小不能超过 2M，基础模块只有一个。同时，店招允许加入一个链接，卖家可以根据店铺实际需要对首页、活动或者单品进行交替链接，从而更科学地使用好店招这一板块（图 3-27）。此外，店招图片可以直接从本机上传，也可以使用已上传的图片，直接输入 URL 即可上传。

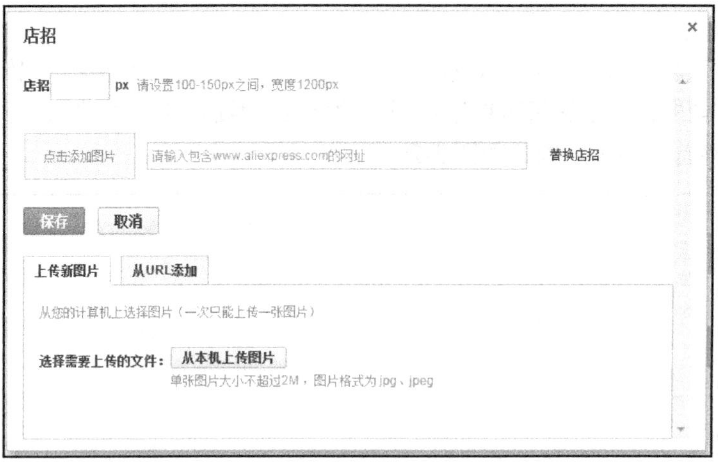

图 3-27 店招参数页面

从视觉角度来看，150 像素的店招比 100 像素的店招更为大气，更符合审美要求，因而建议卖家在设置店招宽度时选择 150 像素。

3. 图片轮播板块

图片轮播板块属于主区内板块，在主区内可以添加最多 6 个图片轮播板块，且位置可以上下调整，从而与其他板块相互呼应，相互搭配。

单击板块右上角的"编辑"按钮，可以看到图片轮播板块的规格参数（图 3-28），其中，模块高度应设置在 100~600 像素，宽度为 960 像素，图片大小限定在 2MB 以内，"点击添加图片"按钮可以从本地上传图片，"添加新图片"按钮可以增加轮播 banner 的数量，最多 5 张，即一个图片轮播板块最多可添加 5 张图片，每张图片可添加一个相应的链接。所以，作为首屏最中心位置的图片轮播板块往往是卖家苦心经营的宝地，在这块宝地中，卖家可以设置店铺活动海报、新品发布海报以及节日海报等，作为店铺引导点击的关键一环。

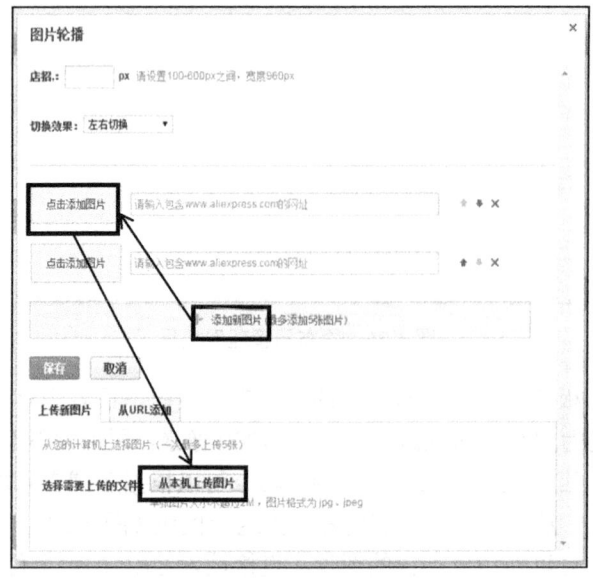

图 3-28 图片轮播板块参数设置

在设计图片轮播板块的海报时，务必在每张海报中添加类似"Buy Now"等引导点击的按钮，从而刺激买家眼球，引导购买，如图 3-29 和图 3-30 所示。

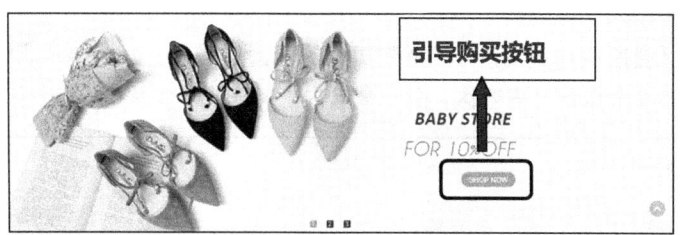

图 3-29　图片轮播板块案例一

图 3-30　图片轮播板块案例二

4．商品推荐板块

基础模块中的商品推荐板块使用效率较高，但存在结构相对单一的缺陷，若能有效配合图片轮播板块和自定义内容区的应用，对商品的展示将起到很好的推动效果，一个店铺最多可以添加 5 个商品推荐板块。单击"编辑"按钮，可以看到该板块可以添加标题并显示，商品的展示方式可以选择一行 4 个或一行 5 个，如图 3-31 所示。

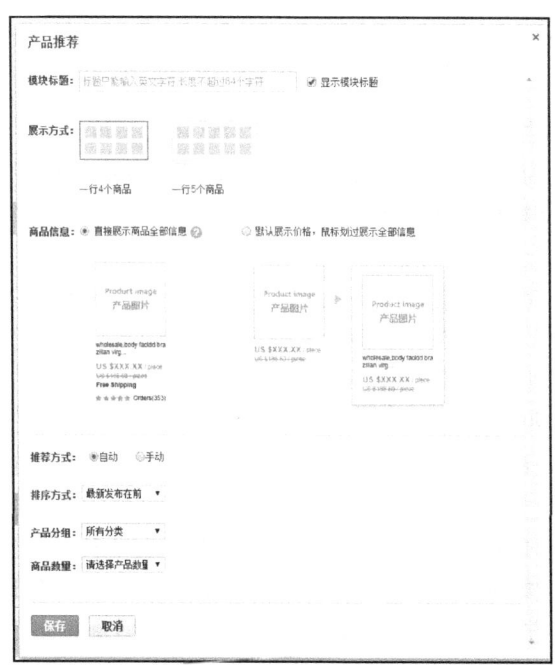

图 3-31　商品推荐板块设置

该板块里的图片，往往会使用商品首图，因而为了使展示效果统一，被选商品的首图务必要干净整洁，且和店铺整体装修风格一致。

5. 自定义内容区

自定义内容区排版相对灵活，可以搭配卖家的营销想法来更好地展示店铺和商品。在基础板块中最多可添加 5 个自定义内容区，在一个区内，字符数不能超过 5000 个，如图 3-32 所示。

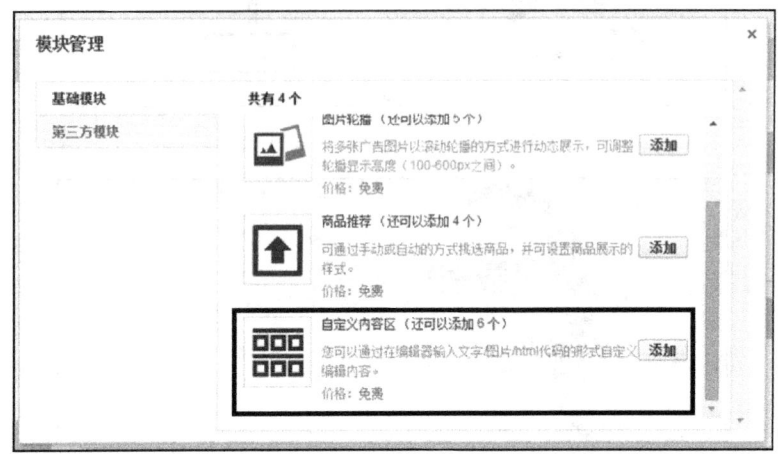

图 3-32　基础板块添加自定义内容区

自定义内容区的应用广泛，国际站点也属于自定义内容，需先将语言图标设计出来，切片，然后加入语言链接即可，如图 3-33 所示。

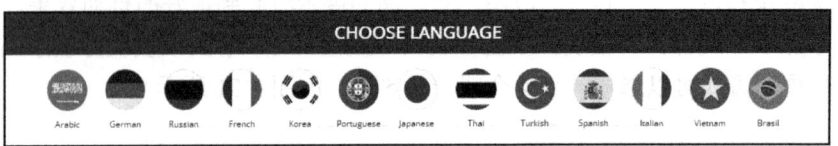

图 3-33　自定义内容区——国际站点

（1）主区自定义规格。基础模块的自定义内容区图片宽度最大为 920 像素，高度不限，但不要超过 3000 像素为好，太高会影响网页打开速度，且字符数容易超出限定。

（2）侧边栏自定义规格。在侧边栏添加自定义内容区，其图片最大宽度为 180 像素，高度不限，建议不要超过 1500 像素。

实际上，自定义板块是高级旺铺装修中一个比较常用的内容，应用灵活，可以是图片，也可以是文字。但对于新手卖家而言，往往较难上手，需要搭配 Photoshop 的切片和 Dreamweaver 的代码来共同实现。

6. 店铺基础装修四大秘籍

（1）秘籍一：用好预览功能。店铺装修好以后，如果卖家想要看下装修后的效果，可以点击屏幕右上角的预览按钮来预览装修效果，在确认装修无误后再进行发布，这样可以确保万无一失，减少不必要的返工并能在一定程度上降低买家体验感下降的概率。

（2）秘籍二：侧边栏也可以装修。卖家可以在侧边栏添加一个商品推荐板块，推荐方式选择"自动"，排序方式选择"按销量降序排列"，即可重新调出消失的 Top Selling（如图 3-34 所示）。同理，卖家可以按照产品分组，添加分类产品的 TOP 排行榜。

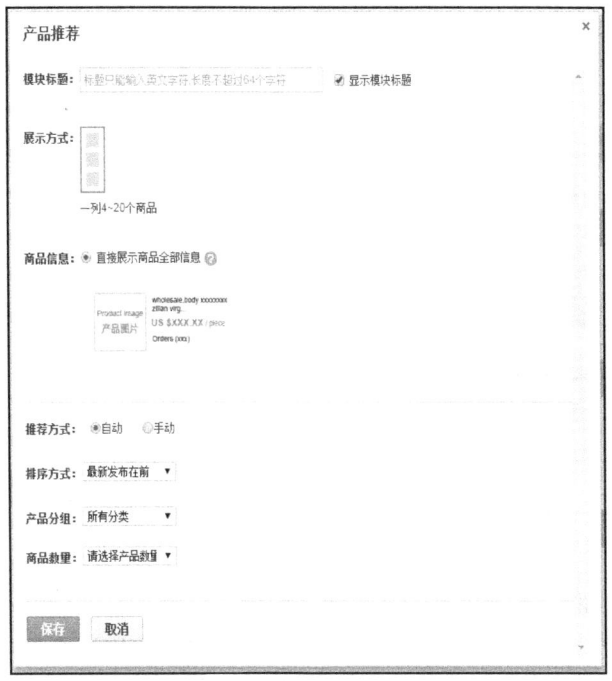

图 3-34　用商品推荐板块调出消失的 Top Selling

（3）**秘籍三：用好自定义内容区**。自定义内容区不局限于产品，还可以在店铺内更直观地添加产品分组，引导消费，若使用好，它将是一个优秀的导购员。

（4）**秘籍四：用好图片链接功能**。无论是店招图片，或是图片轮播里上传的图片，卖家均可为图片添加 URL 超链接，卖家可以将图片链接到店铺内任意页面，例如用来推广某个商品、某个分组、某个搜索结果等，从而将可利用资源发挥到极致，达到多方引流，这在一定程度上有助于提升页面访问深度和停留时间，为店铺留住顾客，增加成交机会。

3.2.2　店铺装修第三方模块操作

速卖通第三方模块的出现，为平台在视觉营销方面带来了生气，其灵活性和开放性远远超过基础模块。下面来看看由第三方提供的装修模版的灵活性、开放性究竟体现在哪里，丰富的效果又如何实现。

在卖家后台装修页面中，单击"模版管理"按钮进入装修市场，如图 3-35 和图 3-36 所示。

图 3-35　"模版管理"选项

图 3-36　进入装修市场

在装修市场中，第三方装修模版是付费试用的，选择一个卖家满意的模版，购买之前可以进行试用，在卖家确认选中模版各个板块布局及搭配等均符合自身需求时，再选择购买 1 个月、3 个月或者 6 个月。下面详细分析第三方模块中各版块的装修细节。

1．功能店招

一般而言，只要选取了试用模版，店招和全屏轮播等板块均会出现，若未能出现，也可手动添加（图 3-37）。同时，功能店招可以调整导航栏的样式（图 3-38），第三方模块的导航栏可由卖家自己设计，卖家可以自定义颜色或者上传图片。导航栏的高度为 33 像素，卖家可以结合店铺性质和产品所属类别等多方面综合考虑，打造店铺独特的效果。

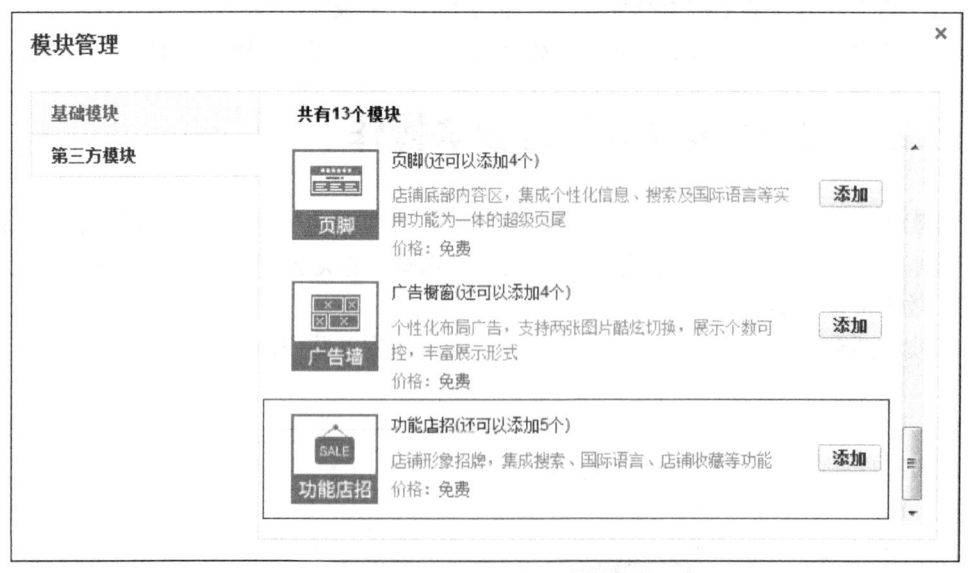

图 3-37　手动添加功能店招

图 3-38　调整导航栏样式

此外，对于较大的图片，速卖通的图片空间暂时无法支持，卖家可以借助 1688 的图片空间来实现，即将图片上传到 1688 的图片空间，取得图片地址后使用到速卖通上。功能店招提供了很多附加功能，例如店铺收藏、二维码、店内搜索和国际语言等（图 3-39），若要使用这些功能，需要先在"店招内容"中进行相对应功能的勾选，然后在相应勾选的栏目中调整参数（图 3-40）。

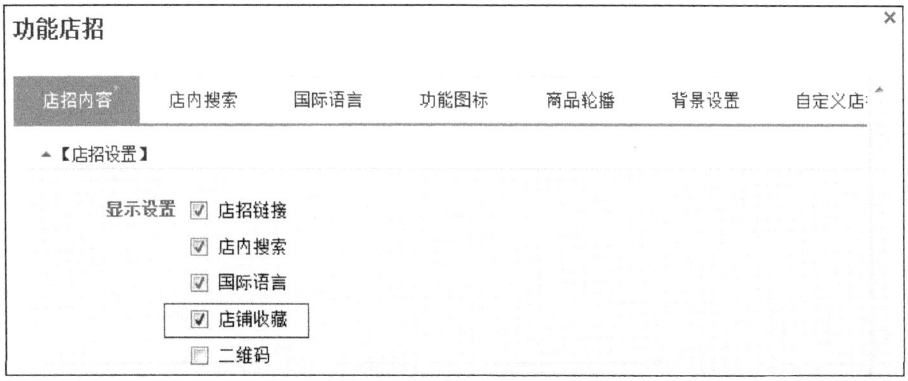

图 3-39　店招内容设置新增栏目

图 3-40　调整参数

当前智能手机的普及和移动互联网网速的不断提升，带来了各电商平台无线端流量的不断上涨，速卖通也不例外。因而卖家可以在店招中设置二维码，并将二维码放在店铺明显位置，这样可以在一定程度上提升无线端的流量。

2．全屏海报

全屏海报的出现使店铺在整体视觉效果的打造上提升了一个台阶，能更大气、更干净地展现产品和活动等内容。打开全屏海报的编辑页面，复制图片 URL 地址粘贴在图片地址框中，并复制相应的产品链接粘贴在链接网址框中（图 3-41）。同时，卖家可以在"页面背景"栏目中制作一个宽度为 1920 像素的全屏背景。

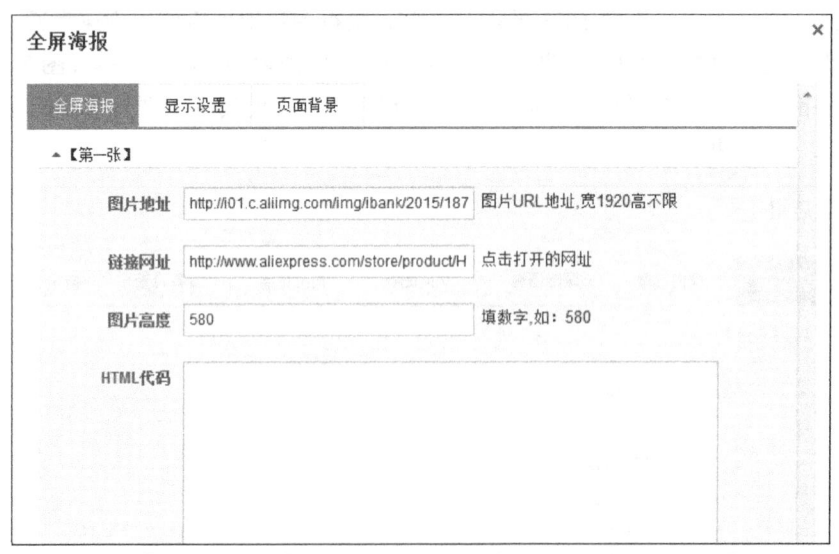

图 3-41　全屏海报参数设置

3．广告墙

广告墙是一个大小已被规定好的板块，卖家只需根据板块要求，制作出对应大小的图片即可。通常情况下，广告墙要求提供产品正反两个角度的图片，当鼠标划过时，第二个角度的图片会替换第一个,可以让买家在首页看到同款产品不同角度的拍摄效果,起到良好的宣传作用。广告墙中上传的图片大小为 600 像素×170 像素,如图 3-42 所示。依次加入商品图片,得到广告墙的最终效果,如图 3-43 和图 3-44 所示。

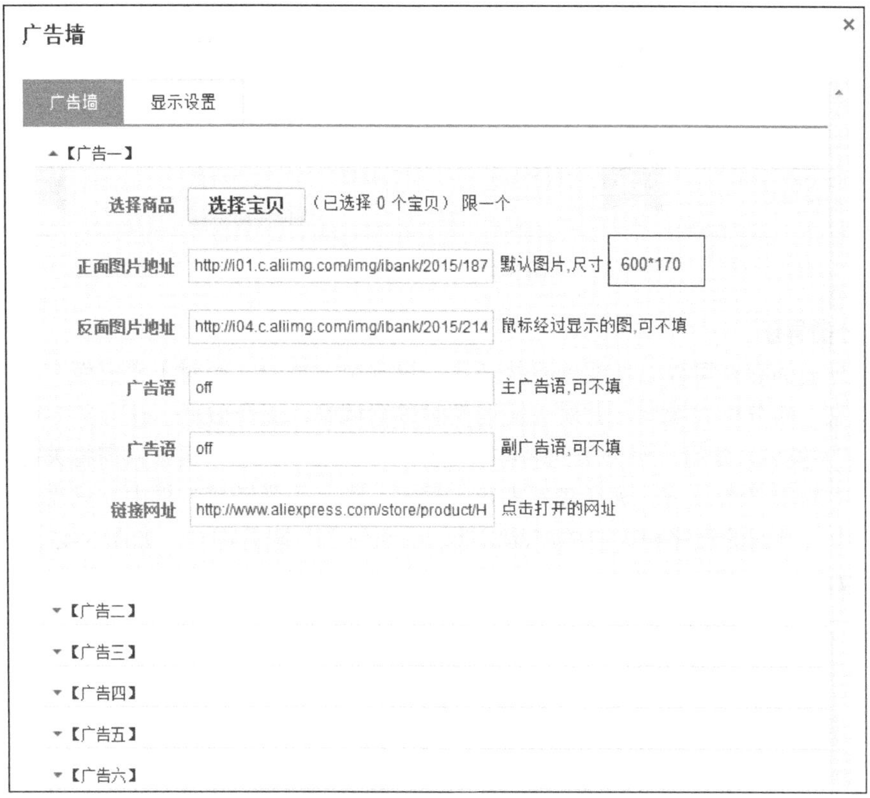

图 3-42　广告墙参数设置页面

图 3-43　广告墙案例一

图 3-44 广告墙案例二

4．分类导航

分类导航的存在可以方便买家查找商品，提升用户体验。而对于卖家而言，分类导航有助于卖家不断分析关键词，并对关键词及时进行调整，提升效率。在分类导航参数设置页面中，"大类名"是指一级分类的名称；而在"子类名"框中，卖家只需将关键词按顺序排列好，中间用"|"隔开，如此填写即可；同时，在"子类链接"框中，只需填写与"子类名"框中关键词的顺序相对应的产品链接，中间用"|"隔开即可，如图3-45所示，最终可以达到如图3-46所示的效果。

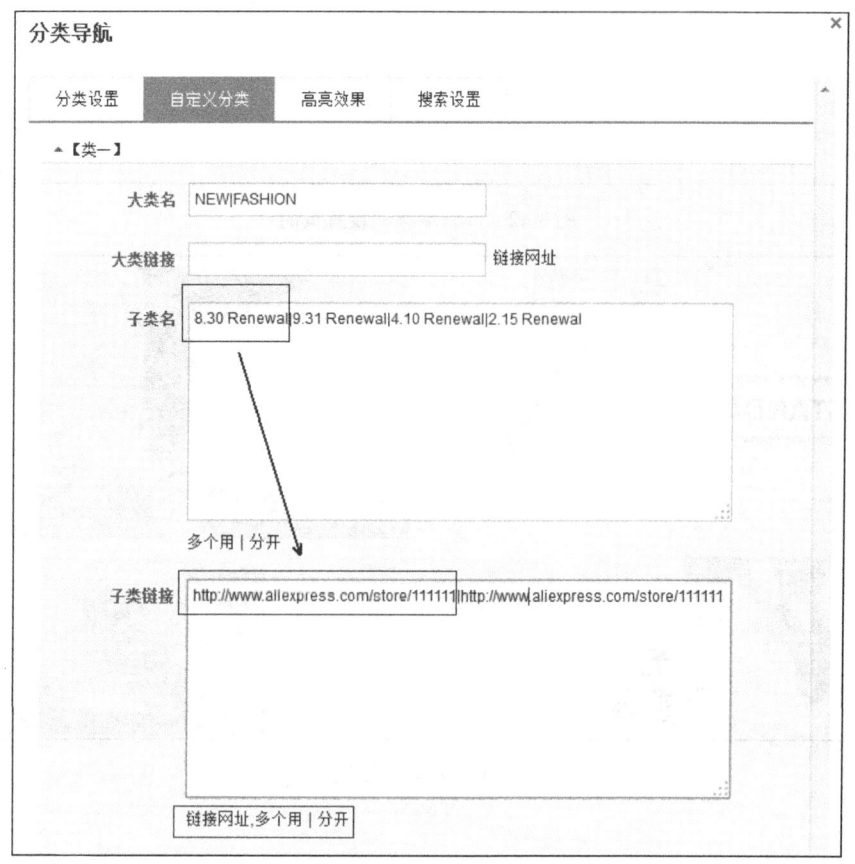

图 3-45　分类导航设置页面

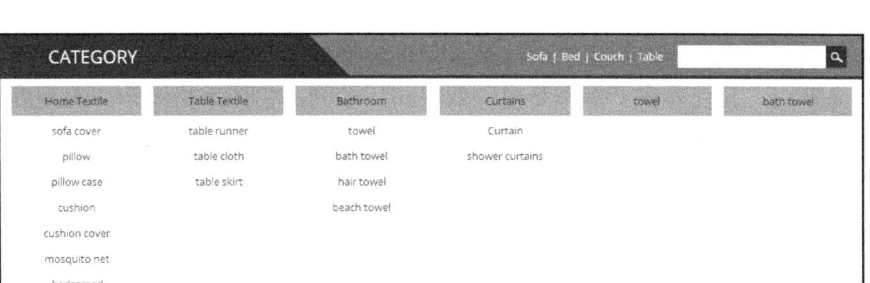

图 3-46　分类导航效果

5．自定义模块

自定义模块可以放入卖家自主设计的切片内容，第三方板块中的自定义模块与基础板块中的自定义内容区不同，后者只支持 960 像素的宽度，前者支持 1200 像素的宽度。同时，进入第三方板块自定义模块的后台编辑页面可以看出，没有多余工具可以辅助设计制作，卖家只能借助 Dreamweaver 软件来完成编码任务。复制编辑好的代码，再粘贴至内容框，保存即可，如图 3-47 所示。

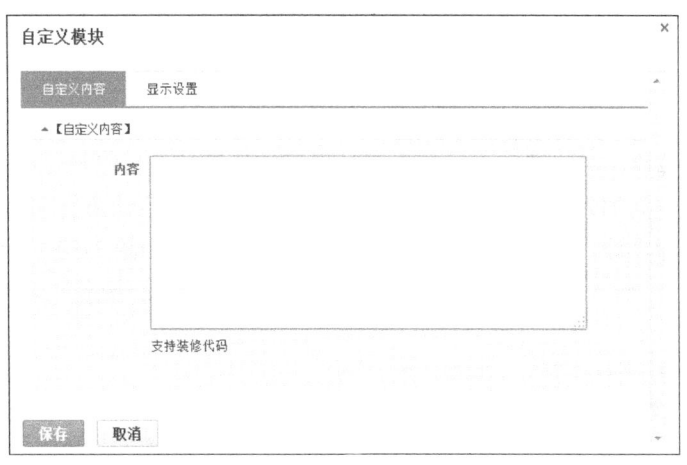

图 3-47　第三方板块中自定义模块的设置

6．产品信息模块

产品信息模块属于详情页中的模块，用来制作关联营销或公告通知、活动预告均是极佳的选择。单击"产品管理—产品信息模块—新建模块"，将会出现两种选择：关联产品模块和自定义模块，如图 3-48 所示。

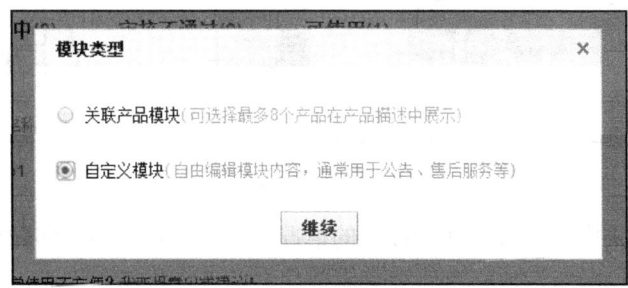

图 3-48　产品信息模块的两种选择

（1）关联产品模块。 在该模块中，最多可以选择 8 个产品，同时，可以快速选择产品编辑成产品模块，其优势在于操作简便、效率高；若商品主图风格统一，美观度较高，具有较强的可行性，如图 3-49 所示。

图 3-49　关联产品模块

（2）自定义模块。 在该模块中，卖家可以采用切片等功能自己设计版式，创意程度高，容易吸引眼球，继而加入相关信息，因而可以是产品推荐、活动公告和售后服务等内容。卖家可以自己进行设计，但时间成本花费较高。自定义模块如图 3-50 所示。

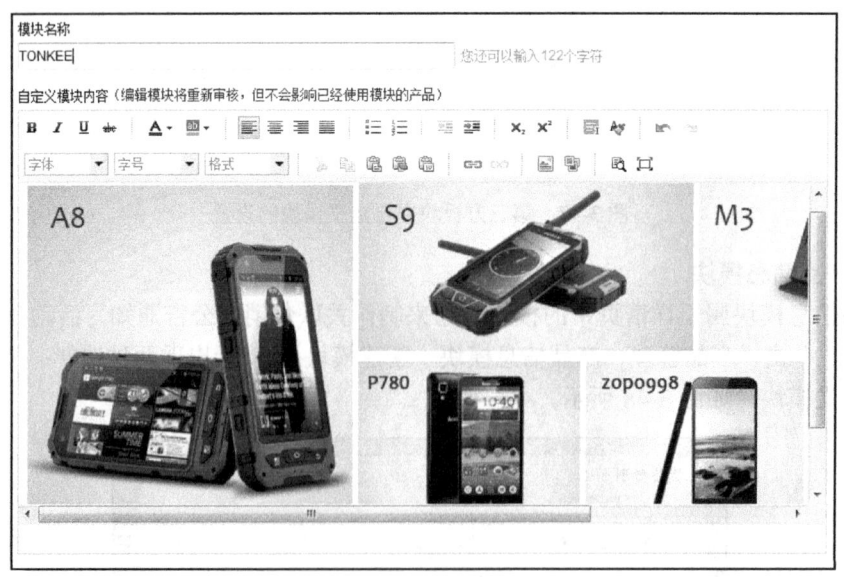

图 3-50　自定义模块

针对自定义模块中没有代码展开按钮的情况，卖家可以灵活地将做好的切片代码上传至发布商品页面，在商品详情的内部转换成图片后，再将整体图片进行复制，即可实现。

速卖通新手开店——速卖通移动端（无线端）的优化方法

有人说，未来的市场是移动端的。如今社会通过移动端进行交互，电商平台无线端用户购买率日益增长，发展迅猛。据之前速卖通统计的一份平台无线端数据显示，速卖通平台内 50%的交易量来自无线端。速卖通无线端分为 App、网页端、M 站，其中 App 在 2015年的无线端占比增长尤为突出，从 2014 年占比 45%增长到 2015 年占比 81%。

但还是有很多卖家无线端做工粗糙，产品位置摆放随意，图片链接随意，这在很大程度上会影响转换率。下面具体讲解速卖通移动端（无线端）的优化方法。

1．店招和轮播图的优化

（1）第一种方法是不放轮播图，直接放产品。大家可能不明白为什么不放轮播图，因为轮播图一共可以放置 6 张左右，基本上 1～2 张图片就会占据手机的一个整屏，所以很多买家翻了几页才能看到产品，这样买家看起来就会很烦，很久看不到产品。

（2）第二种方法就是用少数轮播图，把图片链接到产品分组，但目前受限于 AE 不成熟，所以效果不会太理想。如果没有很好的美工人员，做得不美观的图片就不要放上去了。还不如直接用第一种方法。

2．模块中产品摆放位置的优化

一般卖家店铺里都有几百个产品，位置是不够用的，很多卖家朋友是按照销量排序，从高到低，方便简单，其实这样是错误的，作为一个卖家要站在买家的角度去思考问题。

当买家进入你的店铺时，看到乱七八糟的产品，想找产品分组又找不到，这时还会有强烈的购买欲望吗？

建议大家按照产品分类，分成几个小的模块，每个模块只放一个类目或者类目周边的产品，这样效果会比较好。

3．产品详情页面的优化

无线端详情页面主要包含图片、标题、描述、评价，对无线流量的转化是至关重要的。

（1）主图。主图的效果直接影响到能不能留住无线端买家，因此主图一定要清晰干净，像素要满足平台要求（宽度在 480～640 像素，高度不超过 960 像素），6 张图放满，同时注意细节和控制拼图，这样可以第一时间抓住客户眼球。

（2）标题。无线端商品的标题可读是有限的，所以要把客户注意的关键字或重点描述部分放在速卖通标题最前面，其他的放在靠后的位置来进行视觉营销。

（3）描述。PC 端详情页面转化成手机端会有很大变化，重点要把图片和文字进行分离。描述页面中要保证图片清晰，比如服饰的尺码图片要让客户能够看清。另外，在无线端相关联的图片应该有重点地进行划分，手机端与 PC 端不同，顾客第一时间需求与产品信息相关的内容。

卖家可以考虑对商品做双语描述，例如俄语和英语。

（4）关联模块。推荐：图 1+文字详情+图 2＋关联模块。

控制关联模块产品的数量，不要抢了主产品的风头，关联的模块不要放在前面，因为手机屏幕很小，如果放在前面，一个关联模块甚至可能占到 2 页之多，买家会没有耐心翻页。建议关联模块产品选择同类目 6+周边 2。

（5）评价。引导买家撰写一些正面的评价，以及晒单，最好可以带图。

4．增加客户黏度

引导客户添加 whatsapp、Facebook 等社交软件（图 3-51），增加客户黏度，把小客户发展成大客户，可以向客户推新品以及店铺活动。

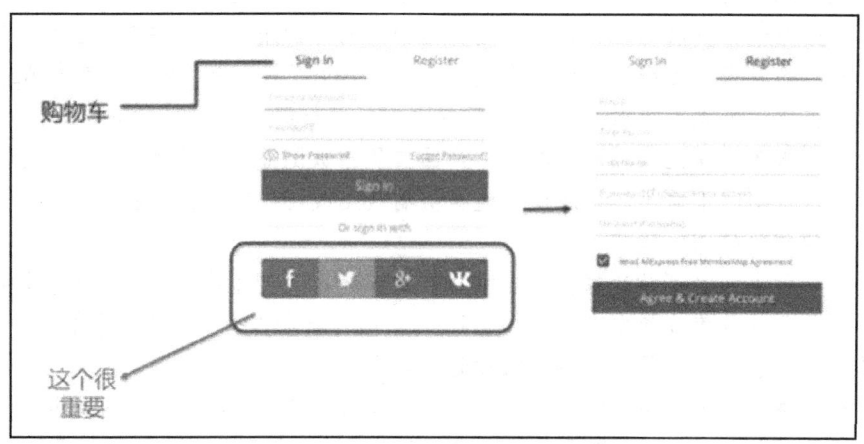

图 3-51　添加 whatsapp、Facebook 等社交软件

（资料来源：雨果网）

同步实训

实训　制作高点击率商品主图

实训目的

学会制作高点击率商品主图，通过对商品主图进行设计优化达到抓住买家眼球，引导点击的目的。

实训内容与步骤

（1）新建大小为 800 像素×800 像素，分辨率为 72 像素/英寸，名为"商品主图"的文件。打开"高清播放器"文件，将其拖动到"商品主图"文件中，调整其位置和大小，如图 3-52 所示。

（2）观察素材形状，可以发现素材左上侧留白较多，可在此处添加主要的文本与修饰图形。在商品下方新建两个图层，选择"钢笔工具"，在图像中绘制如图 3-53 所示的装饰形状，再在工具属性栏中设置填充色分别为"#fbbe01"和"44403f"。

高清播放器素材

图 3-52　导入商品素材

图 3-53　绘制装饰形状

(3)选择"横排文字工具",单击"切换字符和段落面板"按钮,打开"字符和段落"面板,设置字体格式为"Adobe 黑体 Std,50 点,#fbbe01",输入文字"HD Player";输入其他文本,将"3D Intelligent"字体形式设置为"Adobe 黑体 Std,36 点,白色",将项目文本的字体格式设置为"微软雅黑,20 点,白色",如图 3-54 所示。

图 3-54　输入文本信息

(4)选择"自定形状工具",在属性栏的"形状"列表框中选择正方形形状,在属性栏设置描边色为"#4ca2e3",描边粗细为"10.26",在"内置 Wi-Fi"文本左侧绘制方框,继续在"形状"列表框中选择图 3-55 所示的复选标记,设置填充色为"#fbbe01",在方框中绘制对勾形状。

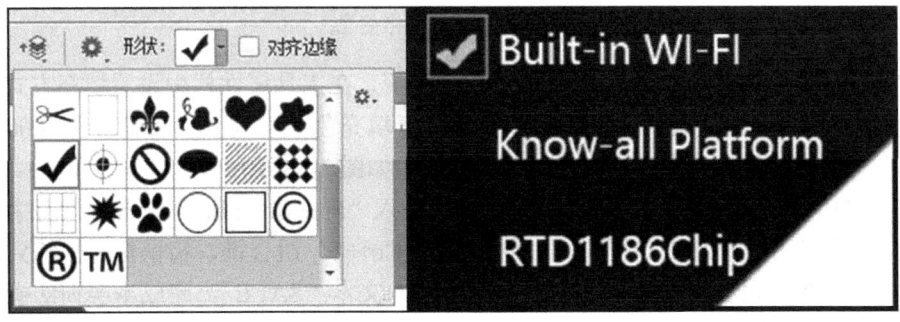

图 3-55　添加项目符号

(5)选择方框与对勾所在图层,单击"图层"面板底部的链接按钮,链接图层。按"Ctrl+J"组合键复制两份方框与对勾,并将其移动到下方项目的左侧,效果如图3-56所示。

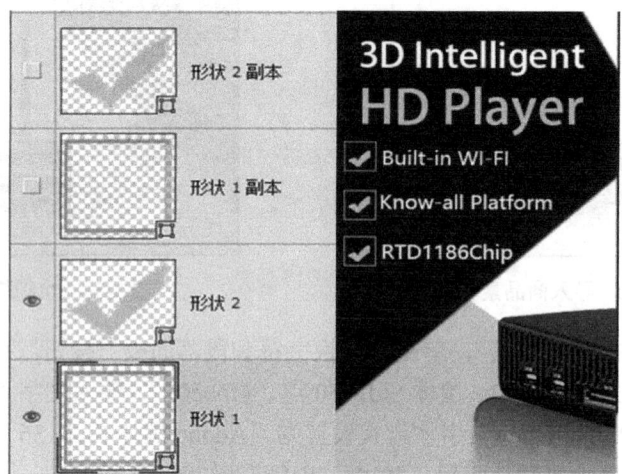

图3-56 复制复选标记

(6)选择"横排文字工具",在播放器左下方输入价格信息,将抢购价放大,与其他文本形成对比。其中,"29.88"字体格式为"Adobe 黑体 Std、60点、浑厚、加粗、#44403f","$"字体格式为"黑体","Flash Sale"字体格式为"黑体、26点","Original Price:$46.99",字体格式为"黑体、18点、删除线",如图3-57所示。

图3-57 输入价格信息

(7)新建图层,使用"钢笔工具",绘制三角形,在工具属性栏中设置填充方式为"线性渐变填充",单击渐变条下方的色标,设置渐变填充色分别为"#8a0807、#fa0000",拖动色标调整渐变位置,设置渐变角度为"45度",如图3-58所示。

(8)选择"横排文字工具",在红色标签上输入"Free Shipping"文本,设置字体格式为"Adobe 黑体 Std,20点,平滑,白色",按"Ctrl+T"组合键,将鼠标光标移到四角的旋转图标上,拖动鼠标旋转文本,使用同样的输入文本"SALE",完成本实训的操作。最终显示如图3-59所示。

项目 3　店铺装修

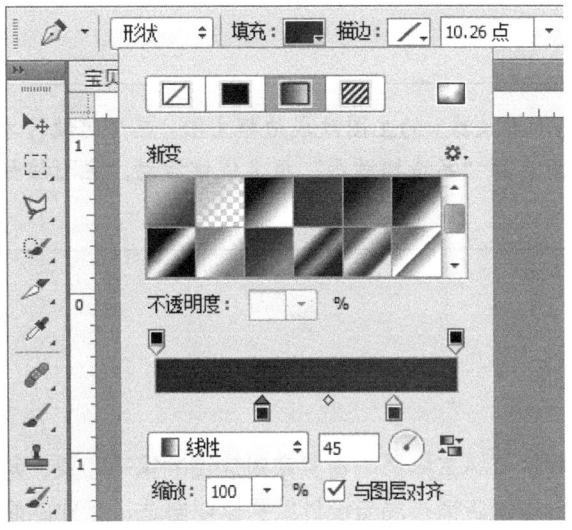

图 3-58　添加渐变标签

图 3-59　添加免邮文本

实训提示

在设计制作商品主图时要善于分析和发现该商品适合哪种类型的主图形式，若白底主图能使画面干净大气且能突出商品特点，不显过多留白，在速卖通中可以考虑使用白底作为这类产品的主图背景。然而对于实训中的"高清播放器"这一商品，当使用白底作为背景时可以明显发现商品过于单薄且留白过多，很难从平台众多的商品中脱颖而出，因此可以适当考虑对该商品主图添加少量元素，增加设计感，从而引起买家注意。同时，免邮是促销的手段之一，一般大卖家都会设置消费满多少即可免邮的标示。

此外，在该实训中，若自定义形状列表框中没有步骤中的形状，可在列表框右上角单击"设置"按钮，在打开的下拉列表中选择"复位形状"选项，打开默认的形状列表。同时，免邮是促销的手段之一，一般大卖家都会设置消费满多少元就可以免邮。

 跨境电子商务

 思考与练习

（1）若要将"高清播放器"的主图改成边框主图，应如何设计才能吸引买家眼球？
（2）若卖家要用产品"高清播放器"报名促销活动，主图该如何设计能引导更多点击转化？

 项目小结

店铺装修设计布局的好坏直接影响着买家对店铺的第一印象，甚至在一定程度上决定着店铺生意的好坏。合理的店铺布局与设计给买家以舒适、专业的感受，作为新兴卖家应当深入了解店铺各个页面的布局元素、设计原则和策划要点，以及速卖通后台店铺装修的基础操作、进阶操作、装修原则和注意事项，才能从整体上对店铺的结构设计产生一定的概念，继而根据店铺的商品类别和性质等因素，设计出符合买家浏览逻辑且能引起买家情感共鸣的页面，聚焦买家眼球，激发起买家的购物欲望，从而提升店铺访问深度和停留时间，降低跳失率，促成更多成交。

同步测试

1. 单项选择题

（1）下面哪一个元素不属于速卖通店铺首页的布局元素。（　　）
　　A．导航栏　　　　　　　　B．轮播海报
　　C．商品细节展示　　　　　D．客服

（2）下面哪一个主图类型不属于速卖通商品主图的三种类型之一。（　　）
　　A．白底主图　　　　　　　B．创意主图
　　C．背景主图　　　　　　　D．边框主图

（3）下面哪一个内容不会出现在店招栏目内。（　　）
　　A．店铺公告　　　　　　　B．Logo
　　C．二维码　　　　　　　　D．店内搜索

（4）店铺装修基础板块提供了几种配色作为店首页主色调。（　　）
　　A．6种　　　B．3种　　　C．5种　　　D．4种

（5）商品主图尺寸应以多大为宜？（　　）
　　A．350像素×350像素　　　B．800像素×800像素
　　C．750像素×750像素　　　D．300像素×300像素

2. 多项选择题

（1）首页页尾包括以下哪些内容？（　　）
　　A．店铺广告语　　　　　　B．国际站点
　　C．快递说明　　　　　　　D．联系方式

（2）在选择速卖通店铺首页主色调时，选色方式包括哪些？（　　）。
　　A．基于店铺主营商品选色　　　　B．基于目标客户人群选色
　　C．基于卖家偏好选色　　　　　　D．基于概念性选色
（3）商品详情页一般包括以下哪些内容？（　　）
　　A．商品参数　　　　　　　　　　B．轮播海报
　　C．关联营销　　　　　　　　　　D．主推分类
（4）店铺页面布局的原则包括（　　）。
　　A．主次分明、中心突出　　　　　B．简洁与一致性
　　C．布局饱满，应有尽有　　　　　D．区域划分明确
（5）店铺商品详情页的策划要点包括（　　）。
　　A．抓住产品定位　　　　　　　　B．激发兴趣，挖掘潜在需求
　　C．替买家做决定　　　　　　　　D．赢得买家信任

3．分析题

（1）比较分析速卖通商品主图和淘宝天猫商品主图在设计上存在什么区别？为什么存在这些区别？

（2）对于店铺中不同运营状态下的商品，例如新品、热卖单品、促销商品、常规商品，分析其在设计详情页时的重点是否一致？为什么？

项目 4
店铺日常管理与优化

店铺的日常运营、管理;数据化选品;数据化运营(数据分析与优化)。

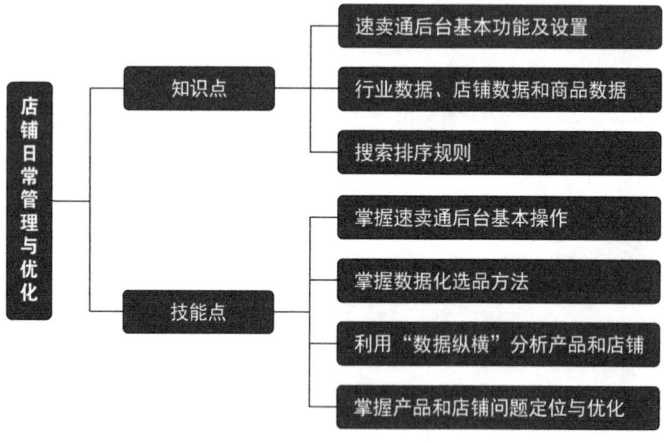

2006 年,eBay 成立了大数据分析平台。为了准确分析用户的购物行为,eBay 定义了成百上千种类型的数据,并以此对顾客的行为进行跟踪分析。eBay 拥有近 3.8 亿用户。基于大数据分析,eBay 可以为用户"画像",学习不同情景下用户不同的行为模式,再向其推送有针对性的商品。通过研究发现,用户在上午 10 点、中午 12 点、晚上 7 点,浏览的商品是不同的;在不同的场所,如餐厅或家里,同样会对浏览和搜索产生影响。此外,用户的年龄、当时的天气等,都会对购物产生影响。eBay 可以从用户以往的浏览记录里"猜"出他想要的商品,也可以从设定的成百上千种情景模型中计算出用户可能的需求;或是对照另一位有着相似特点的同性用户,看他当时买过什么样的商品,从而推断出这位用户潜在的需求。基于用户购物的数据,eBay 同样会给商家提供各式各样的"情报"。比如,eBay 会告诉制造商用户正在网上搜索什么商品,或是各种出口行业的数据,让制造商立刻对此项目 4　店铺日常管理与优化

做出反应。除此之外，凭借平台上产生的各种信息，eBay 还可以扮演"品管（品质管理）"的角色。当某个产品有 10~20 笔成交之后，eBay 可以根据退货率、买家评论等把产品可能的问题检测出来，并向卖家预警，让其想办法改进产品品质，或选择将商品下架，或修改物品的描述。在理想状态下，这种品管系统会形成一个大数据的循环，并帮助卖家减少退货，销售更多的商品。假如卖家在收到这样的通知后依旧我行我素，eBay 就会认为这样的卖家并不重视品管，到了一定阶段，eBay 会对其实施交易"配额"。

> **引例分析**
>
> 　　在外贸环境变化迅速的当下，大数据、云计算等每一个词汇都在冲击着跨境电商的固有体制。在网络世界，数据就是金钱。在本例中，作为全球最大的拍卖网站 eBay 已深知数据对平台和卖家的重要性。因此，eBay 对各种在线数据的分析无所不至，就像在每个客户面前安装了摄像头一般。通过数据分析，eBay 可以把握客户的行为模式，使搜索引擎更加"直觉化"，eBay 正试着理解客户的搜索请求和真实意图，给出相关性更强的内容，从而增加在线交易量。另一方面，eBay 为商家提供"情报"，向商家提供建议和预警，提升卖家的产品质量和服务水平，从而增加卖家的销量，提升客户的满意度。一切以数据说话，已成为互联网的一大发展趋势。速卖通在几大跨境电商平台中，是唯一将平台数据开放给卖家，供其研究和分析的平台，我们应该好好珍惜和利用好这一资源。在本项目中，除了介绍速卖通后台的基本功能和操作外，重点向大家介绍如何利用数据来优化店铺和产品。

任务 1　速卖通后台基本功能及设置

✓ 4.1.1　卖家后台——"我的速卖通"

1. PC 端登录

（1）PC 端的登录入口有两个：速卖通卖家首页（http://seller.aliexpress.com）和速卖通买家首页（https://www.aliexpress.com）。

操作后台

（2）打开 PC 登录界面，输入登录名、登录密码，单击"登录"按钮。成功登录后进入卖家后台首页，如图 4-1 所示。

（1）导航栏：卖家后台所有频道、功能入口。

（2）快速入口：常用的功能入口。

（3）卖家表现中心：卖家的信用积分和相应的店铺等级。全球速卖通平台采用比较直观的勋、钻、冠（勋章、钻石、皇冠）来表示买卖双方的信用等级，是建立在买卖双方评价体系之上的、长期累积的信用体系。卖家的认证信息包括支付宝实名认证、邮箱认证和手机认证。

（4）运营店铺情况：

083

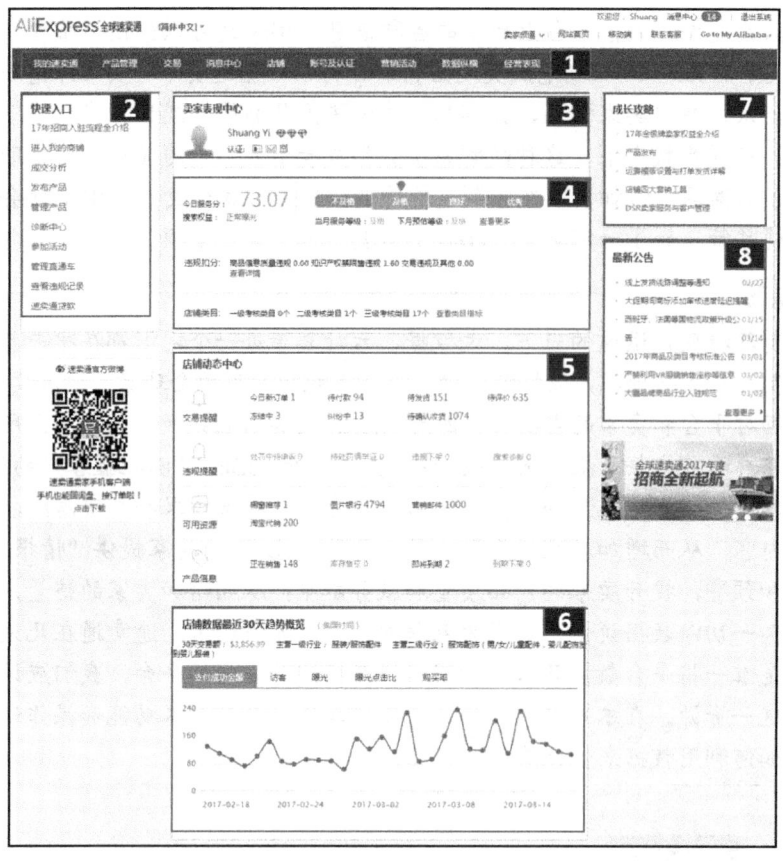

图 4-1 卖家后台首页

① 今日服务分：今日服务分（满分 100）＝成交不卖率得分（单项满分 10）＋未收到货物纠纷提起率得分（单项满分 15）＋货不对版纠纷提起率得分（单项满分 15）＋DSR 商品描述得分（单项满分 30）＋DSR 卖家服务得分（单项满分 15）＋DSR 物流服务得分（单项满分 15），如图 4-2 所示。

② 搜索权益：今日服务分决定今日店铺的搜索权益，低于 60 分不利于曝光，60～80 分正常曝光，80 分以上优先曝光，如图 4-2 所示。

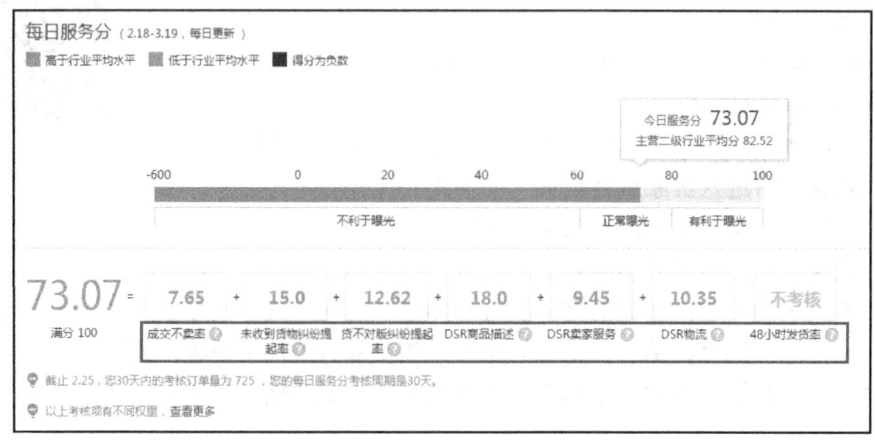

图 4-2 每日服务分与搜索权益

③ 服务等级：上月的每日服务分均值决定下月店铺的服务等级，如图 4-3 所示，在不同的服务等级下店铺享有不同的权益和资源，如图 4-4 所示。

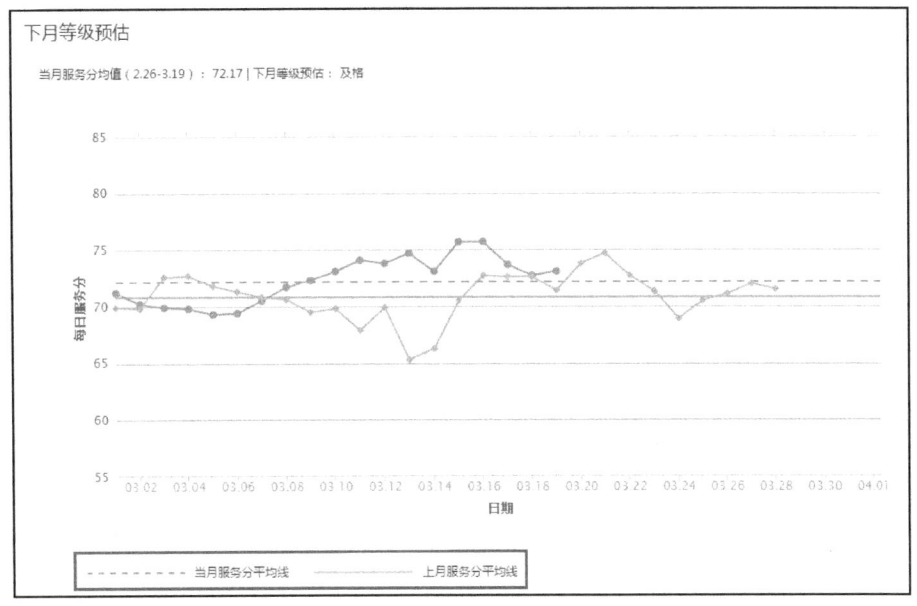

图 4-3 每日服务分均值

卖家服务等级详解

	不及格	及格	良好	优秀
定义描述	上月每日服务分均值小于60分	上月每日服务分均值大于等于60分且小于80分	上月每日服务分均值大于等于80分且小于90分	上月每日服务分均值大于等于90分
橱窗推荐数	无	无	1个	3个
特殊标识	无	无	无	有
平台活动权利	不允许参加	正常参加	正常参加	优先参加
营销邮件数量	0	1000	2000	5000
直通车权利	无特权	无特权	开户金额返利15%，充值金额返利5%（需至直通车后台报名）	开户金额返利20%，充值金额返利10%（需至直通车后台报名）

不考核卖家享有的营销邮件数量为1000，其他权益与及格卖家享受同等的平台资源。
营销邮件数量资源仅限当月使用，若未能及时使用则不会累计至下月，请了解。
每日服务分数越高，对搜索排序越有利（排序受多个维度影响，服务分为其中一个影响因素）。同时关于影响搜索排序的其他因素点此查看

图 4-4 卖家服务等级和对应的权益

④ 违规扣分：记录店铺违规扣分的行为。如知识产权禁限售违规、交易违规及其他满 48 分店铺将被关闭。

⑤ 店铺类目：根据《速卖通 2017 年度各类目技术服务费年费及考核一览表》中的“类目经营过程考核指标”进行考核，主要考核“类目过去 90 天货不对版纠纷提起率”及“类目过去 90 天 DSR 商品描述平均分”，在考核日，以上 2 个考核指标任何一个不达标，则关闭对应类目的经营权限并下架对应商品，如图 4-5 所示。

速卖通 2017 年度各类目技术服务费年费及考核一览表

类目名称	类目状态	考核标准（以下2个指标在考核日只要任何一个不达标，则关闭类目经营权限）	当前值	2017-04-15	2017-07-02	2017-10-02	2018-01-02
服装/服饰配件-> 女装->连衣裙	待考核	类目90天DSR商品描述平均分 < 4.20	5	-	-	-	-
		类目90天货不对版纠纷率 >= 5%	0%	-	-	-	-
服装/服饰配件-> 服饰配件（男/女/儿童配件，婴儿配饰发到婴儿服装）->眼镜及配件	待考核	类目90天DSR商品描述平均分 < 4.50	4.6	-	-	-	-
		类目90天货不对版纠纷率 >= 2.5%	1.26%	-	-	-	-
服装/服饰配件-> 男装->上衣，T恤	待考核	类目90天DSR商品描述平均分 < 4.30	4.44	-	-	-	-
		类目90天货不对版纠纷率 >= 4%	1.04%	-	-	-	-

图 4-5　卖家类目考核和达标情况

（5）店铺动态中心：包括动态交易情况、违规情况、可用资源情况和产品信息。

（6）店铺数据最近 30 天趋势概览：显示最近 30 天的交易总额、每日支付成功金额、访客数、曝光、曝光点击比和购买率。

（7）如果是新店，此板块为"新手入门必读"，向卖家介绍基础运营知识；如果是老店，此版块为"成长攻略"。

（8）最新公告：平台规则调整会在此公布，应及时关注。

2．移动端登录

（1）可扫描二维码进行"速卖通卖家"App 下载，如图 4-6 所示。

图 4-6　速卖通卖家

（2）"速卖通卖家"App 的功能和界面，如图 4-7 所示。

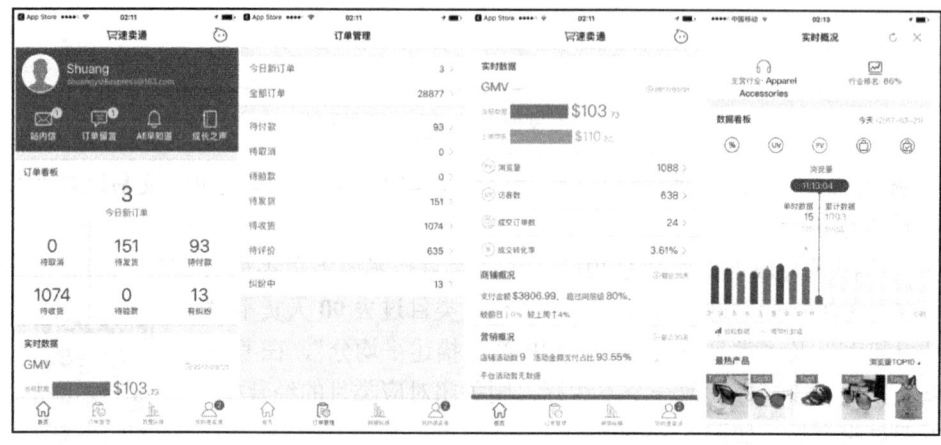

（a）

图 4-7　"速卖通卖家"App 的功能和界面

项目 4　店铺日常管理与优化

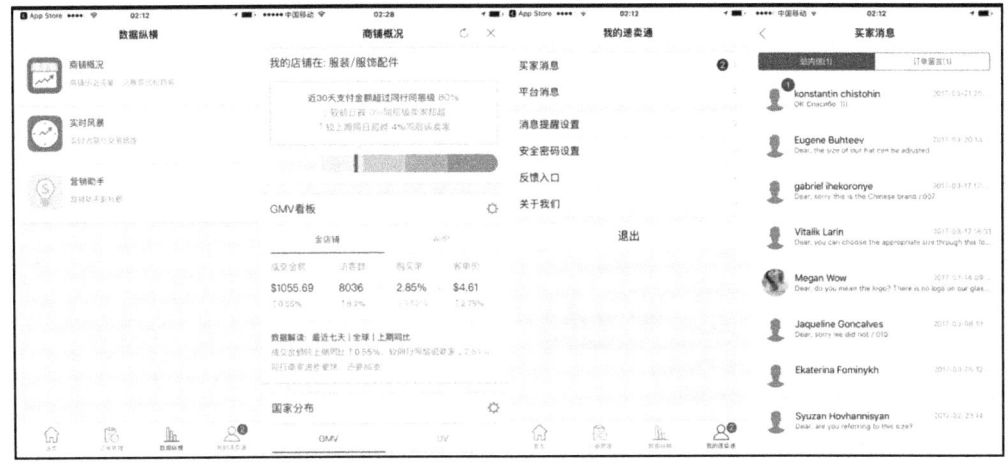

(b)

图 4-7　"速卖通卖家"App 的功能和界面（续）

4.1.2　产品管理

速卖通产品管理板块如图 4-8 所示。

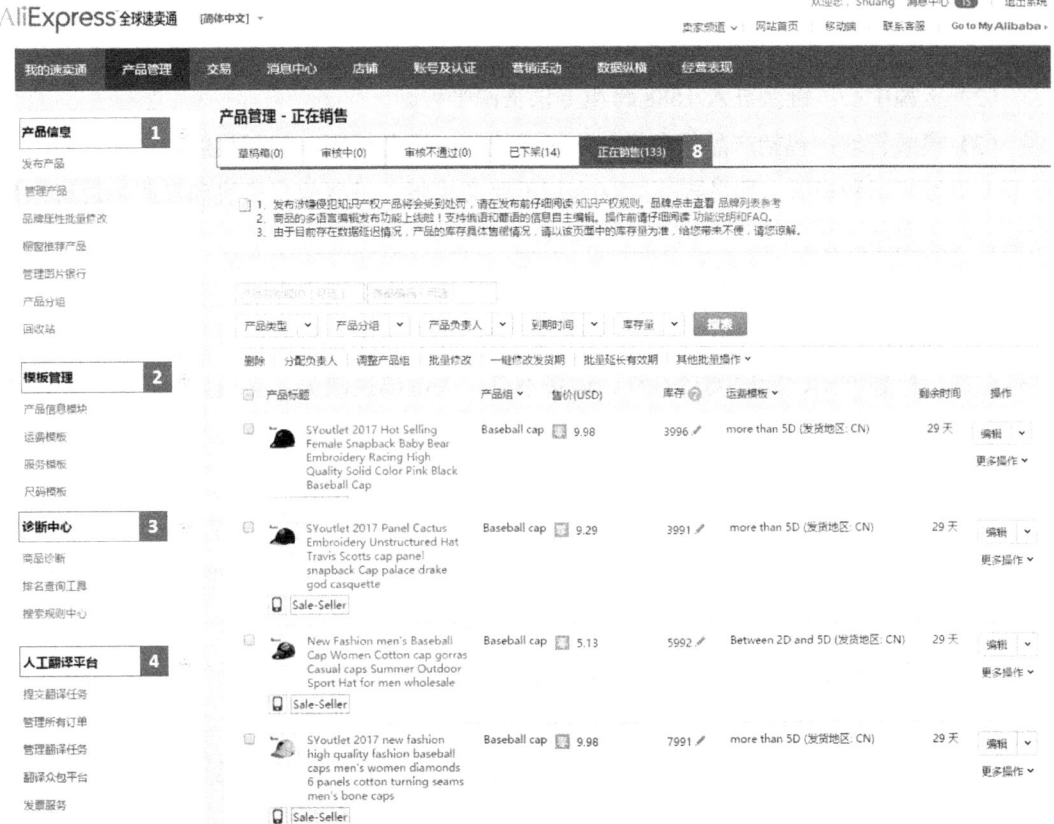

图 4-8　"产品管理"板块

087

图 4-8 "产品管理"板块（续）

（1）产品信息：产品相关的运营操作都在这个板块当中，主要包括产品发布、管理产品等。

（2）货源中心：链接进入 1688 跨境专供货源平台。

（3）模版管理：包括产品信息模块、运费模版、服务模版、尺码模版，产品发布之前必须要设置好运费模版，服务模版默认为新手服务模版，设置信息模块和尺码模块可为后期运营带来很多方便。

（4）诊断中心：包括商品诊断、排名查询工具和搜索规则中心。

① 商品诊断让卖家了解店铺产品的发布情况，提示卖家是否出现重复铺货、类目放错、属性错选、标题堆砌、标题类目不符、运费不符、关键属性缺失、必填属性缺失、主图质量不佳、发布类目失效、标题拼写错误、标题中式英文、标题缺少核心产品词、未根据平台规则进行物流设置等问题，如图 4-9 所示。

② 排名查询工具可查询卖家在本店铺或账号下销售产品的排名情况，如果本店铺商品排名在该关键词搜索结果的前 20 页，则可搜索到结果。（注：排名查询工具基于理论排名，与用户搜索行为存在场景上的差异，因此以线上实际搜索结果为准。）

（5）人工翻译平台：可以在此提交翻译需求，由第三方翻译公司提供英语、俄语、西班牙语和葡萄牙语的标题和产品详情有偿翻译服务。

（6）卖家商品共建管理：为了确保信息共建的质量，SPU 商品共建平台目前仅开放给 3 级或以上卖家参与认领；卖家的品牌认领申请通过后，将会获得在该类目下认领品牌全部 SPU 商品的数据管理权限，可新增/编辑 SPU 商品，数据提交由行业人员审核通过后方可生效；对于参与平台共建的卖家，平台将会在 SPU 商品详情页开放卖家的激励入口，提升卖家在该品牌下的曝光率和权威性。

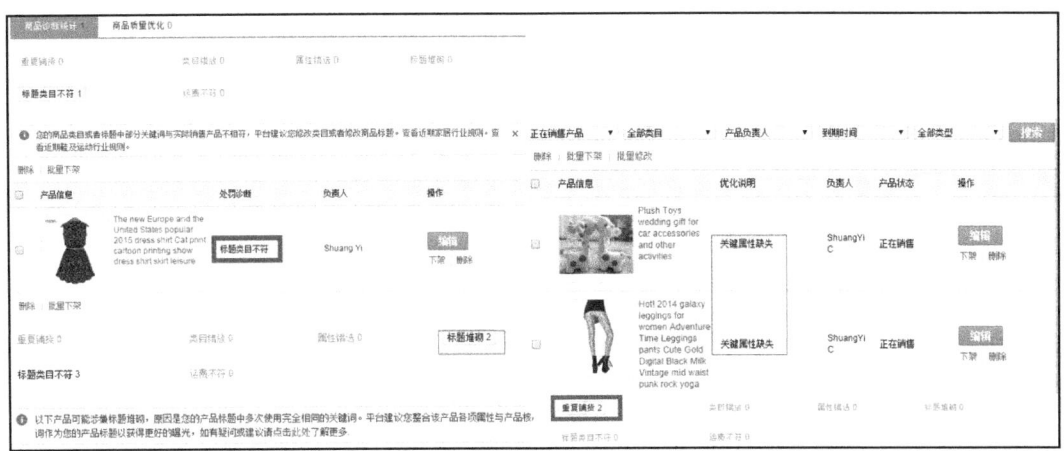

图 4-9　搜索诊断问题

（7）管理订单通知：卖家可设置通过短信，TradeManager 和邮件三种方式，随时随地得到下单和付款通知，以便第一时间跟进交易。

（8）淘宝产品代销：简称"淘代销"，是速卖通平台为卖家提供的一款可帮助卖家将淘宝宝贝产品信息快速批量导入速卖通平台的发布工具。

（9）产品所处的几个状态：

① 草稿箱：编辑中的产品平台每 15 分钟会自动保存到草稿箱，在"发布产品"页面单击"保存"按钮，也可将产品信息保存至草稿箱。草稿箱上限为 20，超过就不能保存新编辑的产品，需手动删除。

② 审核中：产品发布之后会进入平台审核，即"审核中"状态。

③ 审核不通过：审核不通过的产品会在"审核不通过"栏目向卖家进行提示。

④ 已下架：在线销售的产品到期会自动下架，也可手动下架，让产品变为"已下架"状态。

⑤ 正在销售：审核通过的产品就能正常在线销售了。

4.1.3　交易管理

速卖通交易管理板块如图 4-10 所示。

（1）交易核心区域：显示订单的详细情况，包括今日新订单和不同状态的订单，包括"等待卖家发货、买家申请取消、有纠纷的订单、未读留言、等待卖家验款、等待卖家留评、等待放款的订单（等待卖家操作）、等待买家付款、等待买家确认收货（等待卖家操作）。这块区域是卖家每天要处理和关注的板块。

图4-10 "交易管理"板块

（2）管理订单：显示所有订单及退款、纠纷订单，也可以在这里导出订单信息（Excel格式文件），便于进行统计。

（3）物流服务：可以查询国际小包订单（图4-11）、国际快递订单（图4-12）和E邮宝订单（图4-13）。还可操作批量线上发货、物流方案查询、运费统计、地址管理、投诉管理（线上发货物流赔付）、海外仓的开通、菜鸟商家工作台（主要用于使用菜鸟海外仓的商家，通过该入口免登录进入菜鸟系统进行海外仓的相关操作）。

（4）资金账户管理：可以查询资金记录，进行账户的管理和提现的相关操作。此部分内容在项目8中有具体讲解。

（5）退税服务：此部分内容在项目8中有具体讲解，此处不再赘述。

（6）交易评价：订单评价的管理。

项目 4　店铺日常管理与优化

图 4-11　国际小包订单

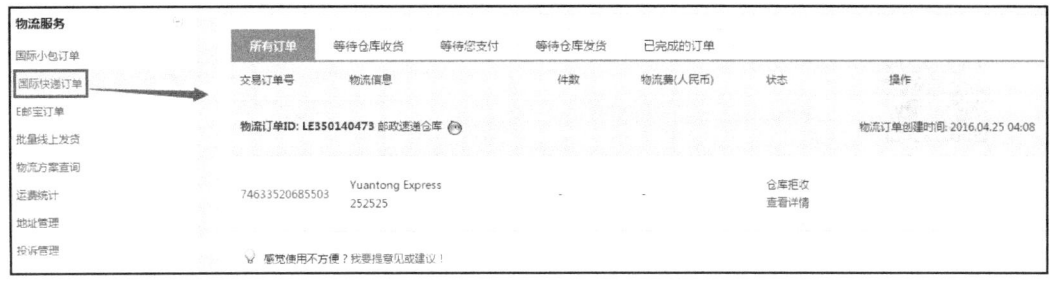

图 4-12　国际快递订单

图 4-13　E 邮宝订单

4.1.4　店铺表现与商铺管理

1. 店铺表现

店铺表现包括卖家服务分和商品服务分。卖家服务分（图 4-14）和当月服务等级是衡量店铺表现的综合指标，关系到店铺的权益和资源。商品服务分（图 4-15）是平台对每个商品在考核期内的成交不卖率、未收到货物纠纷提起率、货不对版纠纷提起率、DSR 商品描述、DSR 卖家服务、DSR 物流服务进行考核得出的分数。

091

跨境电子商务

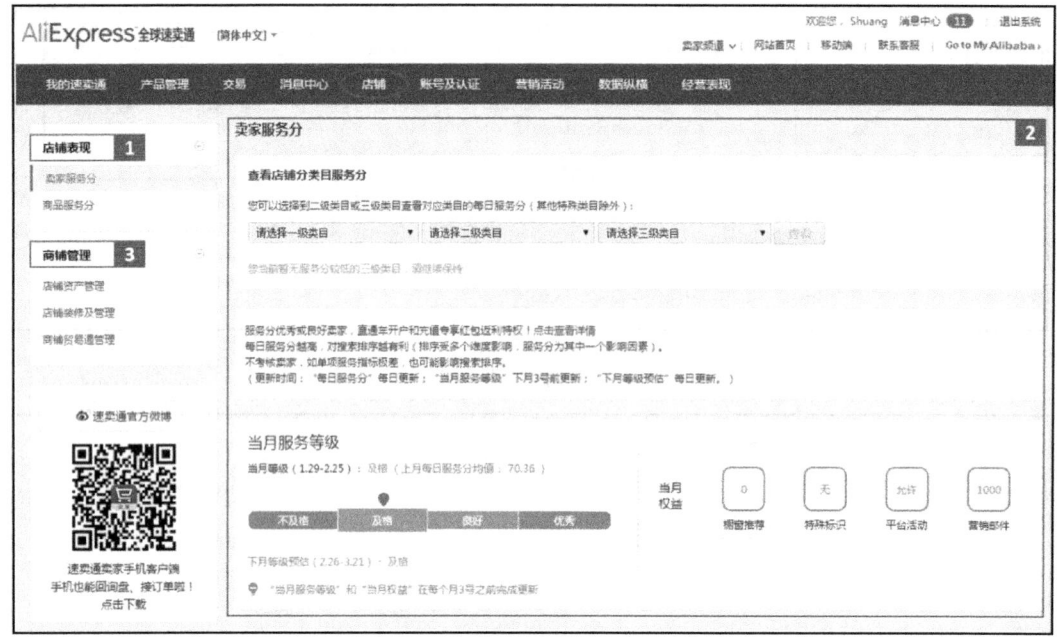

图 4-14　卖家服务分

图 4-15　商品服务分

2. 商铺管理

商铺管理包括店铺资产管理、店铺装修及管理、商铺贸易通管理。

店铺资产管理包括店铺类型、店铺名称和二级域名设置。店铺类型有官方店、专卖店和专营店三类。店铺装修及管理在项目 3 中已做讲解，此处不再赘述。

项目 4　店铺日常管理与优化

✅ 4.1.5　经营表现

经营表现反馈店铺被处罚的情况，包括违规的类别（知识产权禁限售违规、交易违规和商品信息质量违规）、时间和扣分分值，如图 4-16 和图 4-17 所示。

图 4-16　店铺处罚

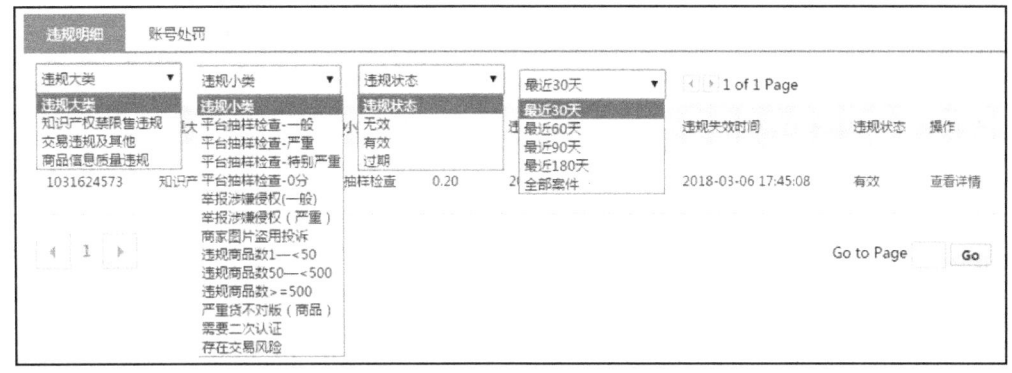

图 4-17　店铺违规明细

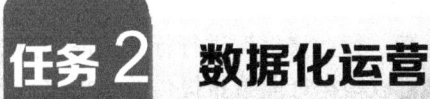

数据化运营

2011 年，马云把"数据"列入阿里未来十年核心战略，"无数据，不电商"充分体现了数据对于电商运营的重要性。现在的网站数据监测系统已经能够提供非常丰富和精准的原始数据，客户只要登录账号，他们的一举一动都可以转化为数据被记录下来。随着云时代和大数据时代的到来，如何借助数据来运营网站或网店将成为一种基本技能。在本任务中，让我们一起来学习如何利用速卖通后台数据来进行店铺运营和优化。

4.2.1 数据化选品

数据运营之搜索词分析

选品是解决商家卖什么的问题，因此就决定了商家的目标客户群、销售渠道、竞争对手、盈利能力和投入产出。选对产品对产品本身的销售乃至店铺的成长至关重要。

从宏观角度讲，速卖通选品分为站外选品和站内选品两大类。站外选品是指通过速卖通以外的可利用的条件和工具去选择市场、类目和产品；站内选品是通过速卖通站内所有可利用的条件和工具去选择市场、类目和产品。数据纵横（图4-18）是速卖通基于平台海量数据打造的一款数据产品，卖家可以根据数据纵横提供的数据，指导自己的店铺运营和推广，做出正确决策。

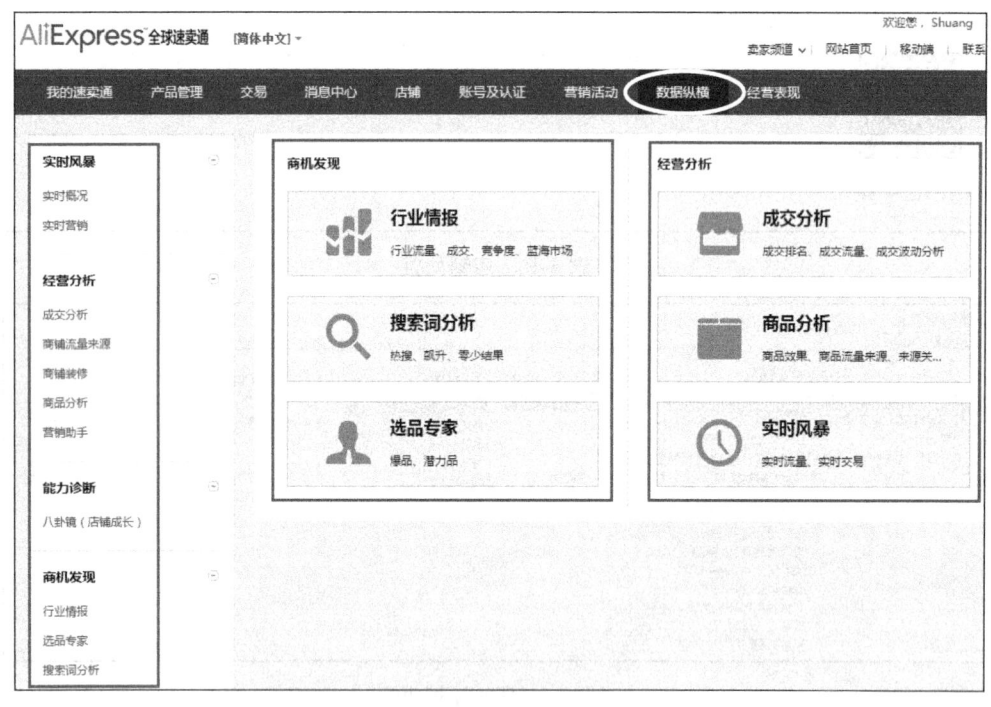

图4-18 数据纵横

1．行业选品（行业情报）

下面介绍用"数据纵横—行业情报"进行行业选品的方法。行业情报分为行业概况和蓝海行业两大板块。卖家可以根据行业情报提供的数据进行分析，迅速了解行业现状，判断经营方向。

（1）行业概况

① 行业数据。在"行业数据"中呈现了流量、成交转化和市场规模的相关数据，如图4-19所示。

a．访客数/浏览量/支付金额/支付订单数占比：指统计时间段内行业访客数/浏览量/支付金额/支付订单数占上级行业的比例。一级行业占比为该行业占全网比例。

b．供需指数：指统计时间段内行业下商品指数/流量指数。供需指数越小，竞争越小。

	流量分析		成交转化分析		市场规模分析
	访客数占比	浏览量占比	支付金额占比	支付订单数占比	供需指数
最近7天均值	63.02%	65.16%	57.65%	54.75%	115.64%
环比周涨幅	↓ -0.08%	↑ 0.12%	↑ 0.86%	↑ 1.35%	↑ 1.0%

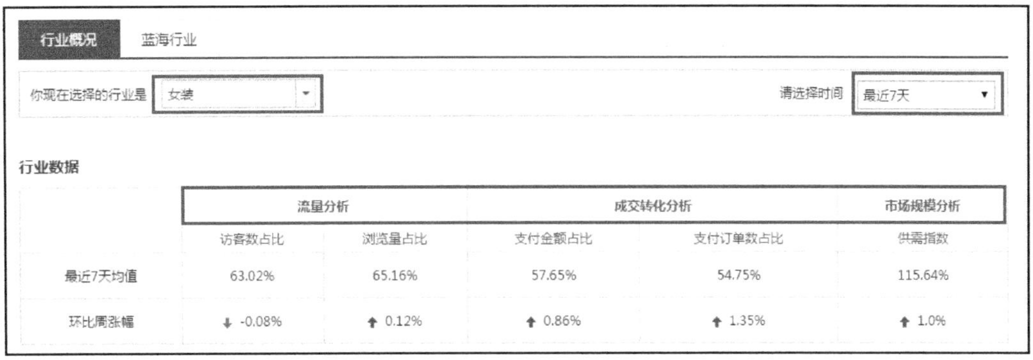

图 4-19　行业数据

② 行业趋势。选择行业时，首先可以选择目前平台开放的所有行业品类，然后选择查看的时间段，包括最近 7 天/30 天/90 天，这样就能查询到这一时间段内的流量、成交转化和市场规模数据，从而了解市场行情变化情况（注：卖家可以选择 3 种行业进行对比，建议进行同级行业对比，不要跨级比较）。

a．趋势图：可以查看访客数占比、支付金额占比、浏览量占比、支付订单数占比和供需指数这些数据在某时间段内的趋势和发展动态。我们以一级类目“服装/服饰配件”下的二级类目“女装”为例，如图 4-20 所示，在 2017 年 1—3 月内，总体访客占比有略微上升趋势，订单占比在 3 月有显著上升，供需指数呈下降趋势，说明女装类目的竞争压力变小了。

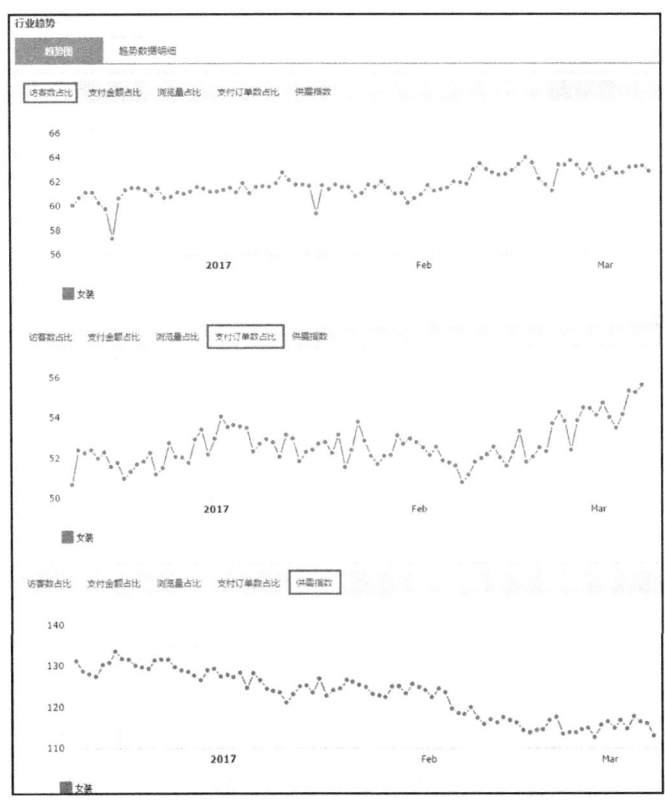

图 4-20　“女装”行业趋势图

b．趋势数据明细：可以查看某天的具体数据，可以导出 Excel 文件，方便进行数据整理分析，如图 4-21 所示。

行业趋势

趋势图　趋势数据明细　下载最近30天原始数据

	流量分析		成交转化分析		市场规模分析
	访客数占比	浏览量占比	支付金额占比	支付订单占比	供需指数
2017-03-15	62.37%	65.08%	58.08%	54.48%	115.58%
2017-03-16	62.63%	65.24%	57.4%	54.12%	116.33%
2017-03-17	63.12%	65.74%	57.28%	54.72%	114.85%

图 4-21　行业趋势数据明细

③ 行业国家分布。行业国家分布有两个维度：支付金额和访客数。还是以“女装”行业为例，如图 4-22 所示，从访客数来看，俄罗斯（RU）占比为 36.19%，美国（US）占比为 7.12%；从支付金额来看，俄罗斯（RU）占比为 31.05%，美国（US）占比为 11.37%。仅从这两个数据来看，造成这一情况的原因可能是因为在女装类目美国客户相比俄罗斯客户的成交转化更高，或客单价更高。我们可以在“选品专家”板块选择不同国家的数据进行进一步验证。

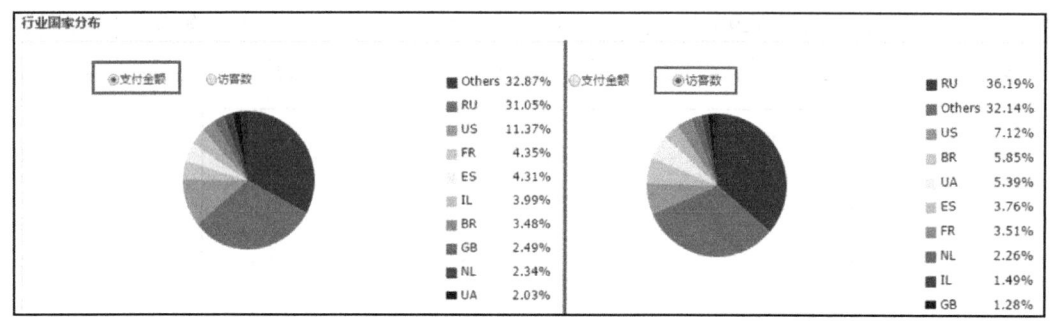

图 4-22　行业国家分布

（2）蓝海行业

所谓蓝海行业，就是目前平台竞争不大，但又充满买家需求的行业。如图 4-23 所示，平台推荐了 8 个一级蓝海行业，颜色越深代表竞争越不激烈，卖家会有更大的竞争优势。

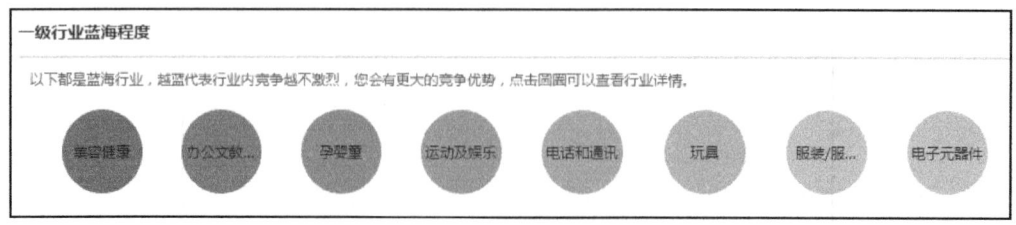

图 4-23　蓝海行业推荐

除了一级行业，还可查看一级行业下的细分叶子行业，有的行业虽竞争相对较小，但面临着物流运输的局限性。如图 4-24 所示的“多功能底油盖油”、“底油”都属于液体，只有少部分物流方式支持配送。因此在选品时不能只看供需指数，还要具体问题具体分析。

蓝海行业细分

美容健康　您可以通过筛选，查找特定行业下的蓝海行业

叶子行业名称	供需指数	操作
头发护理/造型 > 造型工具 > 扁梳/圆梳（婴儿用的请发布到婴儿梳子下）	2.56%	查看行业详情
美甲用品及修甲工具 > 美甲艺术 > 多功能底油盖油	11.16%	查看行业详情
彩妆 > 眼部彩妆 > 闪粉	23.66%	查看行业详情
美甲用品及修甲工具 > 美甲艺术 > 底油	4%	查看行业详情

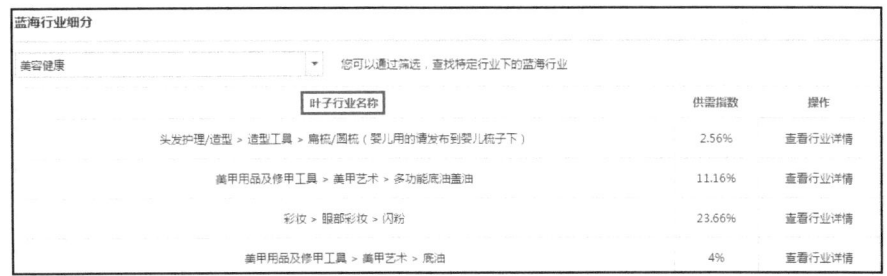

图 4-24　蓝海行业细分

2．确定产品关键词（选品专家）

通过行业对比和蓝海行业分析之后，卖家可以确定某个行业，然后通过“选品专家”进行产品词分析。选品专家有 3 个板块：热销、热搜和潮流资讯。热销代表卖家的角度，统计的是卖家发布产品的数据；热搜代表买家的角度，统计的是买家搜索产品的数据。

（1）热销

① 选择某一级行业，本书以“服装/服饰配件”为例，然后确定研究的范围（全球或某一具体国家）、时间（最近 1 天/7 天/30 天），可直观看出此行业下哪些产品的销量大（圆圈面积越大销量越大）、竞争小（颜色越蓝竞争越小）。若想进一步具体分析，还可点击“下载最近 30 天原始数据”，得到“Hot-Sale”热销词表，如图 4-25 所示。

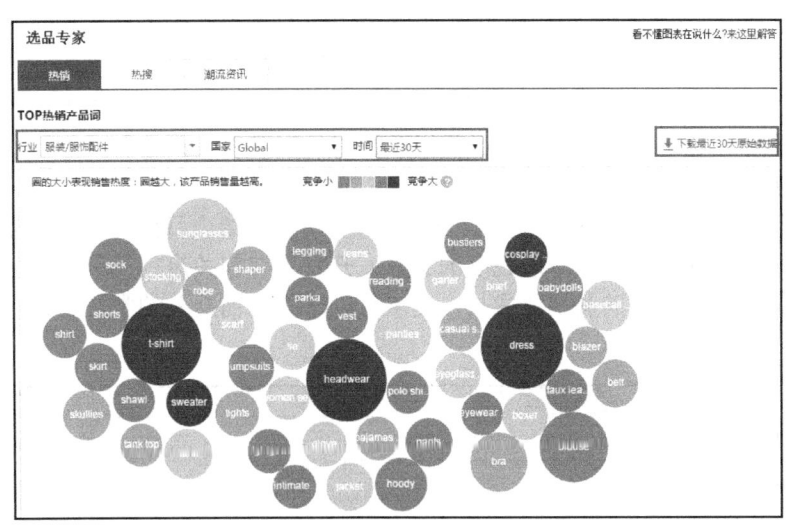

图 4-25　Top 热销产品词

表中的数据指标有：

a．成交指数：是指在所选的行业和时间范围内，累计成交订单经过数据处理后得到的对应指数，它不等于成交量，但指数越大代表成交量越大。

b．浏览—支付转化率排名：是指在所选的行业和时间范围内，浏览最终转化为成功支付订单的比率，浏览—支付转化率排名越靠前，代表该商品转化率越高。

c．竞争指数：是指在所选的行业和时间范围内，该产品词对应的竞争程度，指数越大，代表竞争越激烈。

（2）热搜

单击“热搜”，选择某一级行业，同样以“服装/服饰配件”为例，确定研究的范围、

时间，可直观看出此行业下哪些产品的销量大。同样也可单击"下载最近 30 天原始数据"，得到"Hot-Search"热搜词表，如图 4-26 所示。

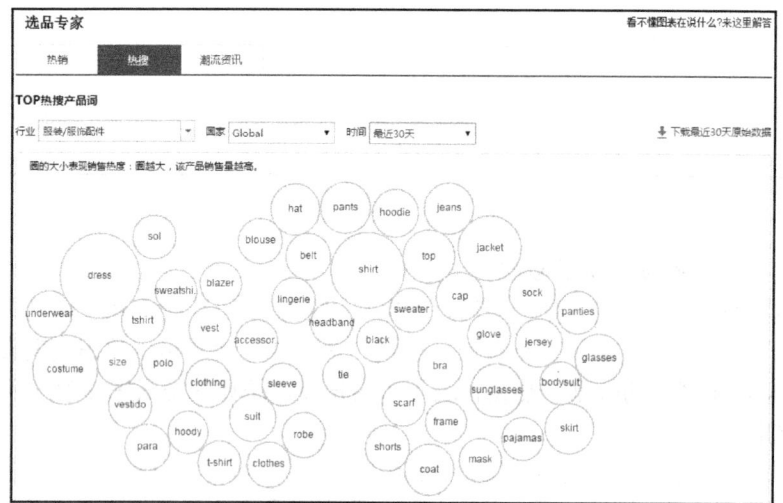

图 4-26 Top 热搜产品词

在热搜词表中有 2 个新的指标：搜索指数和搜索人气。

① 搜索指数：是指在所选的行业和时间范围内，搜索该关键词的次数经过数据处理后得到的对应指数，它不等于搜索次数，但指数越高代表搜索量越大。

② 搜索人气：是指在所选的行业和时间范围内，搜索该关键词的人数经过数据处理后得到的对应指数，它不等于搜索人数，但指数越高代表搜索人数越多。

（3）潮流资讯

潮流资讯（图 4-27）是速卖通为了提升平台实用性，结合目前的流行热点，通过招商形式推动有一定供应能力和市场敏锐度的卖家，开发具有相关流行元素、特征、描述、关键词、图片的系列商品，助其快速成长。卖家可以选择店铺准入的类目来查看相关的招商主题。

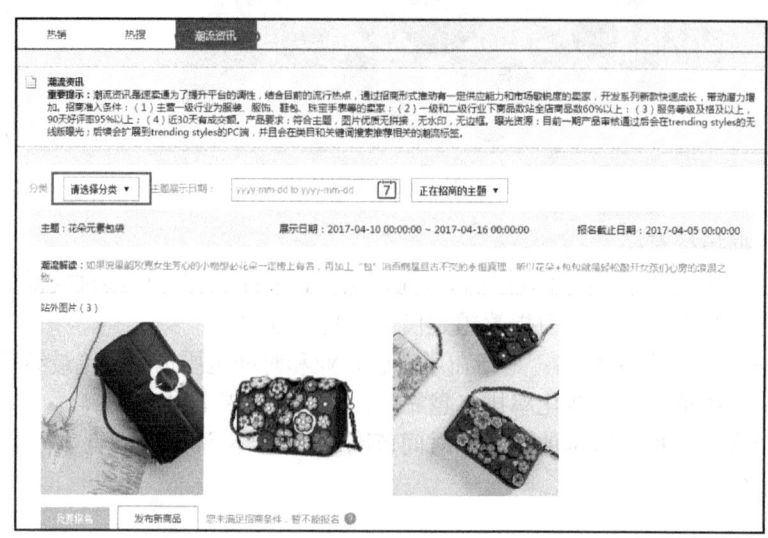

图 4-27 潮流资讯

3. 确定产品属性

确定了产品词之后，还要确定这个产品具备哪些更为畅销的属性和特征。因此，我们要分析产品的"热销"和"热搜"属性。热销代表卖家的角度，热搜代表买家的角度。下面以连衣裙"dress"为例，点击产品词"dress"，如图 4-28 所示。

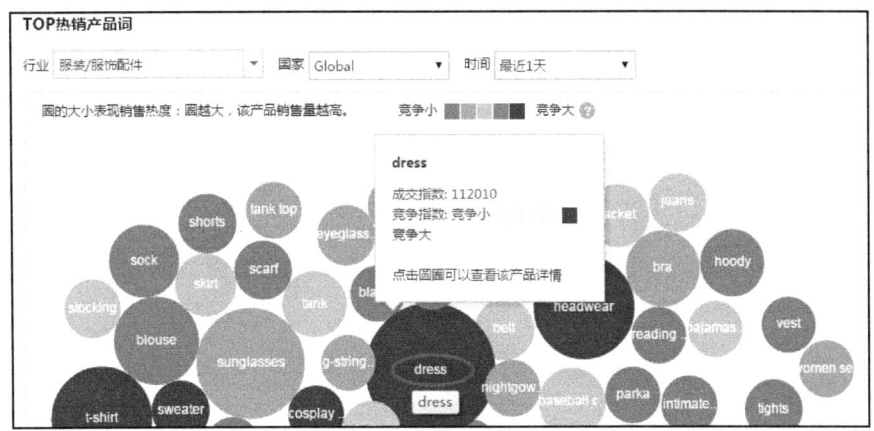

图 4-28　产品词"dress"

（1）热销属性

在 Top 热销属性中，每个小圆圈代表一个属性名称。例如，sleeve length（袖长）、style（风格样式）、season（季节）、material（材质）、waistline（腰线）等。点击小圆圈里面的"+"号，就会展开更多大大小小的圆圈，每个圆圈里面显示的是属性值。例如，sleeve length（袖长）的属性值有 full（全袖）、three-quarters（四分之三袖）、half（半袖）、short（短袖）和 sleeveless（无袖）；style（风格样式）的属性值有 casual（休闲风格）、cute（可爱风格）、sexy（性感风格）和 bohemian（波西米亚风格）。此外，圆圈面积代表销量，圆圈越大，代表带有此属性的产品销售量越大，如图 4-29 所示。

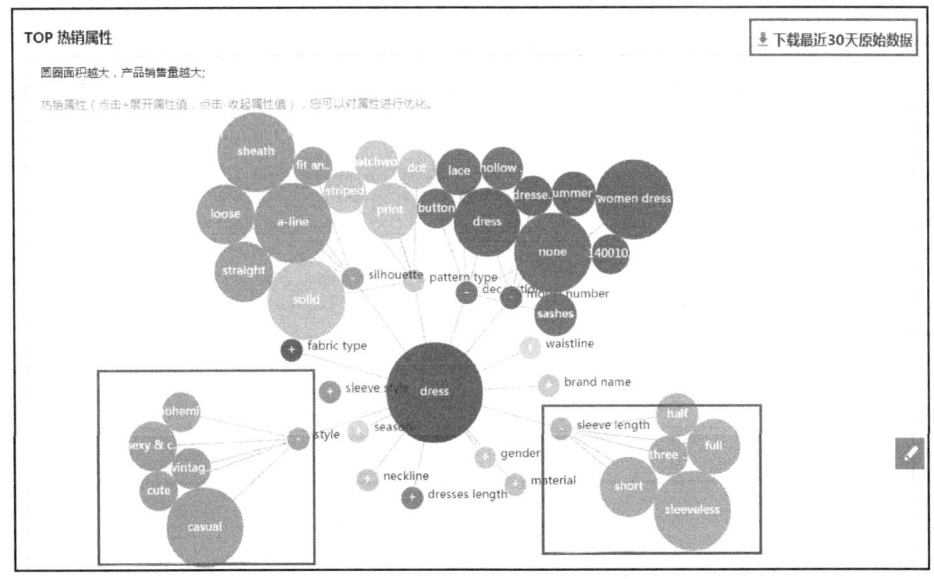

图 4-29　"dress"的热销属性名和属性值

我们可以点击"下载最近30天原始数据",得到"Hot-Sale"热销属性一览表。

(2)热搜属性

用同样的方法我们可以查询热搜属性(图4-30),也可点击"下载最近30天原始数据",得到"Hot-Search"热搜属性一览表。与热销属性相比,热搜属性来源于买家搜索的关键词,因此没有那么丰富,但会涉及size(尺码)、color(颜色)这些属性。

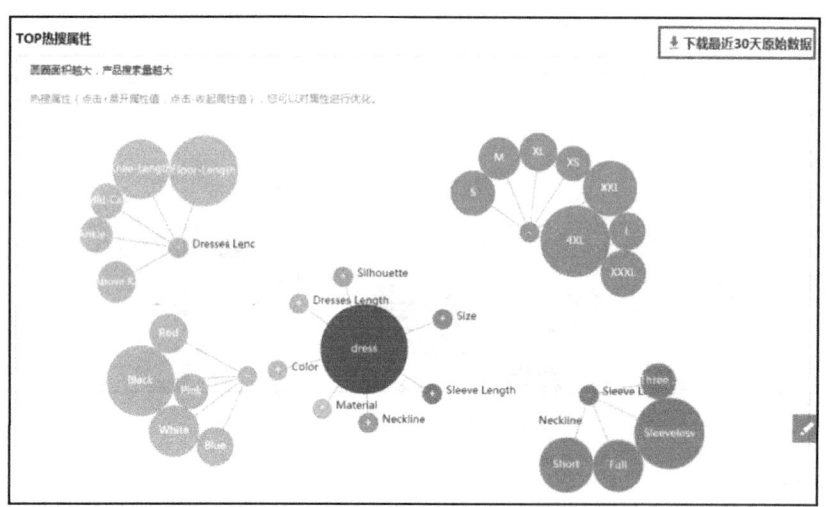

图4-30 "dress"的热搜属性名和属性值

最后,综合热搜和热销属性,就可以勾勒出具体的产品,来指导选品。

4.2.2 产品与店铺数据分析

新手卖家如何进行店铺数据分析

1. 产品表现数据分析(商品分析+实时商品)

在"数据纵横—经营分析"中有"商品分析"功能,卖家可以根据各项数据找出商品的优缺点,进而指导下一步的商品优化。商品分析又分为"商品效果排行"和"商品来源分析"两大板块。此外,"实时风暴"中的"实时商品"反映了商品的实时数据,如图4-31所示。

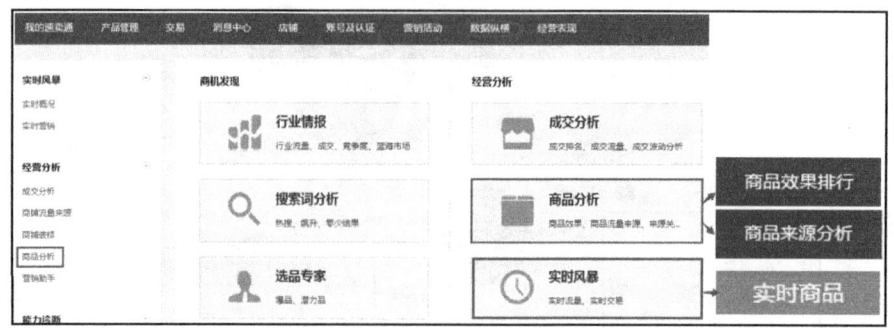

图4-31 商品分析和实时风暴

(1)商品效果排行

在"商品效果排行"板块我们可以选择时间段、行业、区域范围(全球或店铺Top5国家）几个维度来查看商品（图 4-32），还可下载本店铺的所有在售商品数据（图 4-33）。各类指标的定义如下：

① 搜索曝光量：指商品在搜索或者类目浏览下的曝光次数。

② 商品页浏览量：指该商品被买家浏览的次数。一个人在统计时间内访问多次记为多次。所有终端的浏览量等于 PC 端浏览量和无线端浏览量之和。

③ 商品页访客数：浏览过该商品的买家数。

④ 浏览—下单转化率：是指统计时间内下单的买家数/访客数，即来访客户转化为下单客户的比例（注：浏览—支付转化率也是我们经常考察的指标，它等于支付成功买家数/访客数）。

⑤ 搜索点击率：商品在搜索或者类目曝光后被点击的比例，即等于浏览量/曝光量。

⑥ 风控订单数和金额：由于买家的原因，如信用卡盗刷或地址资料错误等，速卖通审核不通过的订单数量和金额。

图 4-32　商品效果排行

1	商品ID	商品标题	老买家支付买家数	老买家下单买家数	老买家支付金额	老买家支付订单数	老买家下单订单数	老买家浏览-下单转化率	老买家商品页访客数	搜索曝光量	商品页浏览量	商品页访客数	浏览-下单转化率
2	32,691,490,5	New Arrivals Kpo	1	1	9.35	1	1	5.00%	20	9,705	999	626	1.44%
3	32,735,564,7	2016 New Fashio	4	4	9.10	4	4	4.44%	90	2,299	1,386	814	5.04%
4	32,692,570,9	2016 fashion new	1	1	5.99	1	1	25.00%	4	182	45	20	20.00%
5	32,795,022,5	2017 Brand New!	1	1	5.81	1	1	7.14%	14	2,848	1,204	568	4.58%
6	739,604,659	h brand 2016 new	2	2	27.66	4	3	4.26%	47	19,874	1,298	822	4.74%
7	32,692,576,0	Anti Social Socia	3	3	24.95	3	3	60.00%	5	2,422	122	89	4.49%

搜索点击率	平均停留时长	加购物车次数	加购物车人数	加收藏次数	加收藏夹人数	下单买家数	下单订单数	支付买家数	支付订单数	支付金额	风控订单数	风控金额	退款金额	退款订单数
6.55%	23	74	42	42	40	9	9	8	8	59.75	1	9.25	18.50	2
12.61%	39	137	88	62	58	41	45	35	35	97.71	0	0.00	2.70	2
2.03%	21	4	2	0	0	4	6	4	4	23.86	0	0.00	0.00	0
7.34%	65	71	41	32	32	26	27	22	23	170.46	0	0.00	0.00	0
3.84%	27	171	92	50	50	39	41	33	35	161.52	0	0.00	8.16	2
3.67%	20	9	8	3	3	4	4	3	3	24.95	0	0.00	0.00	0
5.37%	27	217	117	59	57	51	53	46	48	222.37	0	0.00	4.01	1

图 4-33　商品数据下载表格

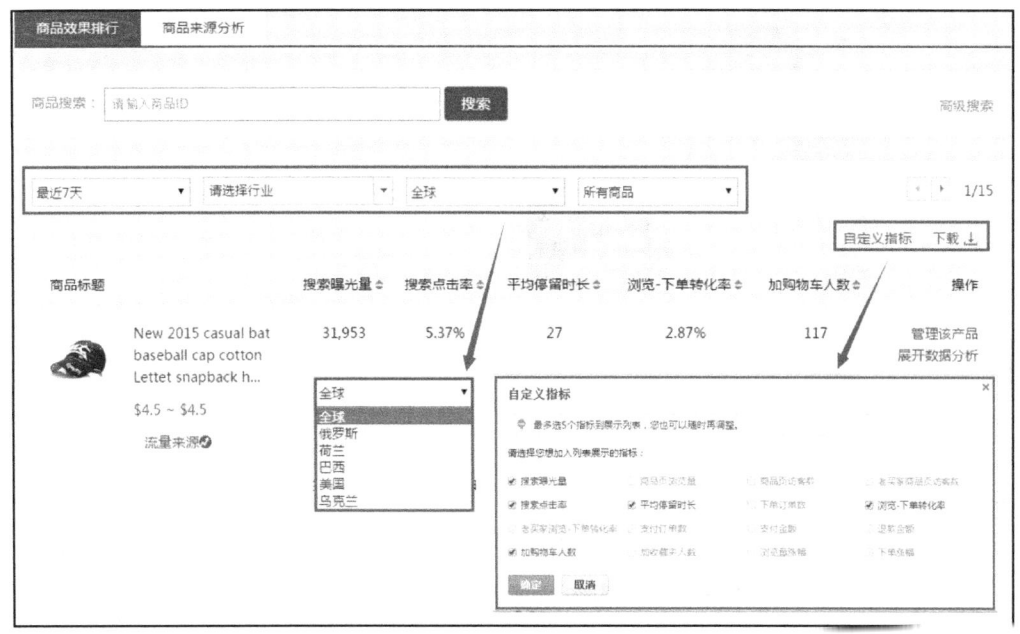

（2）商品来源分析

在这个板块可以查看浏览量大的商品最近 1 天/7 天/30 天的流量来源及去向情况，并下载最近 30 天的原始数据，如图 4-34 所示。卖家可分析各个商品流量来源和去向的数据，进行商品和营销渠道优化，增加流量并减少直接退出本店的用户。

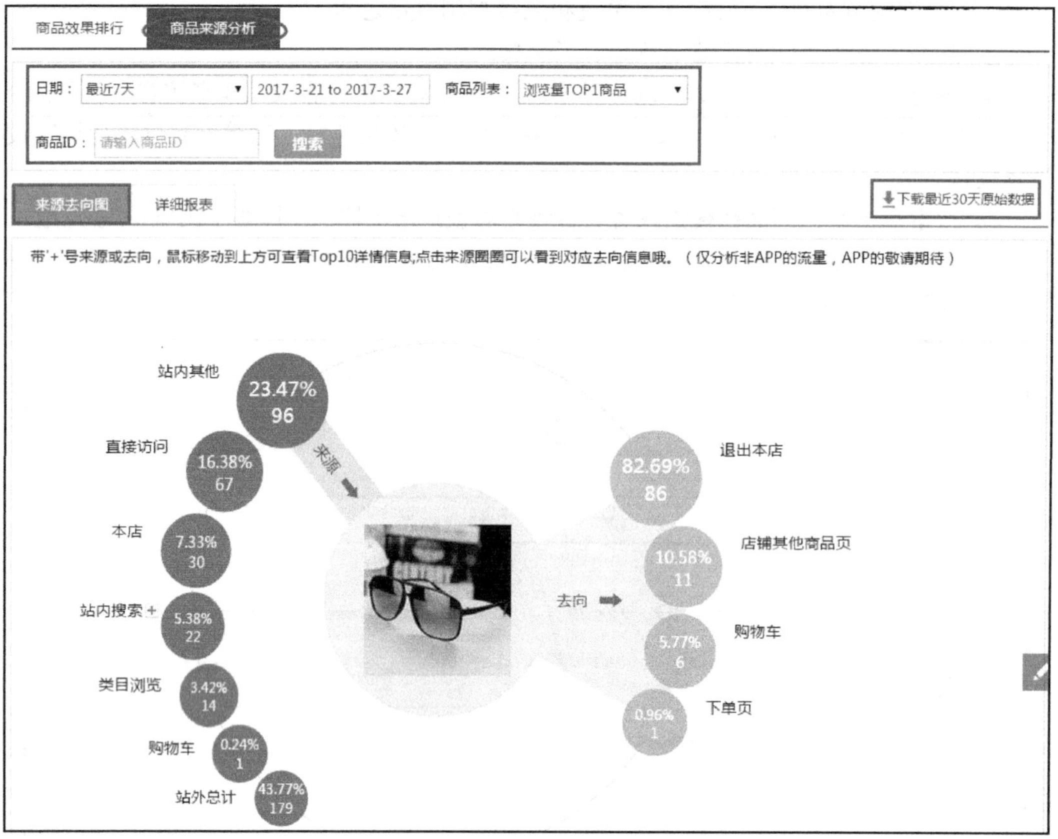

图 4-34　商品流量来源去向图

① 流量来源：流量来源包含的内容如图 4-35 所示。

来源小类	渠道	详细说明	特别说明
站内	站内搜索	通过搜索框搜索后点击本店铺产品	仅限英语主站来源
	类目浏览	浏览类目页面后点击本店铺产品	仅限英语主站来源
	活动	报名参加的平台活动，非报名的活动，Fashion 频道	——
	直通车	P2P 流量	付费流量
	购物车	——	——
	收藏夹	收藏的商品链接	——
	直接访问	直接输入链接	不含直接访问店铺首页
	站内其他	包含店铺首页、分组页、买家后台订单历史页（snapshot）	非英语主站的大多数流量来源
站外	站外合计	速卖通网站的链接引来的流量	——

图 4-35　流量来源

② 流量去向包括以下几点：

a. 到下单页面：用户访问该商品页面后，点击了"立刻购买"按钮。

b. 到购物车/收藏夹：用户访问该商品页面后，跳转到"购物车/wish list"页面。

c. 到店铺其他商品页：用户访问该商品页面后，点击本店铺的其他产品页面。

d. 到本店的其他页面：用户访问该商品页面后，点击了该页面中的链接，进入本店的其他页面，例如店铺首页。

e. 退出本店：用户访问该商品页面后，未点击该页面中的任何链接（例如刷新或关闭该页面）或该宝贝中的店外链接而直接离开店铺。

除此之外，还可以查询流量的"详细报表"、某一具体日期的流量"来源趋势"和此商品的"TOP 访客区域"，如图 4-36 和图 4-37 所示。

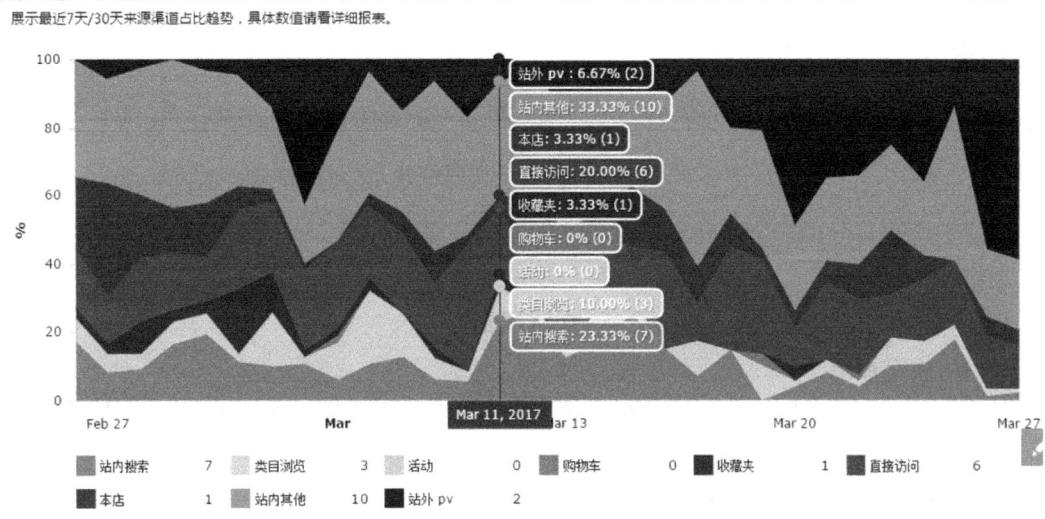

图 4-36　商品流量来源详细报表和来源趋势

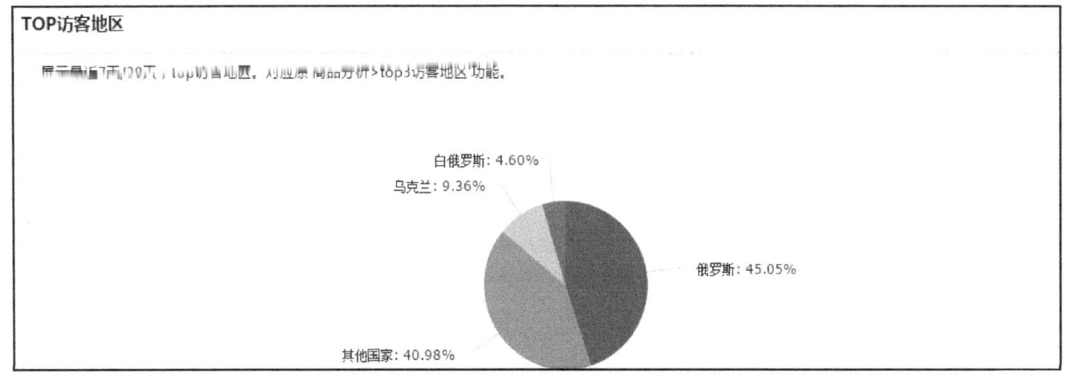

图 4-37　商品 TOP 访客地区

（3）实时商品

实时商品板块会展示当天有被加入"购物车/收藏夹"，被"下单/支付"，或浏览量大于等于 3 次的商品。卖家还可以选择不同的国家、客户端和指标（支付金额、浏览量、访客数、下单订单数、支付订单数、加购物车人数、加收藏夹人数）进行商品筛选，如图 4-38 所示。

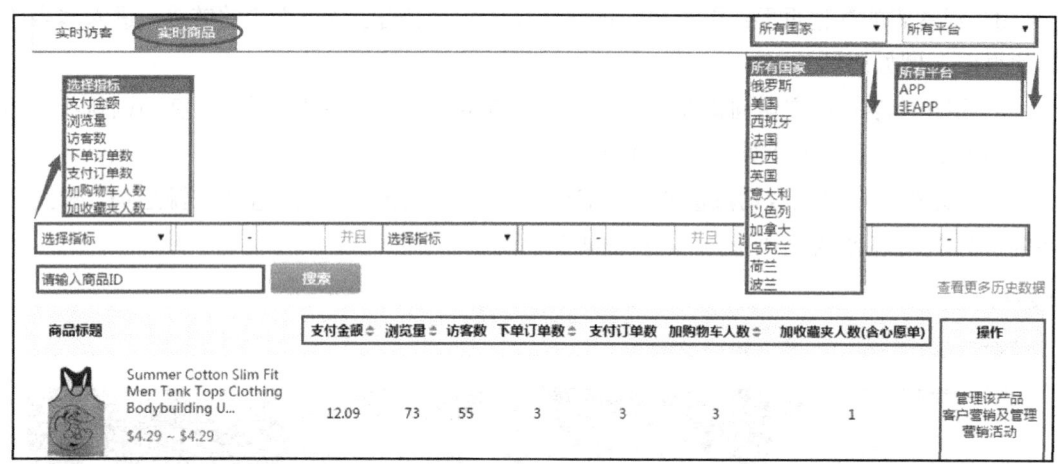

图 4-38　实时商品

综上所述，分析一个产品重点应关注搜索曝光量、搜索点击率和浏览—支付转化率这三大指标。

2. 店铺表现数据分析（成交分析+实时风暴）

（1）成交概况

① 商铺排名：查看近 30 天店铺支付金额处于同行的第几层级，较前周和上周同日有何种变化趋势，如图 4-39 所示。

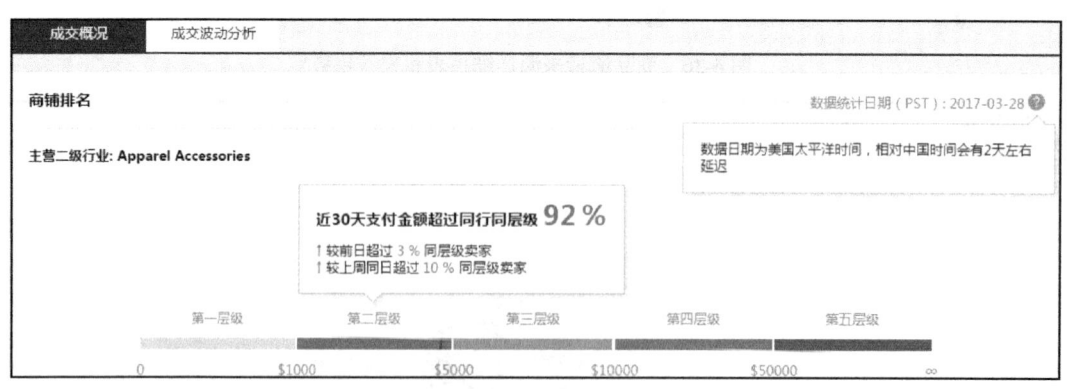

图 4-39　商铺排名

② 各客户端成交概况：根据公式"店铺的支付金额=访客数×浏览—支付转化率×客单价"，以全店铺数据（包括 App 和非 App 客户端）为例进行数据解读，如图 4-40 所示。

图 4-40　各客户端成交概况

a．全店铺成交增长 8.74%，增速较同行同层级高 22.49%，说明店铺成交增长主要是店铺自身提升带来的增长。若店铺成交增长，但较同行卖家增速慢，则说明此增长是行业整体增长造成的。

b．以成交公式分析，访客下降 6.51%，浏览—支付转化率上升 14.43%，客单价上升 1.75%，说明浏览—支付转化率是店铺增长的主要原因，但流量下降了，要分析浏览—支付转化率上升和访客下降的原因。

客单价

c．从平台来看，全店铺成交增长是因为 App 客户端成交增长，而非 App 客户端成交反而下降了。

d．从国家来看，荷兰客户成交有大幅增长。

e．从产品来看，编号为 32795022578 的商品成交量有大幅增长。

f．从行业来看，本店铺准入的一级类目为"服装/服饰配件"，其中"男装"增长幅度较大。

g．从新老买家来看，老买家（在本店铺之前有成功交易的买家）支付金额增长了 14.28%。

③ 成交分布：卖家可以根据国家、平台、行业、商品、价格带、新老买家和 90 天购买次数七个维度来查询指定时间段内的支付金额或支付买家数，如图 4-41 所示。

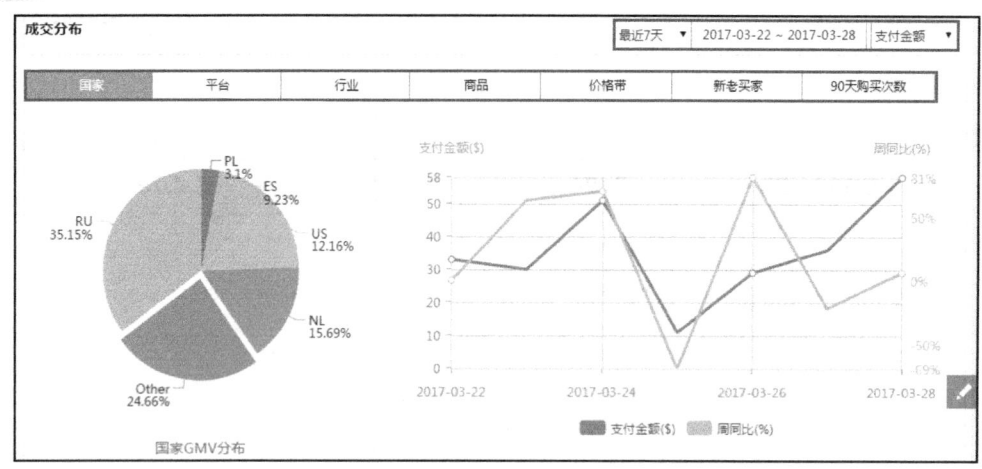

图 4-41 成交分布

④ 成交核心指标：卖家可以选定时间段、国家来查询店铺成交的核心指标和趋势图。可供查询的指标有搜索曝光量、店铺浏览量、店铺访客数、浏览—下单转化率等，如图 4-42 所示。

（2）成交波动分析

造成成交波动可能有多方面原因。行业整体波动、平台变化、某个国家或商品变化，都会造成店铺成交波动。因此要及时了解相关信息，做好运营调整。

成交波动分析，是通过多维度、多视角来分析成交波动的原因。例如，某个商品影响了支付金额波动上涨 50%，我们可以将分析第一层级设为"商品"，然后再进一步分析国家、平台、行业或新老买家等各个维度。

此外，分析时还要考虑不同的时间段。当考察最近 30 天的数据时，对波动影响最大的是编号为 32564167877 的商品，而最近 7 天对波动影响最大的是编号为 32795022578 的商品。32564167877 商品占比最大的是俄罗斯的新买家，32795022578 商品占比最大的是荷兰的新买家，如图 4-43 所示。

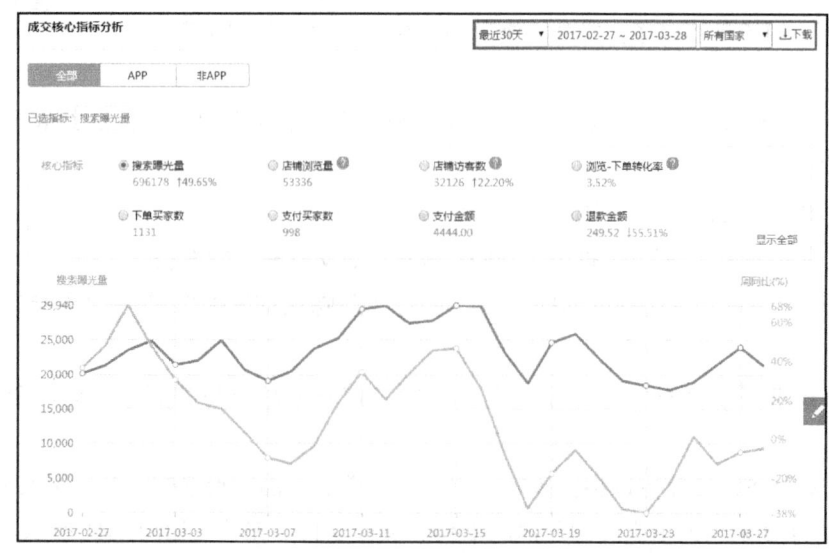

图 4-42 成交核心指标

项目 4　店铺日常管理与优化

图 4-43　成交波动分析时间段

要重点分析哪个数据，就把它列为第一层级分析数据。每增加一个分析维度，分析越细化。卖家应明确自己的分析目标，好好利用"成交波动分析"这个工具。

（3）实时概况与实时营销

① 实时排名：店铺的实时交易额的同行排名，为主营二级行业排名，每 5 分钟更新，如图 4-44 所示。

图 4-44　实时排名

② 实时概况：可实时查看当天（美国太平洋时间）的店铺流量和销量数据（包括浏览量、访客数、订单数、转化率、成交金额等）与指定日期进行对比，及时了解店铺发生的变化，判断商品信息优化、营销活动等调整带来的直接效果，还可以在流量集中的时段调整客服工作时间及直通车投放时间，如图 4-45 所示。

107

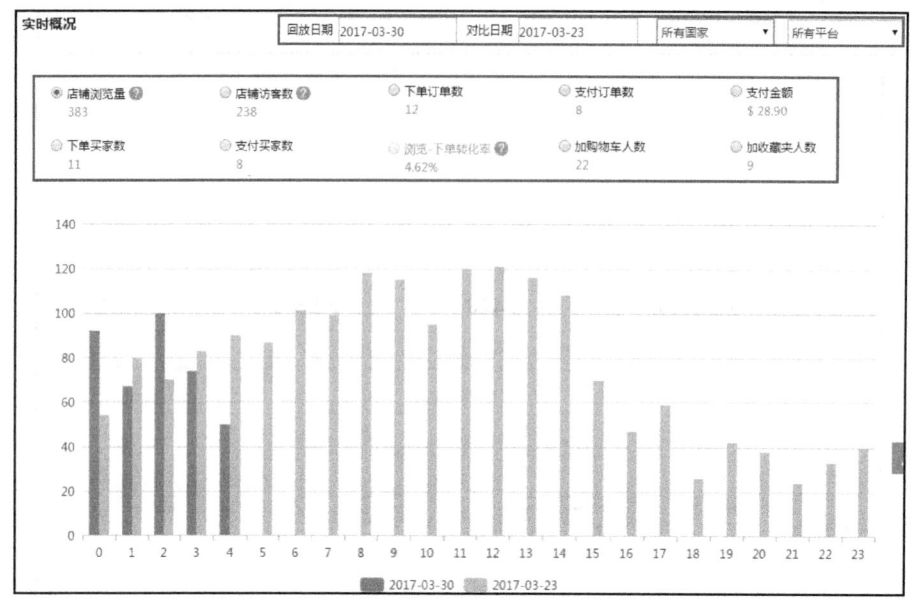

图 4-45 实时概况

③ 实时访客与实时营销：卖家可以根据实时访客数据，对访客进行实时营销（在"实时风暴—实时营销"板块对买家进行实时催付、实时发放定向优惠券等，做到及时精确的营销与服务），如图 4-46 和图 4-47 所示。

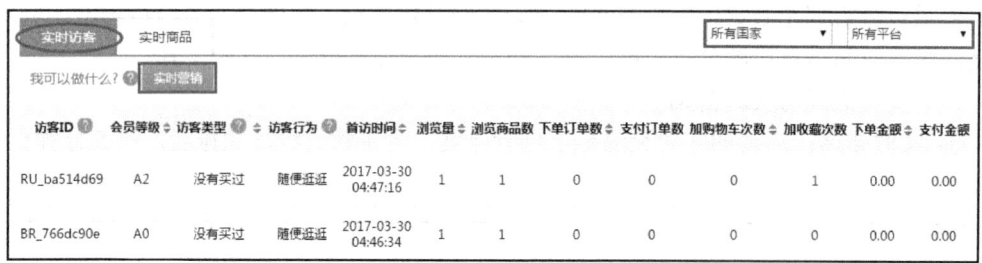

图 4-46 实时访客

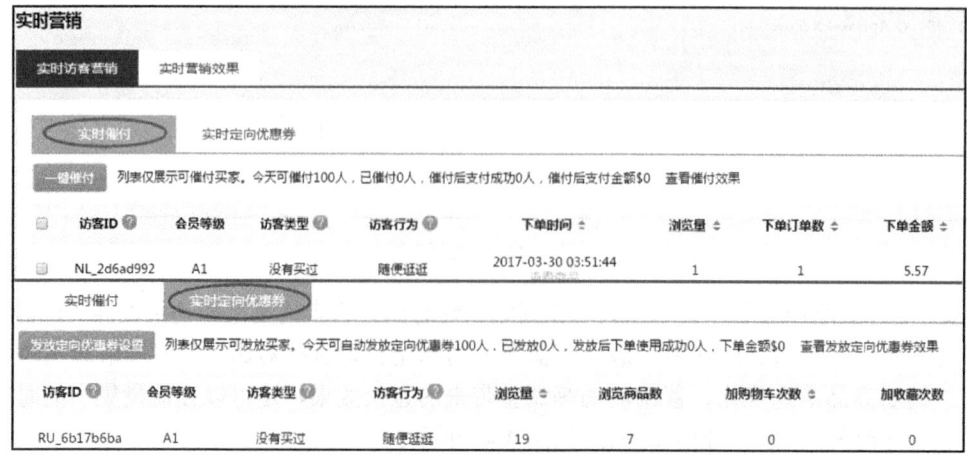

图 4-47 实时营销

4.2.3 产品与店铺优化

产品和店铺是相辅相成的，产品表现优秀可以提升店铺的整体业绩，反过来店铺提升能获得更大的权益，从而进一步推动产品提升。根据前面产品和数据的分析，可以通过以下几方面做努力使产品与店铺得到优化。

选品前角色定位

1．增加曝光量

曝光量是指商品在访客面前展示的次数。店铺整体表现和产品排名都会影响曝光量。

（1）提高店铺活跃度

活跃度高的店铺可以获得更大地曝光机会，应做好以下几点工作来保持店铺的活跃度。

① 经常留意旺铺装修市场的上新模块，并及时更新。

② 保持店铺每日上架新产品或按频率上架新产品。

③ 保证旺旺在线时长并及时回复客户的问题和询盘。

（2）避免店铺违规扣分

店铺违规除了会被扣分以外，还会对商品的自然曝光产生一定影响，速卖通违规处罚节点如表4-1所示。

表4-1 速卖通违规处罚节点一览表

积分类型	扣分节点	处罚
知识产权禁限售违规	2分	严重警告
	6分	限制商品操作3天
	12分	冻结账号7天
	24分	冻结账号14天
	36分	冻结账号30天
	48分	关闭
交易违规及其他	12分	冻结账号7天
	24分	冻结账号14天
	36分	冻结账号30天
	48分	关闭
商品信息质量违规	12分及12分倍数	冻结账号7天

因此，店铺应避免违规被平台扣分，应做到：

① 不要发布禁限售产品（具体品类可参考平台禁限售规则）。

② 杜绝销量炒作、虚假发货、违背承诺、恶意骚扰、不正当竞争、严重扰乱市场秩序、严重恶意超低价、不法获利等交易类违规行为。

③ 发布产品时不要虚假宣传、夸大其词，以避免实物与描述不符，引发客户投诉。

（3）提升卖家服务等级

速卖通经过调研发现，买家越来越重视商品的质量和卖家的服务能力。速卖通于2015年1月推出了全新的卖家服务等级，以考核卖家在服务方面的各项能力。

提升卖家服务等级，要根据每日服务分的各项指标来努力：

① 避免成交不卖。

a. 确保商品信息的准确性。若发现商品包装信息、商品价格、交货时间、物流设置等内容填写错误，应及时修改，避免因为填写错误而无法按时发货。

b. 在卖家获得订单和临近发货超时前，系统会通过短信、邮件、贸易通等方式提示卖家，因此卖家要关注注册时所填写的各种联系方式，保证在交货期内发货，并在系统后台订单管理页面填写有效货运跟踪号。

c. 当无法按时发货时，应及时积极与买家协商，联系买家延长发货期或引导买家申请取消订单。若订单关闭原因是基于买卖双方协商达成一致取消订单，同时买家选择取消订单的原因是"买家不想要了"或"其他原因"，则该订单不会被判定为成交不卖。

② 降低未收到货物纠纷提起率。根据卖家物流相关的保护政策，采用"线上发货"和"无忧物流"方式的订单，若产生"DSR 物流服务 1，2，3 分"和由于物流原因引起的"纠纷提起"、"仲裁提起"、"卖家责任裁决率"，平台会对该笔订单的这 4 项指标进行免责，如图 4-48 所示。

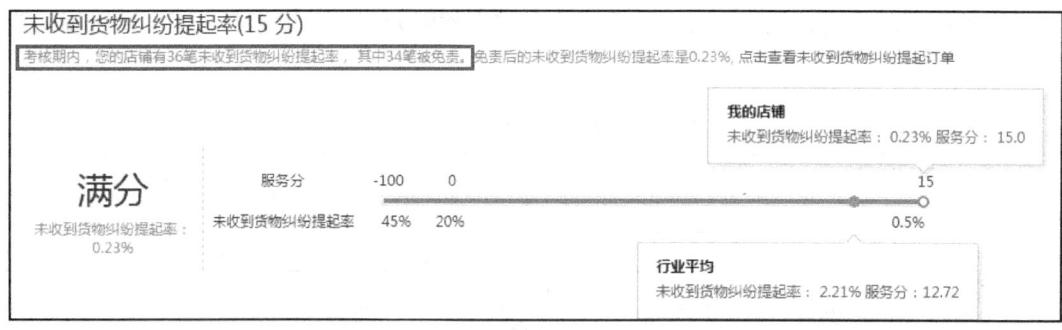

图 4-48　未收到货物纠纷和免责

小知识-什么是"未收到货物纠纷"？"未收到货物纠纷提起率"如何计算？

未收到货物纠纷=买家因未收到货物原因提起退款（dispute）订单数－买家主动撤销退款的订单数

未收到货物纠纷提起率 =考核期内（买家因未收到货物提起退款（dispute）订单数－买家主动撤销退款的订单数）/考核期内（买家确认收货+确认收货超时+买家提起退款（dispute）的订单数）

③ 降低货不对版纠纷提起率。提起货不对版纠纷的原因有质量问题、描述不符、销售假货、货物短装、货物破损、标错价格等，因此从产品发布到订单打包发运等各个环节都要留心。

④ 提高 DSR 得分，包括商品描述、卖家服务和物流服务分项评分。

（4）提升产品排名

速卖通的搜索排序是以帮助买家找到最符合其需求的产品为目标的，是对"产品相关性、产品信息质量、产品交易转化能力、卖家服务能力和搜索作

数据纵横你会用么？——成交分析的思路及案例

弊"等因素的综合考量。

① 产品相关性。产品相关性是搜索引擎技术里面一套非常复杂的算法，简单说就是判断卖家的商品与买家实际需求的相关程度，其中平台通过买家在搜索框中输入的关键词与类目浏览行为来判断其真实的需求，相关性越高的商品，排名越靠前。平台在判断相关性的时候，主要参考商品的标题、类目、属性以及商品的详细描述。因此，卖家应结合产品的自身情况，尽量选择热搜或流量大的类目、关键词和属性来填写。

② 产品信息质量。信息质量包括类目、标题、属性、详情描述、图片、价格等信息的描述质量。卖家应做到以下几方面：

a．选对类目。发布产品时选择正确的类目，买家才能找到卖家的产品。例如，连衣裙应放在"dress"这个类目下，而有的卖家放在半身裙"skirt"类目下就不准确了。对于放错类目的产品，平台将在搜索排名中将其靠后，并将该商品记录到店铺搜索作弊违规商品总数中，累计达到一定数量，平台将给予整个店铺不同程度的搜索排名靠后处理；情节严重的，将对店铺进行屏蔽；情节特别严重的，将冻结店铺账户或直接关闭店铺账户。

如果某一产品可以归属多个类目，例如某裙子可以归于"女装—连衣裙"、"新奇特及特殊用途服装—舞台表演服"、"婚宴礼服—伴娘礼服"，那么卖家应尽量选择流量大的类目进行发布。卖家可在"数据纵横—行业情报—行业概况—行业趋势"中进行类目对比。

b．优化标题。一个优质的标题需要具备以下要素：核心词+属性词+流量词+精准词（小语种词）。

- 核心词即产品的类别关键词，回答的是"是什么"的问题。以女士连衣裙为例，clothes（衣服）/women clothes（女士服装）/dresses（裙子）/one piece dresses（连衣裙）等都回答了这个产品"是什么"，即为标题核心词。这些词有些是产品的类别归属（如 clothes），有的是商品的名称。

- 属性词是用来描述产品的修饰词，回答"产品是什么样"的问题。如产品的材质、款式、形状、尺寸、颜色、型号、质量、工艺、风格或流行元素、用途或功能、产品特性、目标群体、使用方式、使用时间和使用效果等。我们可以利用"数据纵横—选品专家"来分析产品的热销和热搜属性，选择那些符合产品本身特性并且流量大的属性词加入产品标题中。

- 流量词和小词（小语种词），流量词是可以吸引很多流量的关键词，如"women dress"女士连衣裙就是流量词，流量词是一些搜索量较大的流行词、泛词，较为抽象，是可以套用和替换的。相反，精准词是具体、准确描述产品的关键词，搜索量小，但可精准定位有该产品需求的人群。可以利用"数据纵横—搜索词分析"工具来设置。

搜索词分析有很多指标，如图 4-49 所示。

- 热搜词指标

是否品牌词：如果是禁限售商品，没有获得品牌授权，销售此类商品的卖家将会受到处罚。

竞争指数：供需比经过指数化处理的结果。

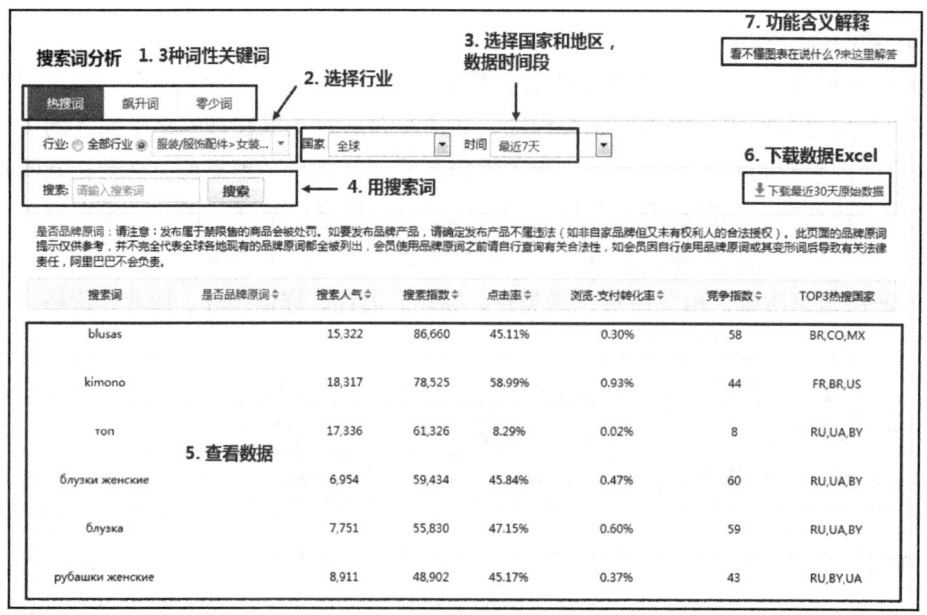

图 4-49 搜索词分析

TOP3 热搜国家：在所选时间段内对该关键词搜索量最高的前 3 个国家。

- 飙升词指标

搜索指数飙升幅度：搜索该关键词在所选时间段内累计搜索指数同比上一个时间段内累计搜索指数的增长幅度。

曝光商品数增长幅度：搜索该关键词在所选时间段内每天平均曝光商品数同比上一个时间段内每天平均曝光商品数增长幅度。

曝光卖家增幅：搜索该关键词在所选时间段内每天平均曝光卖家数同比上一个时间段内每天平均曝光卖家数增长幅度。

- 零少词指标

零少词指标包括：是否品牌词、曝光商品数增长幅度、搜索指数和搜索人气。

选择"行业、国家、时间段（最近 7 天或 30 天）"，搜索词可按照不同指数进行排列，也可下载最近 30 天的原始数据。我们以"女装—卫衣帽衫"为例，下载热搜数据表格，删除品牌词（选中"是否品牌原词"，单击"筛选"勾选"Y"，删除），如图 4-50 所示。

图 4-50 搜索词查询条件和数据下载

单击“搜索词”，进行“降序”排列。排在前面的都是非英语关键词，将这些词按语种分类保存，如图 4-51 所示。

NO.	搜索词	是否品牌原词	搜索人气	搜索指数	点击率	浏览-支付转化率	竞争指数	TOP3热搜国家
172	японские сладости	N	1,114	1,572	0.48%	0.00%	0	RU,UA,BY
249	японская одежда	N	324	1,043	13.21%	0.00%	14	RU
642	яой	N	2	2	0.00%	0.00%	0	RU
694	юбка	N	2	2	0.00%	0.00%	0	RU
549	шуба	N	220	346	1.08%	0.00%	1	RU,UA
541	шляпа	N	254	365	1.02%	0.00%	3	RU,UA
522	шары	N	335	428	0.87%	0.00%	0	RU,BY
539	шапка	N	280	372	1.00%	0.00%	2	RU
693	черная толстовка	N	2	2	0.00%	0.00%	0	RU
293	худи с капюшоном	N	147	864	34.91%	0.00%	112	RU,FR,UA
689	худи женское	N	2	2	0.00%	0.00%	0	RU,UA
73	худи женские	N	677	3,738	41.31%	0.20%	107	RU,UA,KZ
25	худи	N	4,091	13,671	31.53%	0.14%	28	RU,UA,BY
306	Худи	N	276	826	23.87%	0.45%	39	RU,KZ,UA
692	хогвартс	N	2	2	0.00%	0.00%	0	RU
462	Хайповая толстовка	N	13	543	3.42%	0.00%	989	RU

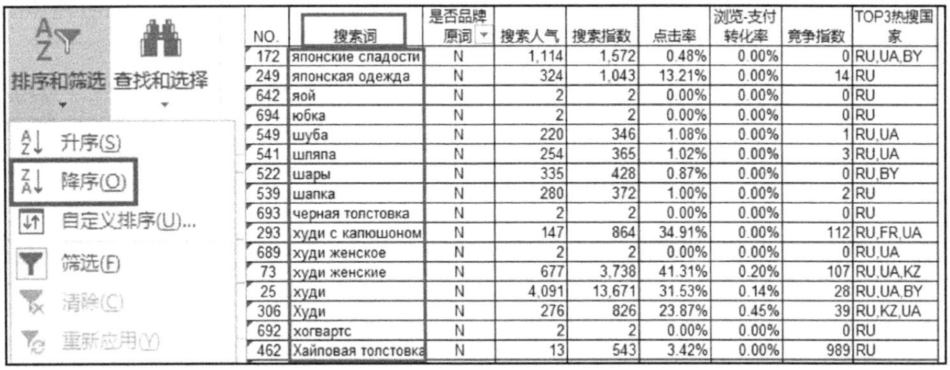

图 4-51　搜索词按语种分类

将剩下的词输入到谷歌翻译工具中，删除与产品相关性不大的关键词。注意：虽然在前面已删除了品牌词，但有些品牌词平台没有筛选出来，如图 4-52 中，pink 是 VS 旗下的少女品牌，vlone 是美国的某潮流品牌，vixx 是韩国某男团组合，所以遇到不确定的词，可以直接使用百度搜索，在搜索结果中如果出现百度百科，或某网站上该词的相关产品信息，就可以确定这是一个品牌词。另外，还会发现一些形似英语的小语种词，如“vestido moletom”就是一个葡萄牙语词。那么在实际操作中如何才能发现小语种词呢？当某个单词的英文翻译结果特别古怪时，我们可以尝试用翻译工具自行检测其语言来验证，如图 4-53 所示。

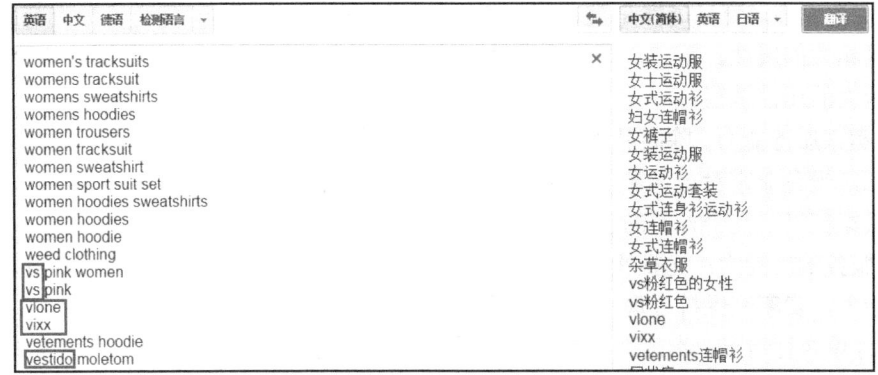

图 4-52　搜索词 Google 翻译

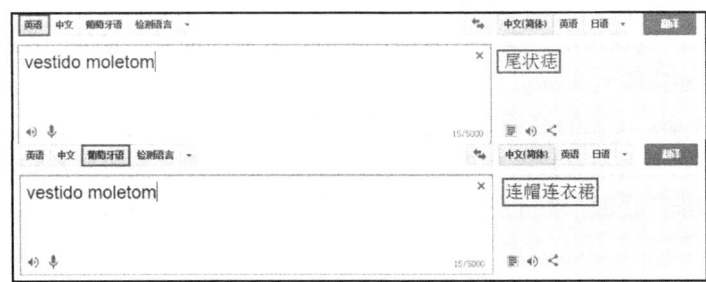

图 4-53　小语种搜索词

接下来，配合速卖通主搜结果合理取舍关键词。本例中输入关键词"womens tracksuit"，共得到 43 716 个结果，相关类目中排在第一位的是女士套装 Women's Sets，第二位才是 Women's Hoodies，点击卫衣类目，共有 20 911 个结果，如图 4-54 所示。说明整体上这个词与卫衣有相关性，但不是十分精准，可以作为标题关键词使用的备选。

图 4-54　查看速卖通主搜结果

最后，根据各类指标和类目匹配性，处理"热搜词"、"飙升词"和"零少词"数据，得到搜索词库，再将它们组合到标题中，完成标题优化。

c. 优化属性。商品属性是类目流量来源路径的重要组成部分。第一，要选择和产品本身一致且相关的属性。第二，要做到属性填写率为 100%。第三，当产品适合多个属性时，选择流量大的属性填写。

③ 卖家服务能力。除商品本身之外，卖家的服务能力是影响买家采购体验最直接的因素。因此，平台非常看重卖家的服务能力，会将能提供优质服务的卖家排名提前。平台重点考查卖家在以下几个方面的服务表现：

a. 服务响应能力：包括卖家在阿里旺旺（TradeManager）以及站内信（Contact Now）的响应能力。卖家应保持合理的旺旺在线时间，及时答复买家的询问。

b. 订单执行情况：卖家在发布商品时承诺了备货期，无货空挂、拍而不卖的行为将对买家的体验造成严重的影响，也会严重影响卖家所有商品的排名。此外，如果卖家为了规避拍而不卖而进行虚假发货，将受到严厉的处罚。

c. 订单纠纷、退款情况：卖家在发布商品时，应对商品进行如实、准确地描述，保证商品质量，避免买家收到货物以后产生纠纷、退款的情况。

d. 卖家好评率：卖家的好评率直接代表着交易结束后买家对于商品、卖家服务能力的评价，是买家满意与否最直接的体现。平台会优先推荐好评率高的商品和卖家，给予他们更多曝光机会和推广资源，对于好评率低的卖家给予大幅排名靠后处理甚至不参与排名的处罚。

④ 搜索作弊。搜索作弊属于违规行为，针对搜索作弊的商品平台将予以搜索排名靠后，全店降权甚至是关闭账户的处罚，如表 4-2 所示。因此，我们要弄清哪些行为属于搜索作

弊行为，并予以避免。

表 4-2 搜索作弊行为类型及其处罚措施

违规行为类型	处罚措施
类目错放	1. 违规商品给予搜索排名靠后的处罚 2. 根据卖家搜索作弊行为累计次数的严重程度对整体店铺给予搜索排名靠后或屏蔽的处罚；情节特别严重的，平台将给予冻结账户或关闭账户的处罚 注：对于更换商品的违规行为，平台将增加清除该违规商品所有销量纪录的处罚
属性错选	
标题堆砌	
黑五类商品错放	
重复铺货	
广告商品	
描述不符	
计量单位作弊	
商品超低价	
商品超高价	
运费不符	
SKU 作弊	
更换商品	
标题类目不符	

⑤ 其他。除了关注影响"搜索排序"的相关因素，卖家还可以通过优化商品上架和更新时间、设置橱窗推荐、营销活动等来提升流量（营销活动将在项目 5 中详细介绍）。

a. 优化商品上架和更新时间。在速卖通搜索结果页面中，有一个排序规则是按照产品上架时间排序，最新上架的商品排在最前面（newest）。如果临近本店铺流量峰值上架产品，新品展示排名靠前的概率就越大。

卖家可以参考"实时风暴—实时概况"来掌握本店铺浏览量的峰值数据，也可通过"成交分析—成交分布"来判断访客主要来自哪个国家，最终确定产品的上架/更新时间。

小技巧：速卖通平台面向全球买家，而各国的时区不同，导致买家的购物时间也各不相同。卖家先要判断本店铺的访客主要来自哪个国家，确定他们的主要购物时，再来设置产品上架/更新时间。以俄罗斯为例，购买人群主要集中在莫斯科、圣彼得堡地区，莫斯科时间比北京时间晚 5 小时。而买家网购的时间主要集中在当地时间的 10:00～11:00、15:00～17:00 和 21:00～23:00，转换为北京时间则为 2:00～4:00、15:00～16:00 和 20:00～22:00。

b. 橱窗推荐。橱窗推荐就是在自然排序的结果下，平台通过给设置橱窗推荐的产品增加排序权限，从而提高产品排名。速卖通橱窗推荐可数倍增加产品的曝光率，从而达到营销目的。卖家服务等级越高，店铺获得的橱窗位就越多，因此卖家要努力提升服务等级。

2．提升点击率

点击率按照曝光方式可分为搜索点击率、直通车点击率、平台活动点击率和站外广告点击率等，这里只介绍"搜索点击率"。搜索点击率是商品在自然搜索或类目搜索曝光后被点击的比率，图 4-55 是输入"dress"的自然搜索结果。在搜索结果中，我们可以看到：产品的相关属性，如"尺寸（size）、品牌（brand）、价格（price）、物流（包邮 Free Shipping、发运国 Ship From)"；产品按照"最佳匹配（Best Match，为默认值）、订单数（Orders）、新品（Newest）、卖家等级（Seller Rating）和价格（Price）"规则排序的入口；单个产品的搜索展示结果包括"主图、标题、价格、物流、产品星级评价和订单数"。这里主要介绍主图、标题、价格的优化和如何提高销量。

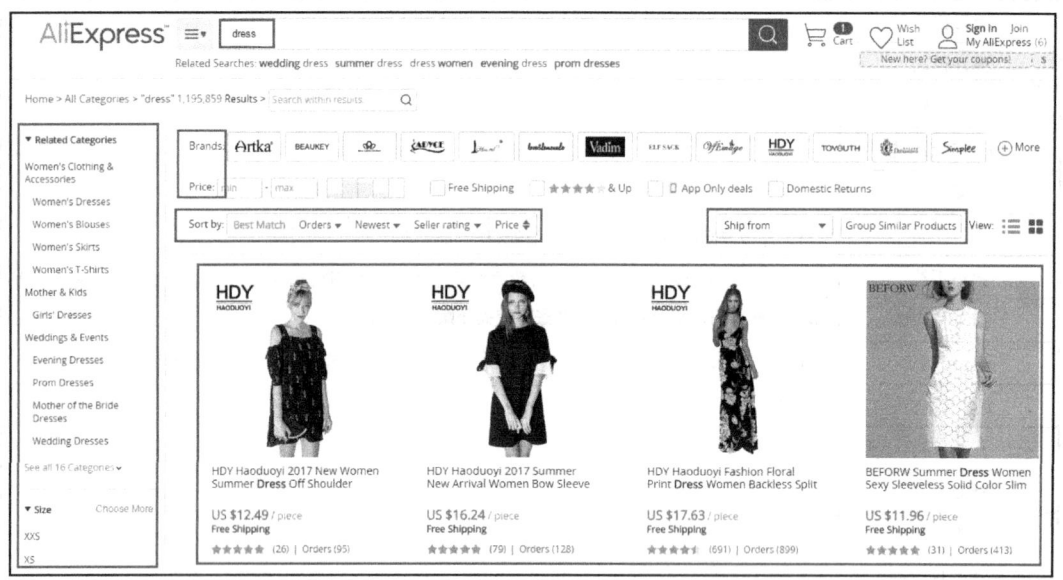

图 4-55　自然搜索结果

（1）优化产品主图

优化主图主要从图片背景和图片主体两方面来进行。

① 图片背景。图片背景分为自然背景和处理背景。自然背景是在自然环境下拍摄出来的。处理背景是指使用工具软件，在图片后期制作中，将背景变为纯色、渐变色或其他形式。最常见的处理背景是白底，要注意背景色系应与产品的风格统一。

② 图片主体。图片主体即我们需要呈现的产品本身，呈现方式可以选择模特图、展示图、方法图、局部图和细节图，或将不同的图有机合成起来，但不要简单拼接。重点是要突出产品卖点，在短时间内抓住买家眼球，吸引买家点击。

（2）产品价格优化

在"产品分析"板块里了解这款产品的流量主要来源于哪个关键词，然后用该关键词进行搜索，找到同类产品的定价，确定同类型产品热卖价格区间，前期可以不计成本以同行最低价格抢占市场。也可通过推导法进行产品定价，考虑产品的采购成本、利润率、折扣空间、产品的重量/体积/物流方式/物流费用、营销费用和丢退率等。

（3）产品标题优化

一般来说，标题会从以下 3 方面影响点击率。

① 标题本身的吸引力，即买家在看到标题之后，有没有产生点击进去深度浏览的兴趣。标题在买家搜索结果页面只展示前 35 个字符，因此可把产品不易用图片表达出来的卖点、优势放在标题的最前面。

② 标题中的关键词，产品标题在搜索排序规则中所占的权重非常大，因此要注意标题关键词的设置。前面已介绍"数据纵横—搜索词分析"工具。

③ 标题与主图的匹配度，即标题中的关键词与主图的匹配度。我们可以使用直通车工具调整创意标题来控制买家在搜索关键词时展示的主图，通过测试观察点击率，检验并优化标题。

（4）提高销量

所有优化产品和店铺的努力都是为了提高销量，而最快速提高销量的方式是报名平台活动。

3．提升转化率

访客点击商品后就进入了详情页面，在浏览详情页的过程中，决定是否下单和付款。因此，想提升转化率就要优化详情描述，详细描述的信息一定要真实、准确，图文并茂地向买家介绍商品的功能、质量、特点和优势。此外，商品详情页的排版设计应统一、美观、整洁、大方，能够吸引买家眼球，提升商品成交率。

4．提升客单价

（1）产品关联推荐

产品关联工具是可以在一个产品详情页中插入店铺内其他商品信息的工具。关联销售可以提高店铺内产品的曝光水平，合理的产品关联能给买家提供更多的选择，促进买家消费，减少买家流失。一般关联销售有 3 种方式：互补关联、替代关联和潜在关联。

（2）满就减/优惠券

全店铺满立减是由卖家在自身客单价基础上设置订单满一定金额系统自动减免费用的促销规则。店铺优惠券由卖家自主设置优惠金额和使用条件，买家领取后可在有效期内使用。满就减/优惠券可刺激买家多买，是提升购买率和客单价的店铺营销工具。

大数据时代下跨境电商需挖掘自身优势

2 月 23—24 日，"2017 年中国新外贸梦想节"在深圳拉开帷幕。大会上精英云集，众多参会人员围绕新形势下的外贸格局，为中国的新外贸提供发展新思路，寻求新方法，以独特视角探讨新旧外贸的差异和进一步发展的规划。

此次会议上，跨境电商成了所有嘉宾提到的热门词语。随着传统出口贸易不断线上化、交易化，越来越多的外贸企业从网上获得商机。而作为推动经济一体化、贸易全球化的技术基础，跨境电子商务不仅冲破了国家间的障碍，使国际贸易走向无国界贸易，同时它也正在引起世界经济贸易的巨大变革。对企业来说，跨境电子商务构建的开放、多维、立体的多边经贸合作模式，极大地拓宽了进入国际市场的路径，大大促进了多边资源的优化配置与企业间的互利共赢。

但中国如今的跨境电商同样存在着一些问题。在外贸环境变化迅速的当下，大数据、云计算等词汇冲击着跨境电商的固有体制，而全球化下竞争加剧，很多企业深感前路迷茫。为了探讨这一问题，让跨境电商在中国更好地发展，嘉宾们纷纷表达了自己的观点，提出了新时代下跨境电商的前进方向。

大数据时代下，跨境电商需挖掘自身优势

和过去的旧外贸时代不同，以网络为媒介的跨境电商，在大数据时代的背景下展现出其透明的一面。在各种电商平台上，电商企业的各种信息能够直观地呈现给浏览者，包括其运营情况、征信情况。这对于电商企业而言，既是机遇，也是挑战。这要求经商者必须保证诚信经营，并且向自己的合作方呈现出一个实之可行的经营项目。同时，信息的高度共享也使得精准合作成为了可能性，只要企业准确地在平台上表现出自身的产品特色，就有可能获得特殊需求者的青睐。

新外贸体系下，跨境电商应注重全球合作

目前，世界进入一个全球化的时代。扁平化的商业结构已经不能适应潮流发展。在新外贸时代，贸易结构是立体化、多元化的。企业不再是单纯地向外输出商品，同样也在接纳着来自世界各地的产品。这就要求跨境电商企业有更为广阔的视野和目标，积极使用云计算等先进技术，在向外界输出产品、扩大海外市场的同时，也不能忽视外国的优秀品牌和技术，应汲取他们的优良技术，提升自身素质。

卖方市场已然到来，客户体验将成服务焦点

近十年来，外贸市场环境的变化可谓天翻地覆。刚加入 WTO 的中国曾享受到了不菲的人口红利，但随着经济发展，廉价的劳动力已经不足以支撑中国企业在外贸市场上驰骋。在市场竞争激烈的当下，如果企业不能将目光集中在提升产品本身上，那么必将走向失败。

跨境电商需要思变。现在是卖方市场，不再是企业挑选客户，而是客户来挑选企业，因此，企业需要读懂客户的需求，为客户提供贴身服务，提高客户黏稠度。同时，企业还要善于利用工具，帮助自己更好地管理一些碎片化信息。因此，客户体验将成为跨境电商运营的一个重要指标。

（资料来源：《大数据时代下引路教育谈跨境电商发展》搜狐公众平台和 2017 中国新外贸梦想节发言，节选）

实训 1　站内数据选品

实训目的

了解选品的重要性，掌握利用平台"数据纵横"工具进行数据选品的方法，为下一步产品发布做好准备工作。

实训内容与步骤

（1）进入"卖家后台—数据纵横—行业情报"。

（2）在页面左上角可切换页面的展示文字，在行业概况板块中英文对照浏览"行业及产品类目"，对平台可销售的产品类目有所了解，如图 4-56 所示。

（3）选择 3 个不同行业进行对比，分别从访客数占比、支付金额占比、浏览量占比、支付订单数占比和供需指数几个方面进行对比分析，找到合适的市场切入点，如图 4-57 所示。

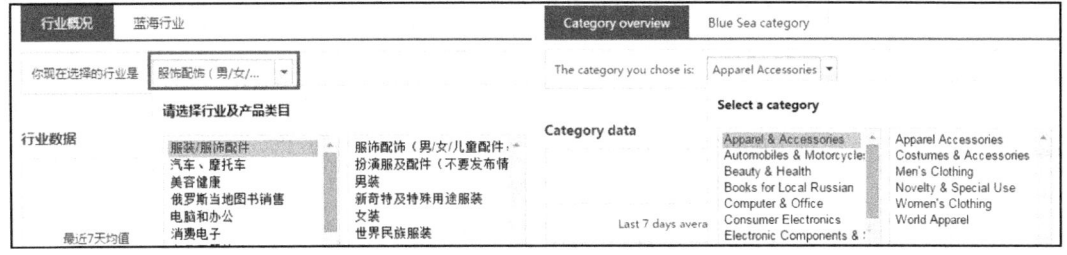

图 4-56 行业及产品类目

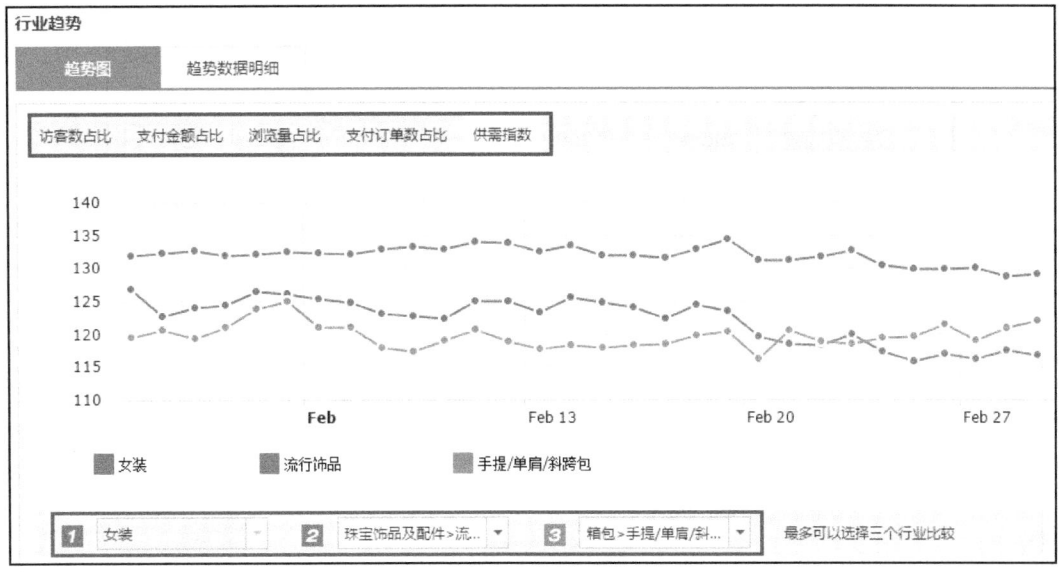

图 4-57 行业对比及数据分析

(4) 参考"行业情报—蓝海行业"数据。

(5) 通过行业对比和蓝海行业分析,确定 2~3 个行业,然后通过"选品专家"进行产品词分析。

① 首先分析热搜产品词。选择某一级行业,我们以"服装/服饰配件"为例,单击"下载最近 30 天原始数据",得到"Hot-Sale"热销词表,如图 4-58 所示。

行业	国家	商品关键词	成交指数	浏览-支付转化率排名	竞争指数
服装/服饰配件	Global	babydolls	12777	35	0.87
服装/服饰配件	Global	baseball cap	33248	12	0.5
服装/服饰配件	Global	belt	20384	22	0.49
服装/服饰配件	Global	blazer	4330	46	0.48
服装/服饰配件	Global	blouse	96149	8	0.84
服装/服饰配件	Global	boxer	16859	11	0.59
服装/服饰配件	Global	bra	56208	5	0.45
服装/服饰配件	Global	brief	7911	28	0.55
服装/服饰配件	Global	bustiers	4447	43	0.79
服装/服饰配件	Global	casual shorts	6359	23	0.49

图 4-58 "Hot-Sale"热销词表

② 将表中的数据由文本格式转换为数字格式，如图 4-59 所示。然后对每列数据分别进行排序，标出排名靠前的产品词，如图 4-60 所示，再综合考虑将每次排名靠前的产品词找出来。给大家介绍个简便的方法：我们的目标是找到一个成交指数大、浏览—支付转化率排名靠前、竞争指数小的产品，因此可以设置一个"选品指数 X"：

$$X=成交指数÷浏览－支付转化率排名÷竞争指数$$

再进行降序排序，找出排名靠前的产品词，如图 4-61 所示。

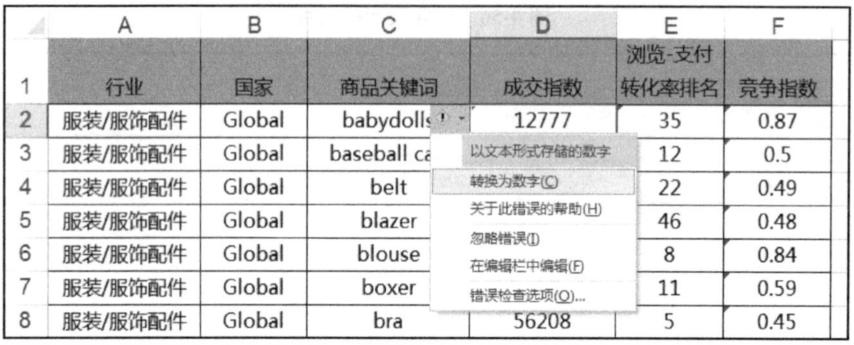

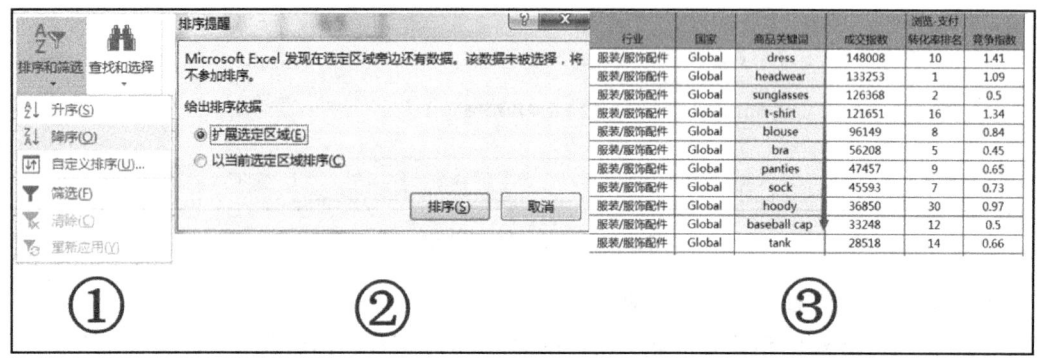

图 4-59　格式转换

图 4-60　根据单列数据排序

图 4-61　根据多列数据排序

③ 之后，可以用同样的方法处理热搜数据。最后，根据综合热销和热搜数据确定 Top 产品词，如图 4-62 所示。

（6）通过"选品专家"分析产品的热销和热搜属性。

单击"下载最近 30 天原始数据"。①将"成交指数"列的数据转换为数字格式。②选中表格。③单击"插入—创建数据透视图表"。④确定表格的行和列。⑤勾选"属性名"、

"属性值"和"成交指数"作为报表字段。⑥查看每一属性名下对应成交指数最高的属性值，如图 4-63 所示。

图 4-62　综合分析 Top 产品词

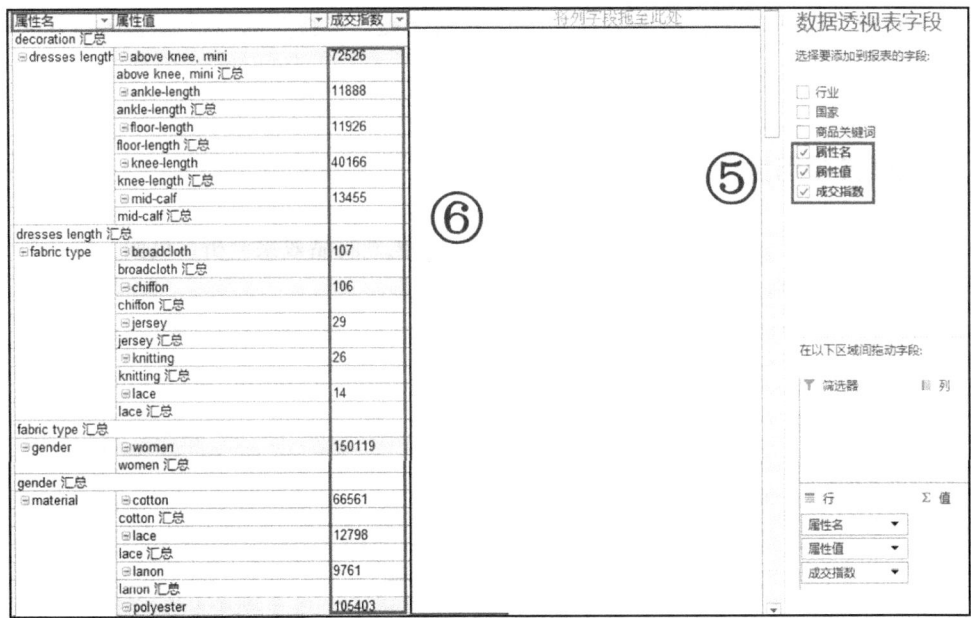

图 4-63　创建数据透视图表

站内选品是在利用平台内部的数据进行选品，数据会随着季节、产品生命周期、买家需求和卖家供给的变化而发生变化，因此选品是一个持续的过程。想运营好一个店铺，必须持续开发新品，淘汰无效产品。

 思考与练习

进行一次产品选品，以文字配截图形式记录操作和分析过程，并回答下列问题：

（1）当前速卖通平台有多少个一级行业？熟悉其中英文名称，选择3~5个进行二级类目，利用"数据纵横—行业情报"工具进行对比分析。

（2）确定一个一级或二级行业，利用"数据纵横—选品专家"工具进行热销和热搜产品词数据分析，综合得出2~3个产品词。再以这些产品词去查找其热销和热搜属性。

（3）根据（2）中得出的结论，选取10个符合条件的产品制作产品表格，如表4-3所示。

表4-3 产品表格

图片	SKU	类目	标题	采购价	重量	运费	物流方式	总成本	采购链接

实训 2　产品分析与优化

 实训目的

通过数据纵横工具分析和判断产品存在的问题，掌握产品针对性优化的方法和技巧。

 实训内容与步骤

（1）单击"数据纵横—经营分析—商品分析"，在"商品效果分析"页面下载店铺所有在线产品的相关数据，如图4-64所示。

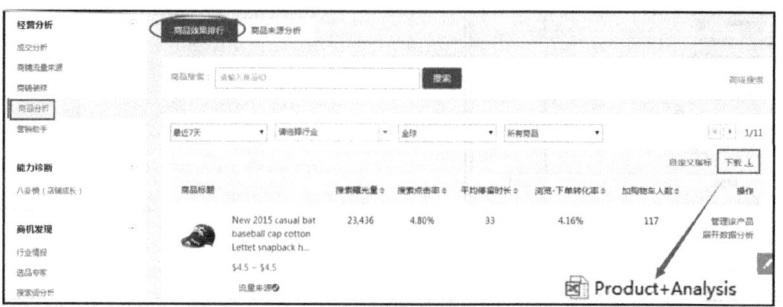

图4-64　下载商品数据

（2）根据公式：支付金额=访客数（流量）×浏览－支付转化率×客单价；访客数（流量）=曝光量×点击率，即

支付金额=曝光量×点击率×浏览-支付转化率×客单价

卖家要想判断产品存在的问题，可以从曝光量、点击率和浏览-支付转化率三个方面进行分析。

商品分析

① 打开商品数据表格（文件名为"Product+Analysis"），表格内包含很多数据，其中，搜索曝光量和搜索点击率的数据可以直接得到，浏览-支付转化率=支付成功买家数/访客数，支付成功买家数和商品访客数的数据也可以从表中得出。新建一列数据"浏览-支付转化率"，如图4-65所示。

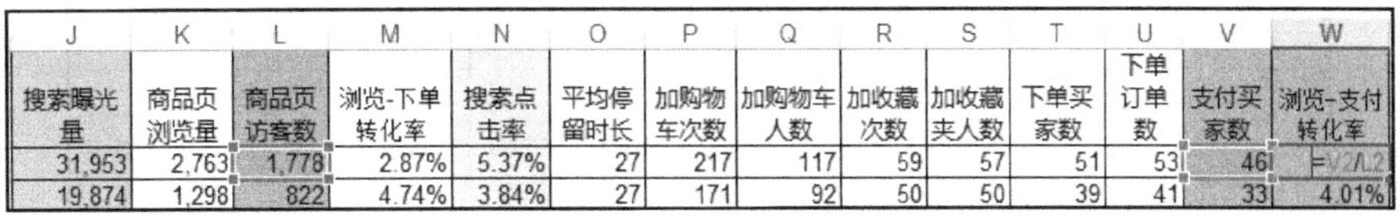

图 4-65　新建商品数据

② 筛选"搜索曝光量"、"搜索点击率"和"浏览-支付转化率"三列数据复制到一张新的表格。根据二八法则，我们要将有限的精力投入有潜力的产品，删除"浏览-支付转化率"为异常值和0的数据，如图4-66所示。

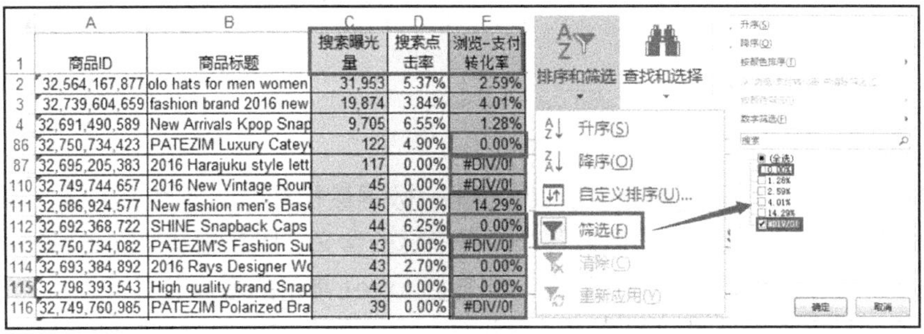

图 4-66　筛选和清洗商品数据

③ 计算每列数据的平均值，如图4-67所示。

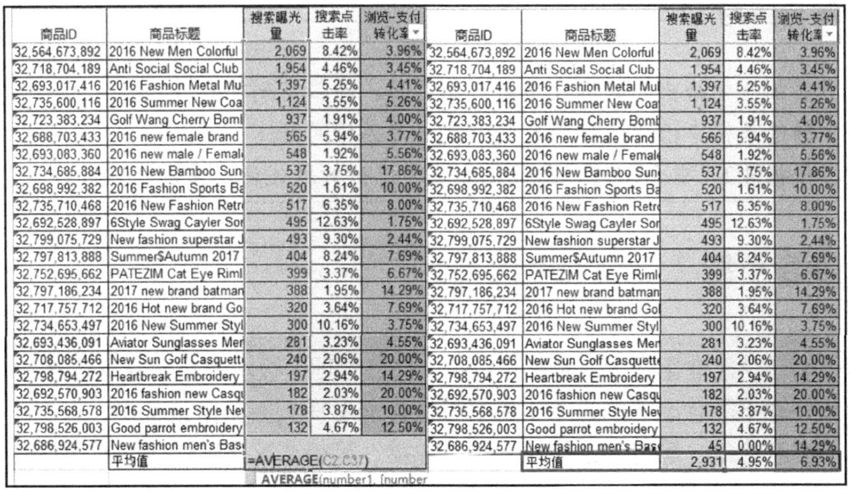

图 4-67　计算商品数据平均值

（3）新增 3 列，设置条件格式=if（该商品数据>所有商品均值数据，"高"，"低"），以图 4-48 为，例 D30 为某商品的搜索点击率，D38 为所有商品的平均搜索点击率，若 D30>D38，则显示"高"，相反则显示"低"。这样我们就能粗略筛选出商品的问题，即显示"低"的数据。

商品ID	商品标题	搜索曝光量	搜索点击率	浏览-支付转化率	搜索曝光量	搜索点击率	浏览-支付转化率
32,735,710,468	2016 New Fashion Retro	517	6.35%	8.00%	低	高	高
32,692,528,897	6Style Swag Cayler Sor	495	12.63%	1.75%	低	高	低
32,799,075,729	New fashion superstar J	493	9.30%	2.44%	低	高	低
32,797,813,888	Summer$Autumn 2017	404	8.24%	7.69%	低	高	高
32,752,695,662	PATEZIM Cat Eye Rimle	399	3.37%	6.67%	低	低	低
32,797,186,234	2017 new brand batman	388	1.95%	14.29%	低	低	高
32,717,757,712	2016 Hot new brand Gol	320	3.64%	7.69%	低	低	高
32,734,653,497	2016 New Summer Styl	300	10.16%	3.75%	=IF(D30>D38,"高","低")		
32,693,436,091	Aviator Sunglasses Mer	281	3.23%	4.55%	IF(logical_test, [value_if_true		高
32,708,085,466	New Sun Golf Casquette	240	2.06%	20.00%	低	低	高
32,798,794,272	Heartbreak Embroidery	197	2.94%	14.29%	低	低	高
32,692,570,903	2016 fashion new Casqu	182	2.03%	20.00%	低	低	高
32,735,568,578	2016 Summer Style Nev	178	3.87%	10.00%	低	低	高
32,798,526,003	Good parrot embroidery	132	4.67%	12.50%	低	低	高
32,686,924,577	New fashion men's Base	45	0.00%	14.29%	低	低	高
	平均值	2,931	4.95%	6.93%			

图 4-68 条件格式

（4）查看商品在搜索曝光量、搜索点击率和浏览-支付转化率存在的问题，根据 4.2.3 中介绍的产品优化方法进行操作。

  实训提示

在"数据纵横"工具中下载的 Excel 表里，数据最初都以文本格式存储，需要进行转化。在分析和处理数据之前，要搞清各个数据指标的含义，以免出错。Excel 软件自带公式可进行数据统计和分析，平时应注意学习和掌握 Excel 常用的基本公式。

介绍的产品发布价格是包邮价格，因此要考虑运费；如果不是包邮价格，则产品价格不用包含运费，运费另外收取。运费模版决定了有关运费的收取。

思考与练习

针对实训 2 中给出的数据表格和产品页面，回答下列问题：
（1）筛选表格中值得优化的产品，找出产品的问题。
（2）根据 4.2.3 中介绍的产品优化方法，进行标题优化、主图优化和详情优化。

速卖通后台功能非常强大，卖家可以在"产品管理"板块发布与管理产品；在"交易"板块查看和处理不同状态下的订单（包括等待卖家发货、买家申请取消、有纠纷、有未读留言、等待卖家验款、等待卖家留评、等待放款、等待买家付款、等待买家确认收货的订单），进行线上发货、物流管理与交易评价，以及资金的查询与财务管理；在"信息中心"

板块进行买家留言回复与平台信息查看；在"店铺表现与商铺管理"板块查看店铺与商品表现，进行店铺装修与管理；在"账号与认证"板块进行账号与品牌商标管理；在"营销活动"板块设置、申报与管理各类活动；在"数据纵横"板块进行数据分析，作为选品、产品与店铺优化的依据；在"经营表现"板块查看与处理店铺的违规处罚情况。

本章的重点内容是数据化选品、产品与店铺数据分析、产品与店铺优化。速卖通卖家可以在"数据纵横"板块得到行业数据、店铺数据和商品数据并加以分析利用。首先要弄清各数据的含义与关系，然后要能分析出数据背后所反映的问题，通过问题定位指导优化操作，最后再通过数据验证操作的结果。

习题答案

1．单项选择题

（1）以下哪种订单状态不需要卖家跟进处理（　　）。
　　A．等待发货订单　　　　　　　　B．有纠纷的订单
　　C．等待确认收货订单　　　　　　D．买家申请取消订单

（2）请给以下行为排序（　　）。
① 买家确认收货且平台查询物流妥投
② 卖家发货
③ 款项到速卖通的第三方担保账户
④ 平台为卖家放款
⑤ 买家拍下产品付款
　　A．⑤③④②①　　B．③④⑤①②　　C．⑤③②①④　　D．①②③④⑤

（3）可以看到店铺 24 小时数据情况的功能是（　　）。
　　A．行业情报　　B．商铺概况　　C．商品分析　　D．实时风暴

（4）数据纵横中（　　）不属于商机发现。
　　A．实时风暴　　B．搜索词分析　　C．选品专家　　D．行业情报

（5）行业情报中的数据不可以选择（　　）时间段。
　　A．7 天　　　　B．30 天　　　　C．90 天　　　　D．45 天

2．多项选择题

（1）行业情报通过哪些数据维度分析行业？（　　）
　　A．供需指数　　B．访客数占比　　C．浏览量占比　　D．成交额占比

（2）选品专家中可以从哪几个维度进行筛选？（　　）
　　A．时间　　　　B．行业　　　　C．国家　　　　D．关键词

（3）选品和定价应该关注的数据有（　　）。
　　A．通过买家地域数据指标分析买家来自哪些国家，不同国家的买家需求如何
　　B．数据纵横中行业情报可以帮助卖家选择产品线及这个产品线的行业趋势，具体需关注上架产品数、竞争力、成交率判断等
　　C．通过商铺分析查询自己店铺的流量数据，关注热卖产品

125

　　D．通过"数据纵横－选品专家"关注买家使用了什么搜索词、搜索次数，成交价以及目标市场的零售价来选品和定价

（4）搜索词分析中可以看到哪些维度的分析？（　　）

　　A．飙升词　　　B．蓝海词　　　C．热搜词　　　D．零少词

（5）单个商品可以从哪几个维度来进行数据分析？（　　）

　　A．访客行为分析　B．成交分析　　C．转化分析　　D．流量来源

3．分析题

（1）影响产品排名（搜索排序）的因素有哪些？

（2）产品标题由几部分组成？如何优化产品标题？

项目 5

跨境店铺营销推广

 **本项目重点难点**

店铺促销活动的设置;促销活动方案设计;直通车推广技巧;联盟营销技巧;社群营销的基本思路。

 **项目导图**

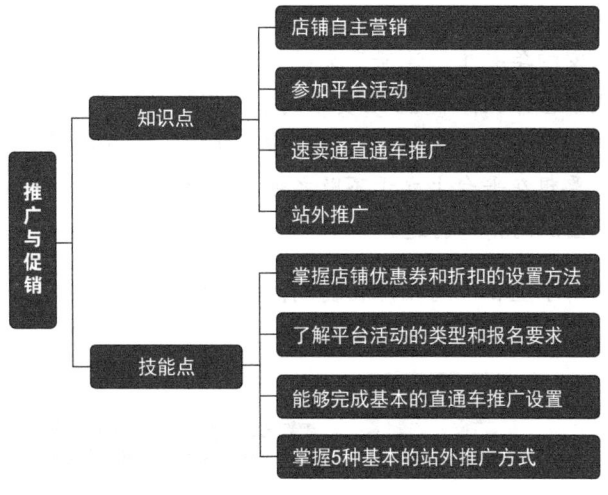

 引例

2014 年年初,小王和小周两人,拿着东拼西凑的 6000 元钱开起了速卖通店铺。两人都是大专毕业,毕业后干过好几份工作,但都不长久。一路走来,生活辛苦不说,对于自己的未来也找不到任何方向。机缘巧合,通过朋友介绍,两人凑钱开了速卖通店铺,两人的英语不太好,大部分文件靠翻译软件翻译。起初,店铺没货源,他们就直接在 1688 上进货。6000 元的资金,办理宽带和进货 15 天就用完了,最后房租、吃饭都成了问题。无奈之下,回家向父母借了 2 万元周转。刚开始几天,他们用淘宝代销工具,同时参加了淘宝代销核心卖家活动,10 天上传了 1880 个宝贝。因为他俩听说宝贝越多,曝光就越多,所以就拼命

跨境电子商务

上传宝贝，偶尔还出个一单两单，两人非常高兴。直到326大促这天，店铺竟然出了5单，不过和行业最牛（当日销售15 800单）的店铺相比，他们还不足一提。大促一完，两人果断下架1800个淘宝代销产品，同时整理自己的运营思路。两人拼命地查资料、看论坛，摸索了两周左右，对店铺详情页仔细进行了优化，统一了主图风格。上传产品的时候，他们在属性词的填写上也下了工夫。标价的设置也调研了大量平台同类商品和店铺，做了SKU（Stock Keeping Unit）价格优化，价格区间设置也日益科学了，线上发货、运费模版都基本吃透了，最终理顺了所有基础模块的设置，曝光量翻了几倍，可是出单依然惨淡，手头的资金又没剩多少了，两人有点丧气。

这时候，一个比他们早一年开店的前辈点拨他们，让二人赶紧开始做店铺的营销推广，并告诉他们，不做店铺自主营销、不做搜索引擎优化、不开直通车，也不积极报名活动，店铺是不会有好的出单量的。真是一语点醒梦中人！小王和小周分工协作，一个研究站内推广，一个研究站外推广，发现里面真是大有学问。同时，小王和小周又迷茫了起来，速卖通后台的营销工具这么多，每个工具到底该怎么用？什么时候用？怎么搭配使用？联盟营销和其他站外推广看似简单，可是没有清晰的营销思路作为指导，只会南辕北辙，耗时耗力。速卖通直通车和国内淘宝的直通车操作一样么？怎么才能让直通车的效果发挥到极致？什么样的直通车计划才是最适合当前店铺实际情况的呢？

假如你是这家新店的老板，你该怎么做好基本的营销推广工作呢？

引例分析

一家新店，价格不要设得太高，首先要把销量提上去，提高人气，同时运用直通车、四大王牌营销工具、站外推广工具，这样才会有一个不错的开始。如今，这两个小伙的店铺已是一家四年老店，注册了公司，获得了商标，专注做配饰这一类目，已经是一家拥有十几个合作伙伴和20名员工的小有规模的速卖通店铺了。店铺月销量早已过3万单，店铺的营销推广工作依然是重中之重。小王和小周一直坚信，产品和供应链是核心，但是要想在平台上立于不败之地，就要向平台交一份完美的数据答卷，这离不开专业推广团队的精心打造。

本项目将详细讲解小王和小周在开店初期营销推广环节上遇到的问题和困惑。

任务1 店铺自主营销

5.1.1 选择店铺促销活动时机

一个店铺在运营中肯定离不开促销活动。促销活动，顾名思义，就是为了促进某种商品或服务的销售而进行的降价或赠送礼品的行为活动。这种方法能在短期内达到促进销售、提升业绩、增加收益，提高在同行间竞争力的效果。参加活动是为了促使那些对店铺商品有意向的客户提交订单，从而提高销量。当然，店铺不可能一年365天每天都参加活动，这样就不再称为促销了，所以，活动也不是越久、越频繁就越好。无论是什么样的活动都项目 5　跨境店铺营销推广

要有一个度,一旦超过了这个度,买家就会认为这个卖家不诚信,降低对店铺的印象分,对卖家来说是不利的。

1. 开展促销活动的核心价值

平台上面每天都可以看到很多促销活动,那么,做促销的好处有哪些呢?

(1) 推广产品,吸引顾客,增加人气。无论什么行业,在推出新品或清理库存时,都会做一些广告、预卖等活动来增加商品的人气。例如,小米手机,在还没有正式出售的时候,提前宣传再加上它特有的出售方式,吸引了很多人的兴趣和购买欲望。还有一些"清仓"活动,卖家会以比平时低得多的价格出售商品,可能很多时候买家并不需要这件商品,但因为商品的"人气"或者优惠力度,让买家产生了购买的冲动,所以卖家很愿意开展多种多样的促销活动,以销售出更多商品。

(2) 争夺市场,提高竞争力度。现在各个行业的竞争都很激烈,要想在一个行业中立于不败之地,并且越走越远,需要运用多种促销手段来提高自己店铺的竞争力度。有规划、有吸引的活动可以提高一个品牌在消费者心目中的形象,只有"占领"了更多的消费者阵地,你的商品才会有更好的销量。

2. 把握促销的方式和力度

促销活动有很多优势,也有"雷区",有的店铺做一次活动就把自己苦心经营了很久的产品做死了,这是很遗憾的。开展促销活动应该把握准确的方式和力度。

(1) 新颖的促销方式。现在很多商家都是跟风做活动,你看我参加了 SUPERDEAL 不错,那么你也去;我看你赠送小礼品效果很好,我也这样做。一两家店铺这样做尚可,当整个行业都这样做的时候,这种促销方式就失去了优势,所以做活动切忌跟风。

(2) 选择合适的促销时间。做活动不要没有选择性的、盲目地去做,要针对不同时间和人群做不同的促销策划。比如,文具店铺会在学生开学或者考试的时候打出优惠折扣;一些小型家电、女士护肤类产品店铺会在妇女节、情人节推出优惠活动;还有一些店铺利用反季清仓来销售商品。所以,我们在做活动的时候要把握好时间和方式。

3. 合理设置促销的次数、时长和间隔

做活动要考虑人群、时间等因素,促销活动虽然好处很多,但并不是越多越好。频繁的活动会让消费者认为商家的商品根本没有多少折扣,比如商家今天推出限时限量折扣活动,但消费者一看价格和以前活动价格相差无几,而且这款商品基本上每天都会有活动,谁知道明天的活动会不会比今天的更好呢?这样反而会使消费者犹豫不决,从而降低销量。我们在选择策划营销方式的时候一定要注意这种情况。

平台大促之所以会带来较高的转化率和销量,也和活动的力度以及促销时间密切相关。例如,消费者想购买一件皮衣,之前价格一直非常昂贵,但是在大促那天会有仅此一天的五折优惠,这肯定会促使之前心仪这件商品的客户产生购买欲望。这样的活动,一天的效果远比一个月的效果更好。

4. 抓住海外节日商机

节假日营销是非常时期的营销活动,是有别于常规性营销的特殊活动,它往往呈现出集中性、突发性、反常规性和规模性的特点和情况,它要求企业营销制定者要果断、创新、迅速、准确,借"节"而发,顺"节"而上,出奇制胜,一炮打响。因此,商家在制订一个完整有效的节日营销活动计划之前,必须做到知己知彼。国外主要节日习俗和热销产品

129

情况如表 5-1 所示。

表 5-1　国外主要节日习俗和热销产品

节日名称	国家	时间	习俗	热销产品
圣诞节（Christmas）	西方国家为主	12月25日	西方传统节日，以红、绿、白三色为圣诞色，相当于中国的新年，家家户户都要用圣诞元素装扮房间和花园，孩子们会在这一天收到圣诞礼物	圣诞树及装饰品、派对用品、卡片、彩灯、蜡烛等
情人节（Valentine's Day）	全球	2月14日	世界人民的"虐狗"时间。不管是对于已经成双入对的情侣还是依然奋斗在"脱单"前线的"单身汪"，这一天都是值得"挥金如土"一次的。在美国，情人节当天的网购额超过170亿美元，人均花费在130美元以上	珠宝、糖果、各式礼品、健康和美容产品
白色情人节（White Day）	日韩	3月14日	在这些国家，过白色情人节不代表不过2月14日的情人节。一般2月14日是女方送男方礼物，而3月14日则是男方送女方礼物，所以2月14日和3月14日热销的礼物也会略有不同	奢侈品、巧克力和糖果等
母亲节（Mother's Day）	全球	五月的第二个周日	母亲节的日期在不同地区会略有不同，总体而言也是一个世界性的节日	珠宝、糖果、各式礼品
排灯节（Diwali）	印度	每年印度旧历的最后一天	印度教、锡克教和耆那教的重要节日，也是世界上最广泛庆祝的节日之一，每年约有10亿信徒隆重庆祝排灯节。印度、尼泊尔、美国、英国和加拿大的电商市场都会受到排灯节的影响。2014年，每个印度家庭为庆祝排灯节的花销达到260英镑	蜡烛、烛台、珠宝、电子产品、糖果
黑色星期五（Black Friday）	美国	11月第四个星期五	最早流行于美国，后在全世界蔓延开来。目前黑色星期五主要还是商店打折的狂欢，网购消费规模还不算大，但正以每年20%～30%的速度迅速增长	电子产品、生活消费品和时尚类商品
光明节（Chanukah）	美国、加拿大、西欧等国家	基斯流月（犹太历）25日，延续八天	这是一个犹太教节日。这一天犹太人会点燃九枝灯台并向儿童赠送礼物	儿童礼品、灯台、蜡烛

通过参考 2017 年速卖通中大型营销活动日历（见图 5-1），我们知晓了何时应该开展何种营销活动，一方面可以积极申报平台活动，另一方面，若未能参加活动，也可以在适当时机积极开展自主营销活动。

图 5-1　2017 年速卖通中大型营销活动日历

项目5 跨境店铺营销推广

一个新店铺在数据表现上往往不尽如人意,基本没有申报平台活动的机会,所以店铺卖家平时可以不用关注此类活动。

这种说法正确吗?

5.1.2 设计店铺促销活动方案

1. 定位活动类型

速卖通营销可谓是多种多样,无论是新客户的开发还是老客户的营销,都需要巧用商务谈判技巧。当然,对待客户应像对待朋友一样,从对方角度出发,达到双赢效果。每一次的活动策划都应是经过精心准备的,而不是拍脑袋想出来的。如何精准把握客户,细分客户市场,是卖家在引导客户消费之前要做好的准备工作。在设计店铺的促销活动方案之前,先要对活动做好定位,这里将店铺营销活动分成以下两种类型:

(1)新客户开发类活动

速卖通的卖家都希望订单可以稳定增长,但在现实中,多数人都是在等待客户购买,却没有更努力地寻找客户。这时就需要换位思考,如果你是客户,你一般会怎么做?

在开发新客户之前,首先要知己知彼,了解自己的定位,而不是盲目投放商品。以服装为例,精准的市场细分定位,会使店铺在未来发展过程中减少很多麻烦。那么,做好准备之后,该如何寻找客户呢?作为卖家,需要站在客户的角度,亲自体验购物过程。思考客户搜索的关键词、款式、图片、折扣等问题,以便更好地了解购买该类产品客户的行为习惯。

另外,卖家需要每天关注速卖通首页,了解最新资讯,及时把握市场变化和客户需求。

(2)老客户营销类活动

众所周知,一个新客户的开发成本要大于一个老客户的维护成本。因此,对于老客户营销是非常重要的。从营销活动的历史客户统计与营销数据中可以看到历史记录,进而了解客户的消费记录,熟悉老客户的消费习惯,从而更好地维系与老客户的关系。

我们要明白对老客户营销的主要目的是进行二次销售、新品推广,以及库存清理。那么,我们可以在客户生日或者平台活动时,抓住时机,进行营销。

下面给大家一些老客户营销的建议:

① 邮件营销非常重要,建议给老客户发送营销邮件的频率为7天左右,不要让客户忘记你,多与客户互动,保持良好沟通。

② 给客户意外的惊喜,比如送孩子的小礼品,抓住亲情会让客户更为忠诚。

③ 参加平台活动,让客户感觉到卖家的产品受到平台青睐,同时可以有针对性地进行活动。

④ 建立客户档案,分析客户购物习惯。

2. 设计营销活动策划执行单

某营销活动策划执行单范例如表5-2所示。

131

表 5-2　某营销活动策划执行单范例

	XX 营销活动策划执行单				
	活动开始时间	美国时间		中国时间	
	活动结束时间	美国时间		中国时间	
	活动主题					
	营销活动目的					
	SWOT 分析				
	内部优势					
	内部劣势（单品或全店）					
	外部机遇（大盘走势）					
	外部挑战（对手举措）					
	参与活动产品名	现售价	SKU	活动数量	库存	出仓成本
	活动类型	是否开		具体内容	准备工作
rowspan="4"	自主营销	全店铺折扣				
	满立减				
	限时限量折扣				
	优惠券				
	活动海报文案					
	库存的准备					
	人员准备					
	全店装修配合					
rowspan="6"	站内外配合	俄罗斯站 SNS				
	巴西站 SNS					
	联盟配合					
	直通车配合					
	站内信群发					
	国际旺旺群					
	活动预算					
	预计效果					
	策划人					
	执行团队					
	活动考核及奖励					
	公司领导批示					

3. 店铺创意促销方案参考

营销创意需要结合实际，勇于尝试，善于总结，只有这样，创意的可行性才能持续。下面给出一些典型促销方案主题，供大家参考。

（1）价格——永远的促销利器。

① 制造紧迫感——让顾客蜂拥而至。

例："10 分钟内所有货品 1 折"。虽然客户抢购的商品是有限的，但客流可以带来无限商机。

② 超值一元——舍小取大的促销策略。

例："几款价值 10 元以上的货品以超值一元的活动参加促销"。这种情况下，客户为了凑足包邮往往会多买一些东西，虽然这几款货品看起来是亏本的，但吸引顾客以连带方式产生销售，结果利润是反增不减的。

③ 临界价格——尾数经济。

例："10 元定价改为 9.9 元"。这是普遍的促销方案。

④ 降价加打折——给顾客双重实惠。

例："所有光顾本店购买商品的顾客满 100 元可减 10 元，并且还可以额外享受八折优惠"。100 元若打 6 折，利润损失 40 元，但满 100 元减 10 元再打 8 折，利润只损失 28 元。但力度上双重的实惠会诱使更多的顾客购买。

⑤ 账款规整——让顾客看到诚意。

例："55.60 元只收 55 元"。虽然看起来"大方"了些，但比打折方式利润空间高。

⑥ 多买多送——变相折扣。

注意，搭配赠送的物品最好是客户需要的。例如，购买连衣裙可以送配饰，购买手机可以送贴膜、手机壳或防尘塞。赠品宜选择价格不高，质量好且实用的商品。赠品价格可以适当地增加在主商品售价中。

⑦ 组合销售——一次性的优惠。

例：将同等属性的货品进行组合销售以提高利润。

⑧ 加量不加价——给顾客更多一点实惠。

例：加量不加价一定要让顾客看到真正的实惠。

（2）顾客——以人为本的促销艺术。

① 按照人群画像，细分人群后精准地与其对话。

② 档案管理——让顾客为之感动。

（3）广告——引起轰动的促销捷径。

① 现场效应——在现场为自己做广告。

例：羽绒系列，拆开衣服、被褥让大家看里面羽绒的质量。要体现厚度或者内部材质的产品，可用切割机切开让大家看横截面图片，以提高描述的可信度。

② 对比效应——让顾客看到实际效果。

例：多用对比图来展示产品的实际效果和优势。

③ 夸张效应——吸引顾客的眼球。

例：防水产品放在水里拍摄照片或者视频。这样既可以展示商品质量，又抓住了顾客的好奇心。

④ 巧用证人——真正的活广告。

鼓励用户发布买家秀的图片视频，集中在详情或者首页分享给新用户。

⑤ 破坏效应——让顾客真正放心。

例：用压路机碾压床垫，以证明其质量可靠。

（4）节假日——黄金时间的捞"金"技巧。

（5）制造活动主题——无中生有的促销魔法。

① 大派"红包"——见者有份的促销策略。

② 积分优待——真情回馈老顾客。

③ 自助销售——招揽更多的新顾客。

例：店庆时任选 3 件固定金额商品作为促销商品。

（6）服务——锁定客户的促销方式。

5.1.3 设置店内促销活动

设置速卖通优惠券

1. 店铺优惠券活动

（1）店铺优惠券的种类

店铺优惠券的种类如图 5-2 所示。

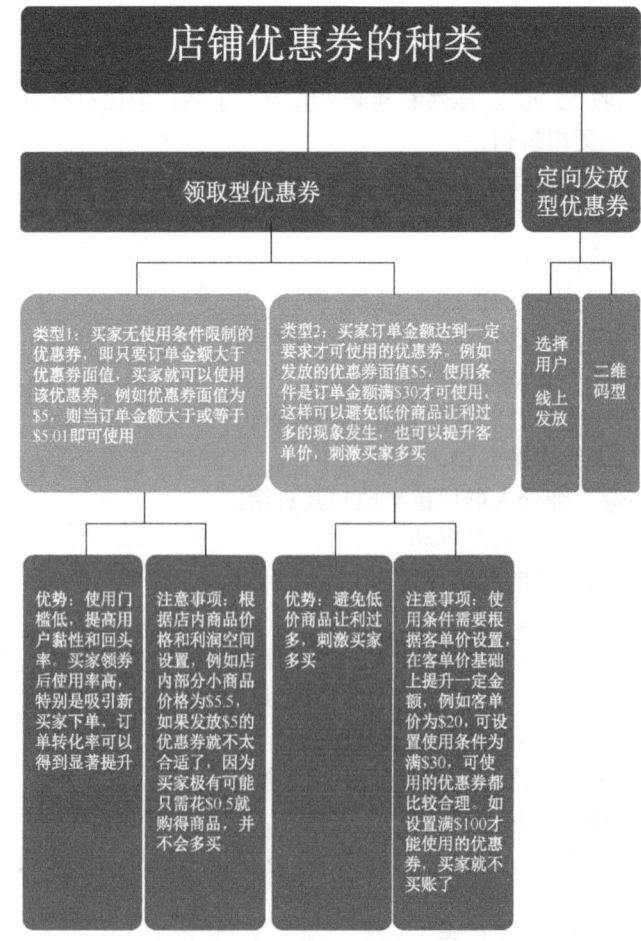

图 5-2　店铺优惠券的种类

项目 5　跨境店铺营销推广

（2）店铺优惠券的创建

① 登录"我的速卖通"，单击"营销活动"标签，在"店铺活动"中选择"店铺优惠券"，单击"添加优惠券"后，视图如图 5-3 所示。每月共可开展 5 个活动，活动开始和结束时间必须在同一个月内，但是可以提前创建下一个月的活动。

注意：请提前 48 小时创建活动，活动开始前可关闭活动，活动开始后则无法修改和关闭。

图 5-3　店铺优惠券

② 填写活动基本信息。活动开始和结束时间表示买家可领取优惠券的时间，买家可使用该优惠券的时间在"优惠券使用规则设置—有效期"中设置。例如，活动时间为 11 月 13 日—11 月 30 日，有效期为 7 天，买家在 11 月 20 日领取的优惠券，领用后可立即使用，最晚使用日期为 11 月 26 日。

③ 优惠券领取规则设置及效果如图 5-4 和图 5-5 所示。

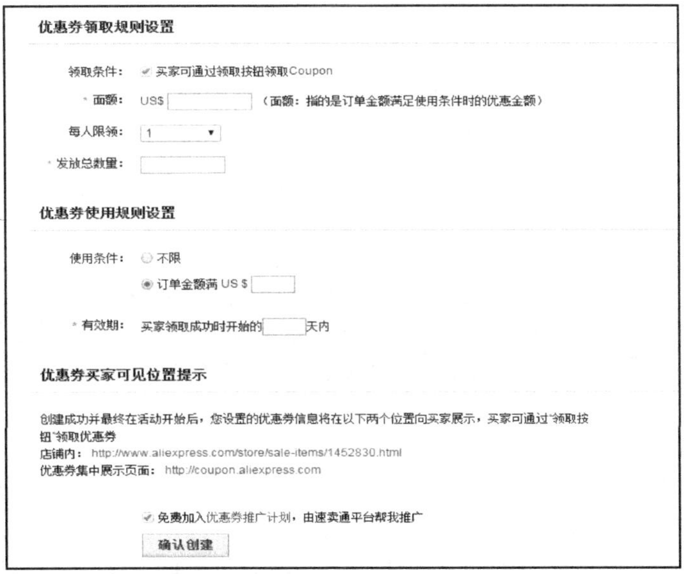

图 5-4　优惠券领取规则设置

图 5-5 优惠券效果

（3）优惠券相关技巧

下面介绍几个实用的优惠券相关技巧。

① 一个店铺最多可同时支持 5 个优惠券活动。

a．无使用条件的优惠券，可根据自身承受范围设置，金额越大越易刺激买家下单。

b．有使用条件的优惠券，优惠金额至少要在 5 美元以上才对买家有吸引力。

② 优惠券有效期的设置。

a．优惠券有效期不宜过长或者过短，一般在 7~30 天比较合适。

b．有效期过长的优惠券，很难刺激买家尽快使用，极有可能被买家遗忘。

c．有效期过短（1 天），除非是故意刺激买家当天消费，否则买家极有可能还没选中店里的商品，优惠券就已过期，优惠券活动就失去提升订单量的效果了。

③ 店铺优惠券活动对买家展示。

a．店铺优惠券活动生效后，买家可领取的地址为商铺的"Sale Items"菜单。活动一旦生效，应立刻将链接地址发给老买家，让老买家最先抢到优惠券。

b．买家浏览商品详情页面时可看到优惠信息，从而可刺激买家下单。

 想一想

优惠券的面值应该怎样设置？

2．店铺满立减活动

（1）满立减活动的创建

① 登录"我的速卖通"，单击"营销活动"，在"店铺活动"中选择"店铺满立减"，然后单击"创建活动"按钮，如图 5-6 所示。

设置全店满立减活动

项目 5　跨境店铺营销推广

图 5-6　店铺满立减活动设置

② 填写活动基本信息，应注意：时间填写不能跨月，并且需要提前 48 小时创建活动，如图 5-7 所示。

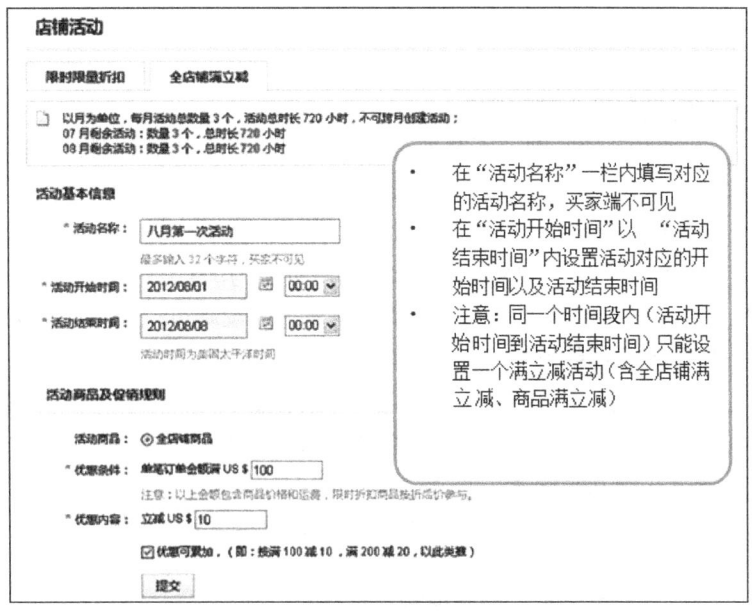

图 5-7　填写活动信息

③ 填写促销规则，应注意：折扣和满立减的优惠是可以叠加的，设置时一定要考虑折上折时的利润问题，如图 5-8 所示。

注意：当活动处于"等待展示"和"展示中"状态时，活动不能被修改。活动在开始前的 24 小时将处于"等待展示"阶段。与折扣商品不同，满立减活动中的商品仍然可以编辑修改。

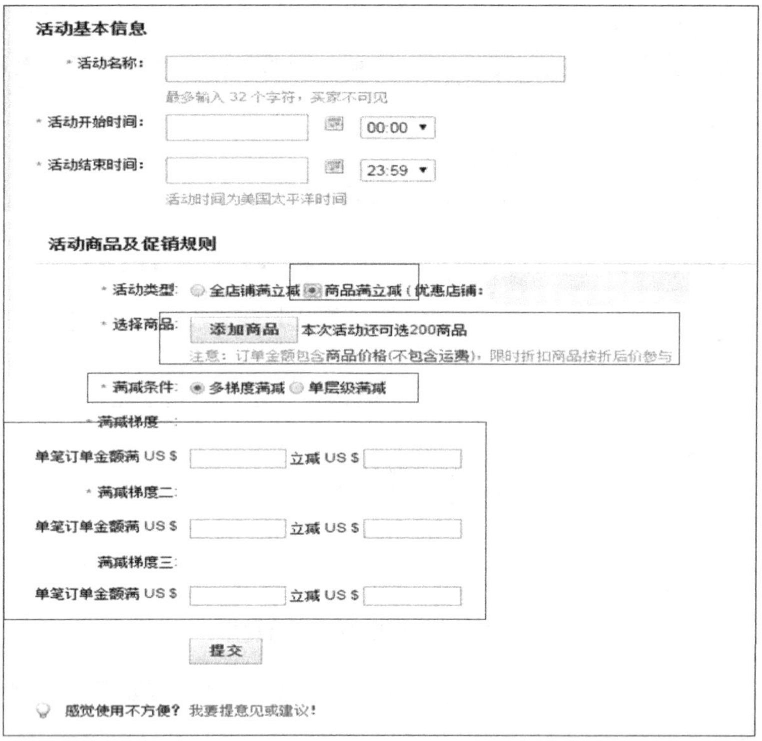

图 5-8　填写促销规则

（2）满立减活动的设置技巧

技巧 1——如何设置满立减规则？

- 满 X 元减 Y 元的规则，不是拍脑袋设置的，也不是跟随别人设置的。卖家必须根据自己的商品特征和交易情况设置！
- 对于有交易的卖家，可以在自己的平均客单价基础上提升 20%～50%来设置满立减金额，例如客单价是$80，优惠条件就设置为满$100 减 Y 元，Y 元占总金额的 10%～20%比较容易吸引买家，所以此例中的规则可以设置为$100 减$10。

技巧 2——如何计算客单价？

- 以近 30 天为例，客单价=近 30 天的总支付成功金额/近 30 天购买人次。
- 简单算法：可以将平均订单金额类似看成客单价，平均订单金额=支付成功订单总金额/支付成功订单数。
- 对于暂时没有交易的卖家，可以根据自身的商品定价，预估买家的可能购买金额，也可以参考平台各大行业的平均客单价。

技巧 3——为了让买家买账，需要做哪些事情？

- 计算自己的客单价，设置合理的促销规则。如果客单价是$80，设置成满$100、$120 都是合理的，但是如果设置成满$300，就没人买账啦！
- 优化自己的商品报价和商品品类，设置不同的搭配组合。既然要刺激买家多买，则商品定价是有学问的！如果卖家规则是满 $100 减$10，而店里的商品价格都在$80 左右，则可以适当增加价格$20～$40 的低价商品，如服装类的配饰、手机类的手机壳等配件。

- 巧妙利用插入关联商品，让想要享受优惠的买家快速找到搭配商品。例如手机的详情页面中，插入数据线、耳机、手机壳等关联商品。

特别提醒：

① 满立减是针对全店铺所有商品的，对于已经参加折扣活动的商品，买家购买时以折扣后的价格计入满立减规则中。所以，同时使用打折工具和满立减工具时，一定要提前计算好自己的利润！

② 如果买家购买多个商品，必须使用购物车合并下单，才能享受优惠！满立减的规则是按照订单来实现的。例如，今天买家 A 在您的店铺里下了 3 个订单，3 个订单加起来满足了满立减规则，但是系统不会自动减价，因为必须是同一个订单！虽然满立减会在卖家店铺、详细描述中有明显的提醒，但是如果遇到买家咨询，应主动引导买家使用购物车下单。

③ 一个订单只能使用一张优惠券。

3．全店铺打折

（1）全店铺打折活动的创建

① 登录"我的速卖通"，单击"营销活动"，在"店铺活动"中选择"全店铺打折"，单击"创建活动"，即可创建全店铺打折活动。

② 填写活动基本信息。应提前 48 小时创建活动，活动开始和结束时间必须在同一个月内，但是可以提前创建下一个月的活动。

③ 填写促销规则。

> **小提示：**
>
> 1. 月初是活动数量最少的时候，卖家应该抓住机会，提前设置好月初开始的活动，争取更多曝光和订单！
>
> 2. 如果您选择了月末的最后一天，需要将时间设置为 23:00，否则该活动会在最后一天的 0 点就结束了。
>
> 3. 当活动处于"等待展示"和"展示中"状态时，活动商品不能被编辑，折扣信息也不能被修改。活动在开始前的 24 小时将处于"等待展示"阶段。
>
> 4. 当"全店铺打折"活动和"限时限量折扣"活动在时间上有重叠时，以限时限量折扣为最高优先级进行展示。

（2）全店铺打折活动设置技巧

现状 1：全店铺打折活动开始前 12 小时至活动结束阶段，无法修改只能下架。

秘籍 1：全店铺打折活动持续时间不宜过长，一般 7 天之内结束较为合适。

现状 2：所有营销活动的开始时间和结束时间都必须在同一个月内。

秘籍 2：很多卖家都不提前创建下个月的活动，导致每月月初的参与活动商品是最少的，但是买家需求依然很旺盛！所以提前设置下月月初活动，可以帮助卖家得到更多订单！

现状 3：全店铺打折可以根据商品分组设置不同折扣。

秘籍 3：店铺里的商品根据类目（或分组）的不同，利润率也不尽相同，如果使用同一折扣会顾此失彼，影响购买率。所以，卖家可以根据自己的利润率设置不同的商品折扣，这样更容易获得订单。

> **小提示：**
>
> 问：全店铺打折和限时限量折扣、店铺满立减会有冲突吗？
>
> 答：全店铺打折与店铺满立减完全没有冲突，如果两者同时进行，会产生折上折，进一步刺激买家购买。

> 问：全店铺打折与限时限量折扣之间有无影响？
> 答：当"全店铺打折"活动和"限时限量折扣"活动在时间上有重叠时，以限时限量折扣为最高优先级展示。例如：商品A在全店铺打折中的折扣是"10%OFF"（即九折），在限时限量折扣中是"15%OFF"（即八五折），则买家页面上展示的是限时限量折扣的"15%OFF"。
>
> 问：有无额外曝光？
> 答：可以通过买家页面的筛选按钮选择额外曝光。

4．限时限量折扣

（1）限时限量折扣的创建方法

① 登录用户后台，进入"营销活动"，单击"店铺活动"，就可以开始创建活动了，如图5-9所示。

② 单击"创建活动"按钮进入"创建店铺"活动页面。活动开始时间为美国时间，打折商品12小时后可展示给买家。

设置限时限量折扣

图5-9 限时限量折扣活动的创建

③ 创建好店铺活动后，选择参与活动的商品，每个活动最多只能选择40个商品。

④ 设置商品折扣率和促销数量，可批量设置折扣库存，也可单独设置，如图5-10所示。

（2）限时限量活动设置技巧与FQA

① 请勿提价打折。

系统会定期扫描提价打折的卖家，一旦卖家过于频繁地先提价再使用工具打折，可能会被剥夺工具的使用权。打折后的商品并未进入平台搜索排序，但如果卖家提升了原商品的价格，反而会使价格搜索排序靠后。

② 打折商品12小时后展示给买家。

设置完商品打折后，由于系统审核及服务器同步问题，买家最晚会在12小时后看到折后商品。因此，如遇重大活动，应提前至少12小时完成工具设置，以免影响正常销售。工具设置的时间以美国时间为准。

③ 活动中的商品不可编辑也不可停止。

项目 5 跨境店铺营销推广

创建活动完成后，工具初始状态呈现为"未开始"，这个阶段内，卖家可以对活动进行编辑、删除、添加商品等操作。6个小时后，商品进入审核阶段，状态显示为"等待展示"，活动开始后显示为"展示中"，一旦进入"等待展示"或"展示中"状态，至活动结束前就不可修改，卖家应谨慎设置！

图 5-10 限时限量折扣活动基本信息

④ $X\%OFF=(100\%-X)$ 折

例：20% OFF 是指商品打八折！30% OFF 是指商品打七折！以此类推。

⑤ 时间设置有限制，库存设置有限额。

限时限量折扣活动，在活动时间上建议不要太长（一个活动可以设置 48 小时），可以分时间段用不同商品进行不同活动，想打造爆款的商品可以设置相对较长的时间。在对库存商品设置时，建议做到限量，让买家感觉到如果不买，很快就会没货，但库存商品清仓除外。

⑥ 折扣力度设置有门道。

限时限量折扣活动，就如同全平台大促的"gagadeal"活动，目的是帮助店铺吸引最大的流量。在 12 月圣诞节的黄金采购季到来之时，速卖通各行业经理也针对限时限量折扣活动给出了自己的折扣建议。

⑦ 配合满立减和全店铺折扣活动。

在限时限量折扣活动时间内，建议店铺内设置好全店铺满立减或者全店铺打折活动，吸引买家购买店铺其他商品，提升店铺利润。

⑧ 做好商品关联推荐。

设置活动之前做好商品页面的关联推荐，并且配合满立减或者全店铺打折工具，提高客单价、客件数。

141

⑨ 在每月月底设置好下月月初的活动。

抓住每月活动空档期，收获最大营销效果。10月有国庆节长假，会遇到快递公司放假等情况，建议在设置活动之前，做好店铺公告和发货期的调整。

⑩ 合理设置刊登价。

如某个商品想打五折，可以在上传商品时把价格定位好；如某个商品想打六折，同样需要在上传商品时先把价格提升一定幅度。要注意的是，打完折后要真正给予顾客优惠，不能是虚假折扣。

任务 2　平台活动

5.2.1　平台活动介绍

平台活动是速卖通的营销利器之一，它能起到快速为店铺带来高曝光率、高点击率、高转换率的效果。速卖通平台活动类型如图 5-11 所示。

速卖通 PC 端主要活动介绍

速卖通手机端首页活动简介

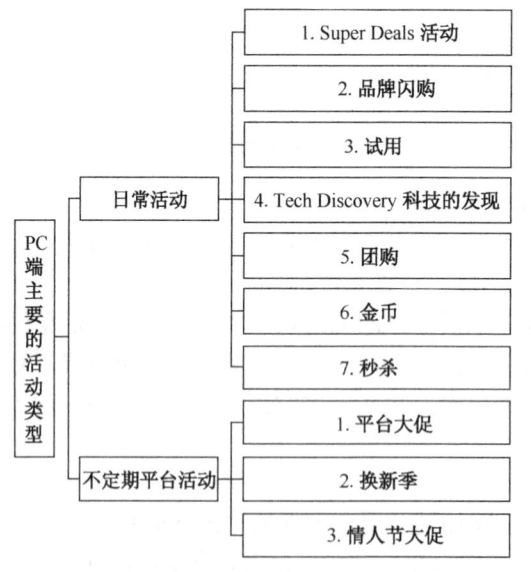

图 5-11　速卖通平台活动类型

5.2.2　平台活动规则

1. Super Deals 活动

（1）Super Deals 活动是全球速卖通推出的推广品牌。它占据着全球速卖通平台的首页推广位，免费推广"高质量标准，超低出售价"的商品。活动主要针对有销量的、高折扣

的促销商品进行招商。这里将会是平台最具性价比商品的集合，也是推广自身品牌的最佳展台。

（2）Super Deals 是打造爆款的利器，有着 1 天千单的记录，包括 Daily Deals、Weekend Deals、Featured Deals，每周五开始招商，每周四审品，一周 7 天展示，每天更换。对产品的要求有：满足近 30 天的销量大于 1，包邮，运动鞋折扣 35%OFF 起，运动娱乐 50%OFF 起就可以报名参加。

（3）Super Deals 是全站唯一能上首页曝光的活动，每周二招商，适合打造爆款。根据不同品类，要求价格折扣 99%OFF~35%OFF，店铺等级一勋~五冠，90 天好评率大于或等于 90%，全球免邮。

（4）Daily Deals 是 Super Deals 最具代表性的活动，可以看成速卖通上的聚划算。每个卖家只能报名一个商品，同时要求 90 天好评率大于或等于 90%，全球免邮。

2．俄罗斯团购

2016 年，速卖通与俄罗斯的订单贸易数量之大，使其成为俄罗斯首屈一指的电子商务网站。2016 年年底，中国市场每天都有成千上万件包裹被送到俄罗斯的消费者手中，如此火爆的分站市场，受到许多人关注，其中，俄罗斯团购是重要的环节之一。

以前，俄文网站会显示区分爆品团和精品团，爆品团是针对全平台招商，精品团只支持定向招商。如今，在俄文网站上推崇的 mall 相当于 AE 在俄罗斯的天猫，作为精品团的衍生。

俄罗斯团购一周更新 3 次，每期展示 4 天，提前 15 天招商，提前 5 天审品。以运动行业为例，需满足这些要求才能参加：好评率达 92%以上，运动商品全行业 40%OFF 起，近 30 天的俄语系国家中销量大于 1，最小促销数为 150，必须是单 SKU 商品，俄语系国家包邮。

（1）活动介绍

首先，要了解俄罗斯首页团购位置和页面。

- 俄文站首页团购位置：http://ru.aliexpress.com。
- 俄罗斯团购页面：http://group.aliexpress.com/ru.htm。

（2）俄罗斯团定位

俄罗斯团购的定位是最大流量，最快出货，最优体验。

- 最大流量：俄罗斯分站的流量是目前速卖通各个国外站点流量最大，活跃用户最多的，其中俄罗斯团购占整个站点流量 15%以上。
- 最快出货：俄罗斯站点力求物流最快，以减少物流纠纷。
- 最有体验：质量上有所保障，提高购买满意度。

（3）招商活动

俄罗斯团购分为爆品团、秒购团，分别有不同的报名要求。

（4）报名攻略

- 路径：营销活动→平台活动→俄罗斯团购→我要报名。
- 报名之后，要对团购的商品进行选品工作，建议遵守以下三个原则：

① 优选新款：每天花 5 分钟了解新款，不选已经参加过团购的老商品。

② 市场热需：选择俄团热销商品，平台和店铺热需的商品。

③ 买家好评：选择 feedback、好评多的商品。

优质描述：
- 主图应像素清晰，避免误会；
- 标题和实际单位一致；
- 详情页描述中的分解图要清晰，描述要专业。

定价：
- 团购价=全网最低价；
- 3个月内成交均价×10%；
- 切勿提价打折。

3．不定期平台活动

不定期的平台活动有很多种，如情人节大促、3月周年庆、8月全网大促、返校季、万圣节、双十一、黑色星期五等，如图5-12所示。

图5-12　情人节大型促销

4．手机端免费试用频道

速卖通无线试用频道是中国最大的跨境商品免费试用中心。试用该频道内容为100%买家原创，360度全面实拍，客观描述试用情况，对接专业试客，提升试用报告质量。同时，该试用频道订单要求卖家3天内发货；商品总货值（库存×单价）要求在200美元以上；原价不能虚高，如发现虚高，将会按折扣价计算。

试用频道是专注于消费领域的试用平台，在这里用户不仅能体验新品，更能通过输出真实客观的试用报告来影响商品的研发和功能改进。商家不仅可以得到品牌曝光机会，更能通过用户输出的优质试用报告，收集到有关商品的改进建议及真实试用感受，在用户群体中形成口碑传播。

5．手机端金币频道（Coins & Coupons）

金币频道是目前手机App上流量最高，买家黏度最高的频道。

金币频道中包括了各类游戏玩法和红包优惠,吸引着全球买家定期回访和进行后续转化。目前卖家能通过两种方式获取金币频道的流量。

(1)报名金币全额兑换商品的活动,目前仅针对金牌/银牌卖家开放报名。

(2)通过卖家后台设置金额兑换店铺无门槛优惠券,频道将通过个性化的算法推荐给到达金币频道的买家,所有愿意参加的卖家均可设置。

6. 关注频道(My Favorites)

关注频道是目前无线端流量前三的频道。关注频道基于买家和卖家之间的关系,仅展现与买家"有关系"的店铺信息,类似于手淘内的"微淘"。

买家与卖家"有关系"是指买家收藏过店铺,加购或者购买过店铺内的商品且给予好评,或者多次购买店铺内的商品,或者多次浏览过同一个店铺。

买家将会在关注频道内看到"有关系"店铺的上新、促销、导购等动态信息。

卖家想要从关注频道获取更多的流量,需要注意两点:第一,与更多的买家建立"关系",最好是鼓励买家收藏店铺;第二,产生更多的动态信息,比如规律性的上新、促销、利用无线活动页面工具创建导购内容等,以吸引买家注意。

7. 新品频道(New Arrivals)

新品频道展示在 IOS 4.6.0、安卓 4.8.3 版本以上的 App 首页,目前绝大多数买家已经升级到了新版本。新品频道媒体主推 1 个品牌的上新,目前仅针对金牌/银牌卖家开放报名入口。报名路径为:卖家后台—无线活动页面。

8. 无线抢购频道(Flash Deals)

无线抢购是招商类频道,每天 8 场,每场 20 个商品左右。卖家应尽量报名爆款商品,并给予较大的折扣力度。爆款商品售罄之后的流量,会引导至店铺内其他的热销商品。

无线抢购普通场是针对所有卖家进行招商的。招商要求为:店铺等级 1 勋以上,店铺描述得分不低于 4.5 分,店铺 90 天好评率 95%以上,商品评分不低于 4.5 分。

报名路径为:卖家后台—平台活动—所有活动—在分类中选择"手机抢购",即可看到报名入口。

9. 好店推荐频道(Store Collections)

好店推荐是一个算法频道。通过这个频道可以计算出店铺与金牌/银牌店铺各方面数据的相似性,数据越接近则分数越高,排序越靠前。当然,最终能入选的店铺必须符合无线端的图片要求。

10. 晒图频道(Photo Reviews)

晒图频道是一个算法频道,内容来自于买家购买商品后真实的带图评价。被评价的商品和店铺必须符合一定的要求:好评率超过 95%,DSR 高于 4.5,评论必须在 3 星以上且带图。图片的质量和图片的点赞数、评价的内容都会影响商品展示的顺序。

11. 有好货频道(Buyers'Picks)

有好货频道是一个算法频道。图片必须符合无线端要求,同时有精选评论,精选评论包括以下几个方面:

(1)必须是真实的评价,而不是默认好评;

(2)必须是正面的评价,且分数超过 4.5 分;

(3)评价的内容涉及商品的点越多越好;

（4）评价中带图片。

✅ 5.2.3 平台活动报名

速卖通活动报名流程

平台活动报名的准备工作如下：

（1）关注 90 天均价。 速卖通后台所有的店铺营销活动都有一个 90 天均价的限制，就是说每一次在做活动折扣的时候，店铺的定价不能超过以往做活动的 90 天均价。所以在日常运营过程中，如果计划要将某一款商品申报平台活动，那么一定要注意价格的折扣程度，否则会亏损。平台活动的折扣价格不计入 90 天均价。

（2）做好基础销量。 商品在参加活动之前的销量越高，参加活动的效果就越好。如果商品本身的销量没有多少，那参加活动后也不会大量出单。所以，在参加活动之前，应尽量做好商品图片、标题、描述等信息，提高单个商品的搜索权重，从而提高销量。在平台活动中表现优异的商品将会获得额外的流量。

（3）做好关联销售。 在参加平台活动之前，很多商家会选择以亏损的价格出售商品，这样做是为了以单个商品的销售拉动店铺所有商品的销售，所以卖家一定要做好关联模块，关联一些店铺的利润款商品，带动全店铺商品的销售，增加整体利润。

（4）优化商品信息，提高搜索排名。 在参加活动之前，卖家要对照同类爆款的详情优化商品详情，补充或改进详情模版，提高转化率；优化标题，尽量使商品对主要关键词的搜索结果排名靠前。

（5）库存采购。 在活动之前，卖家要准备商品库存，及时补充活动库存。

（6）选款和定价。 卖家应分析最近 Super Deals、俄罗斯团购、巴西团购报上活动的商品风格和报价属性，选取店铺内有销量、纠纷少、转化有优势的商品进行报名。当然也可以根据活动需求，上传类似特征的新品进行报名。

了解平台动态和国外节假日特征，针对平台扶持和节假日挑款提报或者进行上款提高。例如，8.19 活动，秋款服装的入选概率比夏款服装要高；11.11 活动，与圣诞节相关的商品入选概率就会比较高。

卖家应仔细分析平台活动折扣要求，上传商品时确定利润率和折扣。

任务 3　借助直通车推广

✅ 5.3.1　设计直通车推广策略

速卖通直通车

1. 直通车的常规运用

直通车的使用目的通常有推出新品和优化老品两种。

（1）推出新品。

① 推爆款：某些词在搜索界面靠前，前三位还是前三页，用目标位置去拟定关键词，做好转化优化。

② 推活动款：为了销量和好评，定价要符合活动的要求，预留活动空间，平销累计数据要有空间，物流和评价要有准备，前几个评价非常重要，用快一点的物流发货，用较好的客服去跟进，用促销手段去结合，商品满立减、指向性较强，不影响其他单品，也可以用优惠券。

（2）优化老品。

排名自然下滑：当商品数据表现不好或销量下降时应先设法稳住该商品的排名，可以采用修改标题、加入新词等方式提升搜索，也可以参加直通车活动。

开辟新战场，转化测试：例如蕾丝裙也有复古风格，用创意标题和创意主图去测试复古的引流效果。

2. 推广计划的比较

（1）推广计划分类

① 重点推广计划：选择店铺重点、市场热销品，适合当季推广的新品以及具有价格优势的商品进行推广，确保关键词排名在首页。

② 快捷推广计划：对重点之外的商品进行全量推广，确保关键词排名靠前，从而获得更高的流量。

（2）两种推广计划

① 重点推广计划。

- 选择店铺重点、市场热销品，适合当季推广的新品以及具有价格优势的商品进行推广，确保关键词排名在首页。这大约占全部商品的 20%，以及 80%的精力和资金预算。
- 每个商品单独设置关键词。
- 单独设置商品推荐投放和价格高低。
- 共用每日消耗上限。
- 具有创意主图、创意标题。
- 用得较多，适合的场景多。
- 在推广目标明确时使用。

② 快捷推广计划。

- 对重点之外的商品进行全面推广，确保关键词排名靠前，从而获得更高的流量。这类商品约占全部商品的 80%，以及 20%的预算。
- 很多商品对应很多关键词。
- 共用消耗上限。
- 同一个商品推荐投放时不单独设置。
- 平台匹配展示，只展示评分最高的商品，以节约推广成本。
- 大促之前为全店引流。

3. 利用直通车打造爆款的选品思路

（1）爆款推广的目的：打造爆款，让流量集中利用，20%的产品带来 80%的流量。所以，80%的资源要用在哪 20%的商品上，选预爆品就非常重要。

（2）爆款打造的前提：选品，选对的商品推广，这是好的开始！推广，一定是你能掌握主动权、相对可控、重点的商品，也可以说此商品是未来很长一段时间内都要重点推广的商品。所以考虑的因素需要全面，具体爆品参考因素如表 5-3 所示。

表 5-3　爆品参考因素

爆品参考因素	时间因素	时间点要比正常的季节变化提前至少一个月
		季节性，夏季只能打造出夏季爆款，冬季只能打造出冬季爆款
	价格因素	价格区间：目前速卖通平台打造爆款的价格为$10～$25
	款式因素	能覆盖的买家群体越广泛越好，可以根据推广的位置定位。但这也不是绝对的，目前平台也非常支持对精准爆款的打造
		产品尺码、颜色都要齐全
	运费模版因素	至少有大部分国家设置小包包邮
		至少要有三种以上的商业快递可供选择，且价格要低廉

（3）具体的思路和建议。

第一要素：爆款商品信息质量方面

- 标题专业：包含商品属性、销售方式等关键词。
- 属性完整：系统、自定义属性需填写准确、完整。
- 图片丰富：有 5 张及以上细节描述图。
- 描述详尽：包含商品功能属性、商品细节图片以及支付、物流、售后服务相关内容。
- 价格分级：设置 4 个及以上价格区间。
- 备货及时：货物充足或者备货时间不超过三天。
- 免运费：尽可能免运费，或者有多种运费选择模式。

第二要素：选择店铺转换率高的商品

- 挑选主推品的时候一定要去店铺的商品分析里查看自己商品的转换率情况，很多人都反映 SMT 比较适合质量轻、价值高的商品，但是价值太高的，成交转化率相对会减少，对于爆品打造不是很有利。所以前期建议选择质量轻、价值低的商品，转换率也会相对较高，对爆款打造成功是有帮助的。尽量选择货源充足、成本低、运费便宜、容易打包、不易受损的商品作为预爆品。

第三要素：从买家需求出发

- 从后台寻找潜力商品，就是查看目前行业中的一些飙升词以及高流量词，来判断目前平台上什么商品会比较热卖，可以参考数据纵横中的数据，从买家采购需求分析中找到行业中采购需求较大，订单转化较少的商品作为突破口；除了后台的判断外，在前台的 best selling 和 HOT&NEW 栏目中都是可以查找的。

第四要素：其他网站推荐

- 比如对 eBay 或者亚马逊上的热卖品也需要多多关注和参考。

（4）预爆款推广方案的建立。

精挑细选出 3～5 款商品，设置独立推广计划，错时推广，让数据来决定第二期的爆品。下面提供两种思路供参考。

第一种推广计划：建立 5 个单品独立的推广计划，全部添加上系统能匹配的关键词，分时段激活推广计划，每个计划运行 3 天，记录下当时的曝光量、点击率等数据，方便以后对爆品的选择，如图 5-13 所示。

项目 5　跨境店铺营销推广

图 5-13　第一种推广计划

第二种推广计划：挑选出 5 款单品，将其放在同一个推广计划里，匹配上所有能匹配的关键词；然后分时段激活其中的一款，让所有的关键词都集中曝光这款商品，3 天之后换另一款商品激活和推广，并记下每个节点的数据。同等资源的情况下，看哪款单品获得的曝光率和点击率最高，这款商品就可以作为下一周期推广的爆品，如图 5-14 所示。

图 5-14　第二种推广计划

总而言之，卖家筛选出来的种子商品，加上买家的点击需求验证，将数据表现最好的单品作为爆品的种子，这款商品就可以作为下一周期打造的爆款。

5.3.2　优化直通车设置

1．单独创建爆款推广方案

（1）选词。关键词是买家寻找商品的途径，能关联上的关键词越多，商品被买家找到的机会越大！所以，应尽可能多地添加关键词。下面介绍 3 个添加关键词的实用方法。

① 系统推荐词。系统推荐的关键词与卖家推广商品关联度最高，如图 5-15 所示。在单独创建方案的时候，系统会推荐关键词。这些关键词是针对卖家推广的预爆款的，可以直接匹配。系统推荐词建议全部添加。注意：系统推荐词每周更新，建议每周三查询方案中有无新的系统推荐词。

图 5-15 系统推荐词

② 搜索词。分析数据纵横中的飙升搜索词，这是行业全词表，也是大家经常使用的。在数据纵横中，能匹配上的关键词，建议全部添加。除了以上两个大家常用的关键词寻找工具外，还有一个很实用却易被忽视的关键词寻找方法——搜索下拉框选词，如图 5-16 所示。

图 5-16 搜索下拉框选词

当卖家在速卖通网站上输入一个关键词后，系统就会针对这个关键词推荐与该词相关的其他关键词。这些关键词都是近期有较高搜索量的词。建议这些词中只要能与卖家爆款商品匹配上的，都全部添加进去。

（2）竞价。不同的关键词会有不同的竞价方法，考虑到店铺的投入产出比，不是所有关键词都排在第一页就是最好的。关键词大致可以分为三类。

第 1 类关键词：精准词，需要全力竞到第一页（什么叫精准词？举个例子：信封包，envelope bag 就是你的精准词）。这一类精准词，搜索热度高，往往有时竞价也会比较高。由于这类词跟商品匹配，转化率高，所以即便价格有点偏高，但是值得在这个词上花钱，建议竞到第一页去。

第 2 类关键词：蓝海词，全部竞到第一页（什么是蓝海词？举个例子：信封包, envelope bags for women 2013 就是你的蓝海词）。这一类蓝海词与你的商品针对性强，转化率很高。由于这类词热搜热度没有精准词高，所以往往竞价也不会很高，建议全部竞到第一页。

第 3 类关键词：热门的大类词，视情况出价，建议竞价到 3~5 页（什么叫大类词？

比如 bag）。这类关键词，搜索热度大，竞价高，适合打广告做宣传，订单转化率没有精准词和蓝海词高。这类词需要设置，建议出价使其出现在 3～5 页就可以了。

2．爆款商品的关联推广

做好爆款商品的方案后，店铺还需要同步配合其他宣传。

第一步：商品图片美化加工。可以在图片上标亮色或写"HOT SALE"等标志，以吸引买家眼球。

第二步：结合平台活动，如店铺折扣等。总的来说，参加了店铺折扣的商品要比原价销售的商品订单转化率高。

第三步：放在店铺 banner 广告位推广。把店铺的预爆品放在店铺最显眼的位置，相当于在店铺里拉一个横幅做宣传。

第四步：橱窗推荐置顶。把预爆品放在店铺最显眼的位置，让买家进入店铺后马上可以看到它。

第五步：给其他商品关联上该预爆款商品。在店铺中给其他商品关联上预爆品，从各个途径为预爆品做宣传。

速卖通直通车常规运用方向

任务 4　吸引站外流量

✓ 5.4.1　二维码推广

买家通过扫描二维码领取店铺优惠券的功能已于 2015 年 5 月 6 日在平台正式上线。

直通车推广流程

1．卖家如何使用店铺优惠券的二维码进行二次营销

（1）卖家可以在包裹中放置优惠券的二维码图片，买家收到包裹后，可通过扫描二维码的方式领取该类型的店铺优惠券，且领取优惠券之后，买家可以直接看到无线店铺的首页，帮助店铺进行无线端引流。

（2）卖家可以将发放型优惠券的二维码投放于买家营销邮件之中，也可在阿里旺旺或 SNS 等渠道进行二次营销。

以上两种营销方式可以增加店铺流量，提升客户的二次购买率。

2．具体设置步骤

由于二维码模式的优惠券属于店铺领取型优惠券的一种，所以通过创建领取型优惠券的渠道进行活动创建，具体设置步骤如下：

（1）登录"我的速卖通"，单击"营销活动"，在"店铺活动"中选择"店铺优惠券"，单击"定向发放型优惠券活动"按钮，单击"添加优惠券"，如图 5-17 所示。

（2）选择"**二维码发放优惠券**"的发放方式，填写优惠券活动的相关信息，创建活动。

注意：考虑到物流时间的影响，对应的活动结束时间和优惠券结束时间一致，卖家应合理设置优惠券的使用结束时间，尽可能减少买家收到货之前已经无法领取店铺优惠券的情况。

图 5-17 店铺优惠券设置

（3）保存并下载店铺优惠券所属二维码，打印二维码后放到包裹、发货订单中或者投放到各个营销渠道中，并引导买家进行扫码，如图 5-18 所示。

图 5-18 保存并下载二维码

5.4.2 联盟营销推广

1. 联盟营销推广的加入和退出

（1）如何加入联盟营销？

在"我的速卖通—营销活动—联盟营销"中,单击"确认服务协议"按钮,即可成功加入速卖通联盟营销。一旦加入联盟营销,店里所有商品都变成联盟商品,同时,系统会自动根据卖家设置的默认联盟佣金比例为所有的商品设置联盟佣金。

(2)为何无法加入联盟营销?

所有速卖通的注册卖家都有参加联盟营销的权利。不过,如果卖家曾经选择过退出联盟营销,那么只能在退出的那天起开始计算 15 天之后才能再次加入。

(3)如何退出联盟营销?退出之后为什么会继续扣费?

加入联盟营销推广后 15 天,卖家可以选择退出。注意:卖家退出联盟营销后,则之后创建的订单将不再收取联盟佣金。但若订单在卖家退出之前就已创建,并且是联盟订单,则这部分订单交易结束后仍要收取联盟佣金。

(4)如何确认已经退出联盟营销?

退出后,卖家可在"我的速卖通—营销活动—联盟营销"中进行查看。如果看到加入联盟营销的界面,说明已成功退出;如果看到的是联盟看板界面,则说明退出联盟未成功,需要重新操作。

2.佣金设置

(1)类目佣金设置、主推商品佣金设置。卖家一旦加入联盟营销,那么整店所有商品都变成联盟商品,联盟商品的佣金比率列表如图 5-19 所示。

一级发布类目	最低佣金比例	最高佣金比例
Apparel & Accessories	5%	
Automobiles & Motorcycles	5%	
Beauty & Health	5%	
Computer & Office	3%	
Construction & Real Estate	5%	
Consumer Electronics	5%	
Customized Products	5%	
Electrical Equipment & Supplies	5%	
Electronic Components & Supplies	5%	
Food	3%	
Furniture	5%	
Hair & Accessories	5%	
Hardware	5%	
Home & Garden	3%	
Home Appliances	5%	50%
Industry & Business	3%	
Jewelry & Watch	5%	
Lights & Lighting	3%	
Luggage & Bags	5%	
Mother & Kids	3%	
Office & School Supplies	5%	
Phones & Telecommunications	3%	
Security & Protection	5%	
Shoes	8%	
Special Category	5%	
Sports & Entertainment	5%	
Tools	5%	
Toys & Hobbies	5%	
Travel and Vacations	3%	
Weddings & Events	5%	

图 5-19 联盟商品佣金比例列表

（2）主推商品的佣金设置。主推商品的设置路径为：营销活动—联盟营销—我的主推商品—添加主推商品。最多可以设置 60 个主推产品。主推商品一般是卖家需要重点推广的商品，佣金设置也会相对较高，所以在联盟的专属频道能够得到额外曝光；同时它也可以参加联盟专属的推广活动，获得更多的站外流量。

（3）主推商品佣金或者店铺佣金的修改。修改联盟佣金比例、重新设置主推商品等操作，会在操作后的 3 个工作日后生效。例如，1 月 1 日进行了佣金比例修改，1 月 4 日新的佣金比例生效。在生效日之前，所有的佣金设置都维持原样。

5.4.3 搜索引擎推广

1．搜索流程

目前，速卖通主要集中在类目搜索和关键词搜索，搜索流程如下：

（1）互联网就像一张网，其中的节点是由我们平时选取的类目和关键词构成的；

（2）蜘蛛爬行和抓取（我们的搜索引擎就是一只蜘蛛，它在由关键词构成的节点上爬行）；

（3）索引（买家搜录关键词逻辑）；

（4）搜索引擎通过搜索词处理并消化；

（5）蜘蛛会按照算法和排序，找到核心关键词。

2．搜索引擎的工作原理

搜索引擎的工作原理是：搜录——排名——流量——转化——循环。

为了更好地将自己的商品展示在买家面前，需要开始循环优化商品：

（1）搜录关键词：选择关键词的词表；目前可以从速卖通"数据纵横"中的选品专家（热搜和热销板块）和搜索词分析两个板块，按照自己的维度选词。

（2）通过商品的上传和关键词的输入，会使商品自然排名。

（3）商品排名后，SEO 流程就会促进转化，从而再循环。

3．速卖通交易排序规则

速卖通交易排序规则如下。

（1）搜索的排名原则：将质量最好的商品、服务能力最强的卖家优先推荐给买家。谁能带给买家更好的购物体验，谁的商品排序就会靠前。

（2）影响卖家搜索排名的主要因素。

① 商品的信息描述质量；

② 商品与买家搜索需求的相关性（类目和标题）；

③ 商品的交易转化能力；

④ 卖家的服务能力；

⑤ 搜索作弊的情况。

4．搜索引擎营销技巧

（1）提高商品的信息描述质量。买家前台的商品属性+详情页是决定转化的两个重要维度。必填属性和选填属性必须填全，其中的选填属性可以来自数据纵横的选品专家数表和搜索词分析数表或者来自联想字典，如图 5-20 所示。

项目 5　跨境店铺营销推广

图 5-20　产品属性

（2）提高商品与买家搜索需求的相关性（类目和标题）。

例如，买家搜索的是鞋子，希望出现的也是鞋子，而不是出现袜子，所以需要选择正确的类目或者正确的属性和关键词。

（3）提高商品的交易转化能力。

（4）优化卖家服务能力 ODR 指标。

（5）避免搜索作弊行为。

① 关键词作弊情况一：写了知名品牌词。这个行为是非常危险的，虽然卖家会获得高流量，但是商品很有可能被判为侵权，从而被下架。

② 关键词作弊情况二：关键词重叠和隐藏关键词。为了提升客户体验，速卖通规定，同一个关键词无论隐藏还是显现，只能出现 3 次以下，否则会被降权。

5.4.4　社会化媒体推广

1. 社会化媒体推广的重要性

纵观电商推广发展历程，最重要的两大阵地始终是搜索和社区。而搜索引擎的变化远不如社区快。国内从早期的 BBS 到后来的 QQ、博客、微博、微信，以及国外的 Facebook、Twitter、YouTube 等，这些平台的兴起，都离不开电商的辛勤助力。

学会看速卖通直通车后台数据

对于搜索引擎来说，Google 在大多数国家的份额占到 90%以上，只有五个国家例外：中国、俄罗斯、韩国、捷克和日本。因为，中国有百度，俄罗斯有 Yandex，韩国有 Naver，捷克有 Seznam，日本人则习惯用 Yahoo。

据权威调查统计显示，全世界网民每周在社交网站上花费的时间为 4.5 小时，而俄罗

155

斯网民在社交网站上花费的时间高达 9.8 小时以上。俄罗斯网民依旧保持着对社交网站的狂热爱好，80%以上的俄罗斯网民都在使用社交网站。

2．不同国家主要社会化媒体推广平台介绍

（1）Facebook

以速卖通人的眼光看，Facebook 确实是一个不可多得的精准营销平台。但由于国内网络限制，国内外语言、文化差异，实践 Facebook 营销还有很多困难。

Facebook 营销最大的特点是精准。通过页面信息，卖家可以清楚了解用户的基本情况、兴趣点，从而判断这个客户是不是自己的目标消费群体。因此，卖家可以根据自己经营的品种，有选择地进行客户筛选，以达到时间、精力成本的效用最大化。

Facebook 速卖通巴西站公共页拥有团购入口，可以推荐平台活动、优秀卖家以及展示买家秀（对买家秀要有回复，好的可以分享）；卖家还可以在主页的粉丝展示中加好友。

卖家公共页可以通过设置简介、上传照片及设定明确的主题营销内容进行推广，还可以分享事件营销，以及和买家进行互动营销。

（2）YouTube

YouTube 在巴西是第一大视频来源，第二大搜索引擎，覆盖率高达 71%。许多巴西零售商都将 YouTube 的首页访问者作为目标受众群体,意味着一天内向 2400 万用户传达自己的品牌信息。同时，巴西知名球队对 YouTube 的参与度也很高，对于巴西这个足球王国来说，是非常具有导向性的。

巴西最大的体育电商 Netshoes 在 YouTube 上就做了很好的运营，在 YouTube 上吸引了众多关注者，并有定制的品牌频道。因此，做相关时尚潮流的服装、鞋业等商品的店铺关注 YouTube 对引流很有帮助。

（3）Instagram

在 Instagram 上进行图片营销也是一个非常好的策略，对一些好商品进行实拍，也可以引导买家进行买家秀。

（4）Modait

巴西人开放，爱分享，喜欢看别人的购买评论，喜欢买朋友推荐的服装。Modait 就是巴西信息流分享的一个平台。

（5）VKontakte（VK）

VK 是欧洲最大的社交网站，拥有超过 1.5 亿用户。它在俄罗斯、乌克兰、哈萨克斯坦、摩尔多瓦和白俄罗斯都非常流行。它类似于 Facebook，允许用户通过私下或公开的方式给朋友发送消息，可以创建组、公开的网页，能分享和标记图片、视频，还可以玩游戏。VK 是俄罗斯众多网站中访问量排名第 4 的网站，而 Facebook 在上述国家排名最前的也不过是第 8 位。

VK 的大多数用户是年龄在 18～24 岁的年轻人，有点类似于中国的人人网，与微博的火热在中国引起 SNS 的衰落相比，社交网络在俄罗斯的境况要好很多。

80%以上的俄罗斯人在使用社交网站，而 VK 是俄罗斯最大的社交网站，对于外贸企业来说，VK 所蕴藏的巨大商机显而易见。VK 最实用的功能就是搜索工具，可以通过搜索相关的关键词，寻找目标公司的工作人员。以关键词 motorcycle 为例，很方便就能找到一个在土耳其伊斯坦布尔 TARAS Motorcycle Spare Parts Company 工作的生于

1987年的小伙子。

对于中国工厂或外贸企业来说，一方面可以通过 VK 来搜寻这些国家客户公司的工作人员，进而了解更多客户公司的信息；另一方面，还可以搜索与自己行业相关的关键词，从而挖掘更多潜在客户。

3．SNS 推广小技巧

（1）增加好友技巧

通过购买市面上的邮箱导入好友；购买红人粉丝店铺商品，并分享该商品，反向加强自身账号影响力；以及进行同等量级账号的好友交换。

（2）阶段性推广

店铺发布初期：提高访问量，促成转化发生。

店铺增长期：总结各渠道信息、流量以提升转化率为目的。

店铺稳定期：稳定销售额（本身商品有自然生命周期，会出现下降情况）。

店铺突破期：突破瓶颈，提升销售额。

（3）重点商品推广

由于大于 100 美元的订单决定了店铺的销售额，因此网站广告引流和营销重点应是大于 100 美元的客户和潜在客户。SNS+CRM 营销，将购买 100 美元以上商品的老客户加入 SNS 群，对之前阶段性推广可起到关键性作用。

同步阅读

[直通车达人秀第 2 季]巧用直通车，月入 2 万美元——菜鸟的爆款成长记!

江湖代号：Amy

主营行业：箱包

我的必杀技：巧用直通车，用最少的钱获得最大的流量。同时全方位营销，让店铺动起来！

修炼秘籍：

大家好，我是 Amy，2012 年 8 月份注册，10 月份开始上传商品，一个速卖通一钻小卖家（刚升一钻）。大家都知道，一个网店只要有 1~2 个爆款，店铺就能很轻松地做起来了。但是爆款的成长却很让人伤脑筋。下面我谈谈单品爆款打造的做法。

先上图介绍下我打造的爆款，如图 5-21 所示。

图 5-21　爆款图

这个商品的第一单在第 41 页，2013 年 5 月 15 日，如图 5-22 所示。

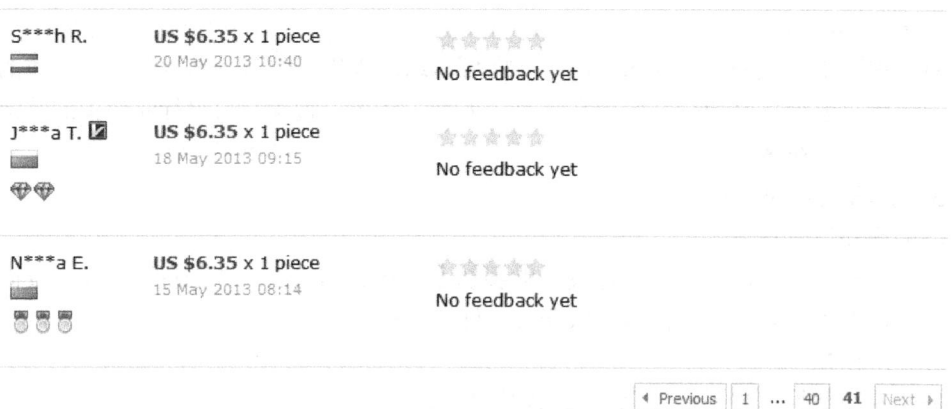

图 5-22　商品的第一单

目前已经销售了 354 个。当然 300 也不算多了不起的爆款，但是这个是有心打造的。尽管销量还不是非常多，但是它却带来了很大的变化。

变化一：这个商品目前在信封包的自然排名位于首页第二位，而之前是根本没有排名的。

变化二：整个店铺的曝光量直线上升。自从 5 月 15 日开始推广之后，整个店铺在一个月内，流量总体处于上升趋势，如图 5-23 所示。

图 5-23　流量趋势图

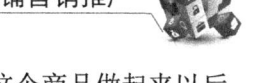

变化三：没有做这个商品以前，店铺的成交排名大概在 2000 名。这个商品做起来以后，成交排名在 100 名以内。

变化四：首页的排名和高曝光，自然会带来更多订单，如图 5-24 所示。

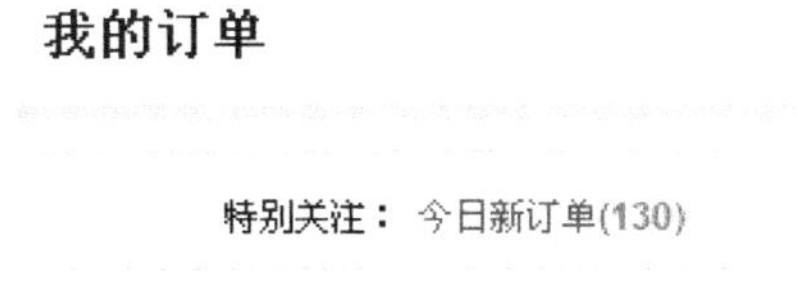

我的订单

特别关注：今日新订单(130)

图 5-24　新订单

好了，展示完毕。下面简单总结一下我的做法。

我打造爆款主要有 6 个构成要素。

（1）选品，商品的要素。

选品是第一位的。在这里要借用一张官方的图说明优质产品的七大特征，如图 5-25 所示。

图 5-25　优质商品七大特征

选品分为 3 个方面。

第一，七大基本要素。标题专业、图片丰富、描述详尽、价格分级、备货及时、免运费、属性完整。

第二，选择迎合平台特征的商品。怎么迎合呢？很多人反映 SMT 比较适合质量轻、价值高的商品，但是价值太高的，成交率肯定会减少。那么我就选择质量轻、价值低的商品。因为是引流的商品，利润很低，所以我选择的商品货源充足，成本低，运费便宜，容易打包，不易受损。

第三，可以参考数据纵横中的数据，从买家采购需求分析，找行业中采购需求较大、订单转化较少的商品做突破口。

（2）直通车，带你上高速公路。

在此特别强调，直通车很有必要开通。我是 2013 年 3 月 9 日开通的，如图 5-26 所示。

W1306140009895	2013-06-14 04:56:34	在线订购	速卖通直通车-推广现金等	¥200.00	已付款	详情
W1305220012909	2013-05-22 05:39:02	在线订购	速卖通直通车-推广现金等	¥500.00	已付款	详情
W1305130007724	2013-05-13 02:25:12	在线订购	速卖通直通车-推广现金等	¥300.00	已付款	详情
W1304290006400	2013-04-29 08:15:48	在线订购	速卖通直通车-推广现金等	¥300.00	已付款	详情
W1304150004770	2013-04-14 21:00:16	在线订购	速卖通直通车-推广现金等	¥300.00	已付款	详情
W1304050003191	2013-04-05 00:17:13	在线订购	速卖通直通车-推广现金等	¥200.00	已付款	详情
W1304010005439	2013-04-01 00:06:08	在线订购	速卖通直通车-推广现金等	¥200.00	已付款	详情
W1303100004221	2013-03-09 23:46:22	在线订购	速卖通直通车-推广现金等	¥500.00	已付款	详情

图 5-26　部分直通车充值记录

直通车的好处：可以最直接地把你的商品摆到你想要的位置，省略掉漫长和复杂的自然排名过程。所以它绝对是高速公路，一路畅通无阻。

直通车的弊端：相应地，想要走高速公路，必须得有付出，那就是钱。当然，花钱是有方法的，而不是盲目的。钱必须花得有价值。怎么样才能更有价值呢？

第一步，出爆款方案——预爆款选品：把选好的商品，同类的放在一个方案中，以最低的出价推广。观察一个星期，看看买家对哪款商品更加中意！让市场来告诉我们，哪款产品更适合打造爆款！（毕竟有时候你不能自己想象哪些是买家喜欢的，在买方市场情况下，卖家必须懂得迎合买家的需求！）

第二步，爆款方案打造：把第一步中在观察期内销量最高的商品，专门挑出来，单独建立一个方案，打造爆款！

打造爆款方案涉及两个环节——选词和出价。

（1）选词：爆款方案的加词，每一个方案都需要大量的关键词来支持。这么多的关键词怎么来选？

首先是系统推荐，全部添加。

其次是数据纵横——搜索词分析，这里面可以获取大量的关键词。对于飙升搜索词，行业全词表，可以进行批量添加，如图 5-27 所示。

图 5-27　批量加词

特别是最近 7 天内的飙升搜索词，这个非常地给力，如图 5-28 所示。

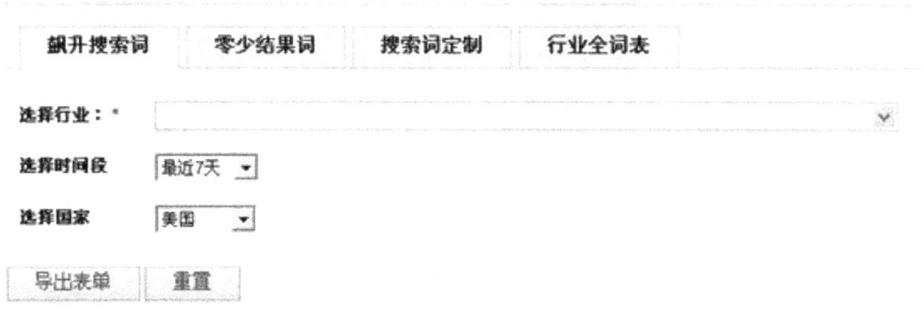

图 5-28　飙升搜索词

（2）出价：选择性竞价。对关键词中的优词、良词做选择性出价。

优词：分两步对优词进行出价。

第一步：根据行业情况，先在底价的基础上统一加 0.5 元左右，这样操作起来比较简单。

第二步：针对比较重要的优词，进行单独调整！这一步需要长期坚持来完成。

良词：目前基本是底价即可覆盖，但有些比较重要的良词，也做选择性竞价！这个视个人情况而定！

针对优词，有 3 类比较常见：

① 行业性大词——高价词：因为竞价高，我目前没有排在第一页，但是也不能不出价，高价词保持在中等水平，尽量在前 3 页左右可以被找到。

② 精准优词（重点）：都是排在第 1 页或者第 2 页的。如果资金充足的话，可以全部排在第一页。如果资金不充足，可以有选择性地排在第 1 页或者第 2、3 页，这样就可以减少开支了。

③ 普通优词：目前没有单独竞价，在底价的基础上统一加 0.5 元左右就可以了。

针对如何判断哪些是行业性大词，哪些是精准优词，哪些是普通优词，这个只能靠自己犀利的眼光了。但是有一点可以确定，那就是熟能生巧。

（3）活动配合。

我曾经只做直通车，没有活动配合，结果销售效果很一般。限时限量折扣、全店铺打折、满立减、优惠券等方法统统用起来，全方位地打动国外买家，才能获得效果。

（4）展示位置。

展示的位置除了直通车的位置外，还有几个地方比较重要：一是店铺的店招；二是店铺首页第一行的位置；三是每个同类商品抬头的关联商品。

（5）关联营销。

爆款商品产生后，必须带动其他商品的销量，才会产生经济效益，这才是卖家的最终目的。对于爆款商品我会选择 3 个地方关联。

一是商品描述的开头，如图 5-29 所示。商品的开头适合关联跟爆款商品相近或者价格相近的商品。

图 5-29　关联商品（页面开头）

二是商品的底部。底部就属于自由发挥了，我的商品都是关联同类，但是利润较高的商品，如图 5-30 所示。

图 5-30　关联商品（页面底部）

三是在商品的描述中建套餐。价格优惠明显，才能让国外买家心动。这样能够提高客单价，增加利润。

总而言之，方法没有绝对的，所有的结果都不是一个因素在起作用，都是综合因素的结果，就是立体化营销。我现在在团队中的作用就是专门做营销。我们是把营销摆在第一位的，只有营销做好了，其他的工作才有意义。

实训 1　设置店内营销活动

 实训目的

掌握店内营销的概念、重要性及其分类，培养学生对店内活动的营销策划能力，培养独立思考能力以及网络营销的思维

 实训内容与步骤

通过店小秘或者芒果店长等软件，设计并设置双十一的店内营销活动，说明设置的理由，最后上交计划书和设置截图。

(1) 设置限时限量折扣

限时限量折扣是现在网络零售中使用最广泛的一种店内活动,通过打折的方式让利给消费者,在价格的刺激下,可以吸引消费者购买。

(2) 设置店铺优惠券

消费者领取优惠券,可以在下订单时使用,获得一定的优惠。每个卖家可以在店铺后台的店铺营销活动里面设置商品优惠券,一家店铺可以免费设置三张优惠券。

(3) 购物车营销

购物车营销是针对将店铺商品放在购物车里的消费者进行的营销活动。这一类型的消费者购物的意向比较明确,很多是因为价格因素还没有购买。卖家通过店铺营销活动可以设置购物车营销,针对这类型顾客进行一些让利活动,刺激他们购买。

(4) 设置店铺满立减

"满立减"活动是指,当消费者订单金额达到规定数额,可以获得优惠,或者当消费者订单购买的商品件数达到规定数量,可以获得优惠。有些消费者会为了获得优惠去凑这个规定的数额,从而使卖家实现多卖的目的。

(5) 设置全店铺折扣

此处不再赘述。

实训 2 　合理设置关联营销

实训目的

了解店内关联营销的重要性,掌握店铺内关联营销的基本类型,合理设置关联营销商品及价格

实训内容与步骤

(1) 选择三款主推商品。
(2) 对这三款商品分别进行互补式的关联营销。
(3) 对这三款商品进行替代式的关联营销。
(4) 对三款商品进行潜在关联营销。
(5) 制作关联营销的海报。

实训提示

掌握关联的三种基本类型。

(1) 互补关联

互补关联强调搭配的商品和主推商品有直接的相关性,如主推商品为鼻贴,则可以搭配面膜、洗面奶等同场景商品。

(2) 替代关联

替代关联指主推商品和关联商品可以完全替代,如主推商品为圆领 T 恤,则关联产品既可以是 V 领 T 恤,也可以是立领 T 恤等。

（3）潜在关联

潜在关联重点强调潜在互补关系，这种搭配方式一般不推荐，但是多类目店铺可以考虑。例如，主推商品为泳衣，则潜在关联的商品可以为防晒霜/项链，明面上，两种商品毫无关系，但是潜在意义上，买泳装的人可能在户外游泳，因此防晒霜也是必要的。

 思考与练习

（1）编制店铺营销活动策划执行单。

（2）思考满立减活动、限时限量折扣、店铺优惠券、全店铺打折等叠加使用的时候，活动的优先性。

速卖通店铺是否有销量，销量多少，与店铺表现和营销有关。在速卖通刚起步发展的2010—2013年，基本上来说，只要发布足够多的商品，占有足够多的关键词，订单就不会差到哪里去。但2014年以后，速卖通店铺账户表现和营销对销量的影响越来越大。

店铺营销方面，就流量来源可以分为站内营销和站外营销；就花费来说，可以分为免费营销和付费营销。

站内营销：包括前边讲过的商品优化、关联推广以及直通车推广。

站外营销：包括Facebook、Twitter、Youtube等SNS和视频网站的推广引流，EDM邮件推广等。

免费营销：通过自己的一些SNS账号，持续地保持每天发送一定数目的推广信息，来吸引恰巧遇到而又感兴趣的顾客，没有成本支出。

付费营销：通过在站内、站外投入一定的经费，以使商品得到更好的展示，进而吸引更多的顾客，主要包括直通车、站外硬广等。

对于中小卖家来说，建议更多地做好商品优化和关联推广，要认真地研究产品和店铺，做好竞品分析，做到以任何细微之处都不放过的态度去发掘有用信息。

新手卖家和中小卖家，没有必要急匆匆地就投入付费推广营销工作方面去，基本功不扎实，只能白白浪费很多钱。

店铺营销除了包括以上内容之外，还包括店铺打折（全店铺打折或者部分商品打折）和参加平台活动。

关于打折和参加平台活动方面，我相信对淘宝和速卖通熟悉的卖家，都很容易理解速卖通一脉传承于淘宝活动的多样性、频繁性。所以，有心的卖家，一定要从商品发布之初就做好打算，哪些是准备参加活动的，准备折扣多少，要基于这些考虑来定价。

习题答案

1. 单项选择题

（1）速卖通平台活动不包括以下哪一种？（　　）

A．行业主题活动　　　　　　　　B．平台大促
C．Super Deals　　　　　　　　D．Prime 周年庆

（2）平台活动的选品原则中不包括以下哪一项？（　　）
A．产品好评率　　　　　　　　B．报名折扣符合活动要求
C．产品的货源地　　　　　　　D．产品转化率

（3）关于店铺优惠券，以下哪一项描述不正确？（　　）
A．活动开始后可告知老买家　　B．分为领取型和定向发放型
C．一旦创建无法更改　　　　　D．与店铺满立减活动可以叠加

（4）关于限时限量活动的设置，以下哪一项是不建议操作的？（　　）
A．活动开始后可告知老买家
B．提价后打折
C．设置时间不宜过长，一般一周为宜
D．结合满立减和优惠券等其他活动，效果更好

2．多项选择题

（1）关于限时限量活动，以下哪些描述是正确的？（　　）
A．结合买家需求，巧妙设置折扣及库存
B．活动在创建后 48 小时开始
C．结合满立减和优惠券等其他活动，效果更好
D．活动开始时间为美国时间

（2）限时限量活动可以实现哪些促销目的？（　　）
A．打造爆款　　B．打造活动款　　C．清库存　　D．推新款

（3）关于满立减的设置时间，下面说法正确的是（　　）。
A．总时长 720 小时　　　　　　B．没有时间限制
C．每个月有 3 个活动　　　　　D．可以跨月设置

（4）店铺满立减设置中如何定位自己的客单价？（　　）
A．不用管客单价，按照折扣计算就行
B．通过数据纵横查询
C．计算满立减的时候包括了买家所购买商品的货值及运费总金额
D．随便定义

（5）关于全店铺打折，下面说法正确的是（　　）。
A．结合满立减和优惠券等其他活动，效果更好
B．活动开始后可告知老买家
C．可以用营销分组对店铺商品进行分组
D．活动在创建后 24 小时开始

3．分析题

（1）请分析速卖通店铺在成长的初期、成长期、成熟期分别应该怎样设计营销活动。

（2）请调研 5～10 家母婴类目的速卖通店铺，并跟踪 2～3 周时间，对其店铺的营销活动进行分析记录并做出对比评价。

项目 6

跨境物流与海外仓

 本项目重点难点

跨境物流方式的选择；如何选择一个适合自己的海外仓计划；国际物流运费的计算；线上发货的优势；线上发货的流程。

国内物流与国外物流的区别

 项目导图

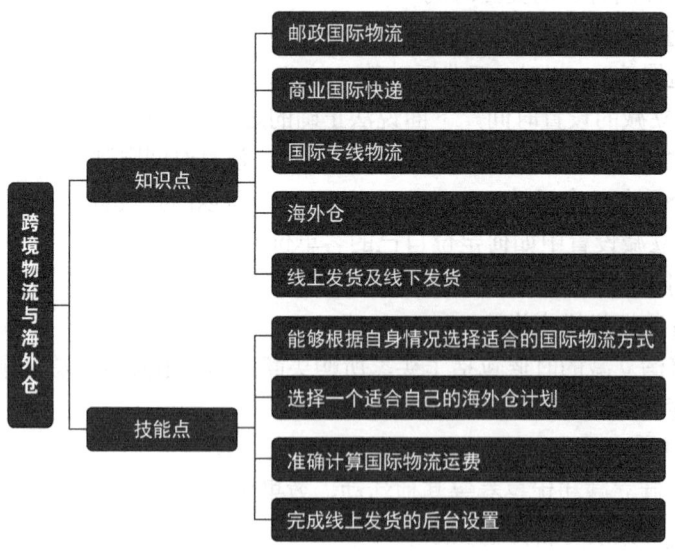

 引例

美国时间 2015 年 7 月 17 日，一位名叫 SanjogGujrathi 的印度客人在速卖通的某店铺中订购了一款布娃娃。在订单详情中，客户在备注中留言：PLS POST AS EARLY AS POSSIBLE…PLS MENTION GIFT FOR "YASHVI"，意思是"这是 YASHVI 的节日礼物，请尽快寄出"，如图 6-1 所示。

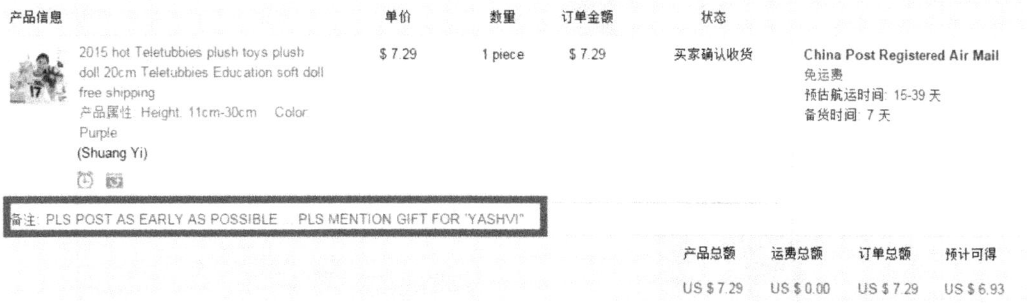

图 6-1　印度客人的订单

在处理订单的时候，卖家依照程序和客户确认了收货地址。客户很快给予了回复，并且希望卖家能准时发货并且商品能符合预期。

由于客户订单留言并不是很常见，所以这家店铺的客服没有留意并做特殊处理。7 月 17 日在阿里巴巴上采购了此款娃娃，7 月 18 日阿里巴巴发货，7 月 19 日收到货品，如图 6-2 所示。

图 6-2　订单发货流程

根据卖家设置的运费模版，订单是中国邮政挂号小包包邮，如图 6-3 所示。因此，卖家进行了中国邮政挂号小包线上发货。

图 6-3　中邮挂号小包包邮示意图

但是问题很快就出现了，7月23日客户开始着急了，不断询问物流情况，在卖家告知物流跟踪号之后，该客户于7月26日和7月28日分别发送订单留言，告知查不到任何物流信息（由于物品还未进入印度海关境内，所以当地邮局网站看不到信息）。

此后，可想而知，客户定会每天查看物流信息是否更新。8月3日客户说已找到物流信息，但货物在海关。如何尽快进行清关呢？由于货物寄出之后，卖家是没办法控制的，所以只能安抚客户，让他耐心等待。

8月10日，客户表示状态始终没有更新，货物仍在海关，问卖家的建议。一般情况下，信息未更新有两种可能：一是货物在海关积压太多，还未来得及处理，这种情况只能等待；二是货物实际已经清关，但系统未更新信息。卖家表示无奈，建议客户联系当地邮局查询。

8月21日，客户表示货物运输延迟，要求延长10天运输期（一旦运输期时效已过，即使买家没有确认收货，平台也会给卖家放款），卖家应客户要求立即操作。

8月26日，买家确认收货，双方互评后，客户给卖家打了中评。评价说"如果7天之内能收到货物将会是很好的购物体验"，如图6-4所示。可见，客户认为既然已经留言了，卖家就应该满足其需求。卖家虽然花了很多时间和精力与客户进行沟通，但最终却没有得到好的结果。

图 6-4　客户评价

项目6 跨境物流与海外仓

> **引例分析**
>
> 在这个案例中,卖家的第一个失误是忽略了订单备注和留言,没有及时和客户进行沟通,管理好客户的预期,而是说"没问题",让客户对此订单有更高的期望。正确做法是,在发货前告知客户,邮政小包时效性无法保证在节日前寄到,如果对时效要求较高,建议更改物流方式,如选择商业快递等,但是物流差价需要客户支付。这样,如果客户愿意支付运费,卖家可使用速度快的物流发货;如果客户不愿支付运费,选择接受邮政小包,那之后也不会有那样高的心理预期;如果客户既不愿意支付运费,又要保证时效,那么卖家无法达到客户要求,应建议客户取消订单,以免造成后续的纠纷。每一笔订单都需要被认真对待,认真地选择跨境物流的方式,目前主要的国际物流产品主要有4种,如图6-5所示。
>
>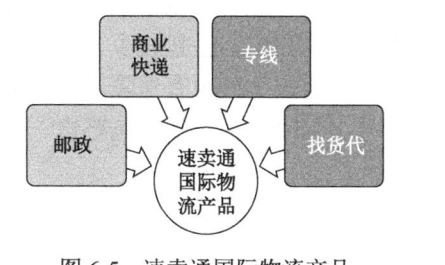
>
> 邮政物流
>
> 图6-5 速卖通国际物流产品

任务 1　跨境物流方式

✔ 6.1.1　认识邮政物流

1. 邮政物流的主要分类

邮政物流的主要分类如图6-6所示。

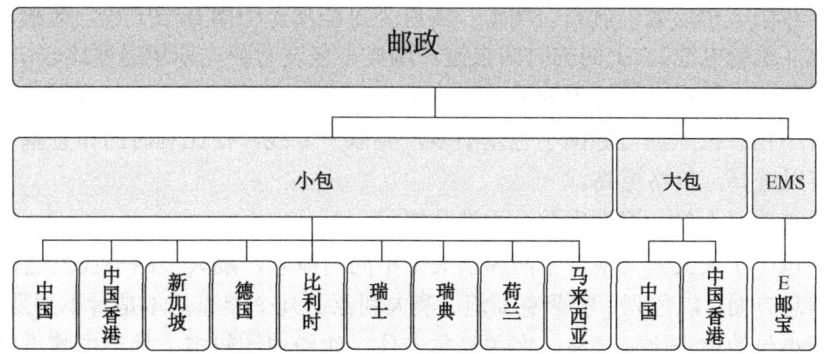

图6-6 邮政物流主要分类

169

2. 邮政小包

（1）中邮小包

中邮小包是中国邮政开展的一项国际邮政小包业务服务，属于邮政航空小包的范畴。

邮政小包的价格全国统一，限重 2kg，周长 90cm 以下，边长 60cm 以下，按到达的国家不同价格为 62～176 元/kg，另加 8 元挂号费。

优点：市场占有率第一、线路覆盖广、最具价格优势，1kg 到南美、到非洲 120 元、到亚洲邻国 80～90 元，其他地区均价 100 元左右，在这个基础上另加 8～9 元挂号费，乘以各地货代折扣，才是最终发货成本。上网速度最快的是 1～2 个工作日，国内清关也有优势。目前，北京、上海、广州、深圳、天津是中邮小包发货较快的城市，内陆城市的折扣则比较高。

（2）中国香港地区邮政小包

中国香港地区邮政小包历史最长、综合质量较高。其优点有：在普货配送方面，它是小包中时效、价格、清关方面都较为稳定，丢包较少。就综合质量而言，它是小包中的理想选择，对主要市场发货都适用，客户体验更有保障，因物流引发的售后问题相对较少。在价格方面，中国香港地区挂号小包比中邮挂号小包略贵。不过在所有小包中，它还是属于价格较优的。

3. 邮政大包

（1）中国邮政大包(China Post Air Parcel)

时效：一般 15 个工作日左右可送达。

优点：运费便宜，首重和续重都是 1kg，清关能力强，能邮寄的物品较多。例如，化妆品、箱包、服装、鞋子、各种礼品以及许多特殊商品。派送网络发达，世界各地均有。

缺点：限重 20～30kg，运送时间长，到达许多国家的货物状态无法在网站上查询跟踪。

（2）中国香港地区邮政大包(HK Post Air Parcel)

时效：一般 7～12 个工作日左右可以送达。

优点：运费便宜，首重和续重都是 0.5kg，货物可以到达全球各地，只要有邮局的地方基本上都可以到达。

缺点：限重 30kg，运送时间比较长，到达许多国家的货物状态无法在网站上查询跟踪。

4. 邮政小包对比

共同点：按克收费，限重 2kg，尺寸：周长 90cm 以下，单边长 60cm 以下。

时效性对比：新加坡、荷兰、瑞士、瑞典小包都是在中国香港中转，在新加坡分拣，能运输电池（配套电池），上网的时间很慢。瑞典小包发哈萨克斯坦速度比较快。

德国小包：中国直飞，德国分拣，DHL 小包配送，费用较高，适合货值高的单品。

比利时小包：在欧洲与德国小包差不多，类似于专线，在比利时的布鲁塞尔分拣，欧洲单子多可以选择，价格更高。

中国香港地区小包：深圳出关，香港分拣。

中邮小包：让人又爱又恨，上网和出关是不同的概念，隔天上网不代表运输快。

妥投信息方面：以色列、哈萨克斯坦、澳大利亚这几个国家基本是看不到妥投信息的。巴西对中国小包的审查比较严格，海关经常卡住，纠纷也比较多。使用中邮小包或者中国香港地区小包发往以色列的物品，看不到物流跟踪信息，直到客户签收了才会显示信息。

想一想

邮政小包比较适合哪种类型的客户订单?

6.1.2 认识商业快递

商业快递

1．商业快递的主要分类

商业快递的主要分类如图 6-7 所示。

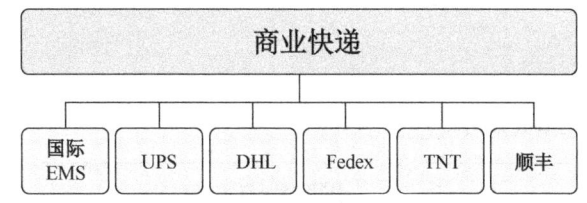

图 6-7 商业快递主要分类

2．国际 EMS

优点：运费比较便宜，一般通过货代可以获得 5 折的折扣。EMS 直达国家都按照质量计算运费，自 2012 年 7 月 1 日起，EMS 线上发货针对邮件长、宽、高三边中任一单边达到 60cm 以上（包含 60cm）的，都需要按体积重。

国际 EMS 可以当天收货，当天操作，当天上网，清关能力比较强。能运送出关的物品也比较多，能运送其他公司限制运行的物品，如化妆品、箱包、服装、鞋子、各种礼品以及各种特殊商品等。国际 EMS 一般 3~7 个工作日送达。

缺点：相比其他商业快递速度偏慢；查询网站信息滞后、通达国家较少，一旦出现问题只能做书面查询，时间较长。

3．UPS 美国联合包裹

优点：速度快、服务好，一般 48 个小时即可到达美国，货物可送达全球 200 多个国家和地区，查询网站信息更新快，遇到问题解决及时，可以在线发货，全国 109 个城市提供上门取货服务，一般 2~4 个工作日即可送达。

缺点：运费较贵，要计算商品包装后的体积重，对托运物品的限制比较严格。

4．DHL 敦豪快运

优点：速度快，一般 3 个工作日可到欧洲，2 个工作日可到达东南亚国家；可送达国家网点比较多，查询网站货物状态更新及时，21kg 以上物品有单独的大货价格，部分地区大货价格比国际 EMS 还要便宜；一般通过货代也可获得 5 折左右的折扣。

缺点：邮寄小件物品价格较贵，也需要考虑商品体积重，对托运物品限制比较严格，拒收许多特殊商品。

5．Fedex 美国联邦快递

优点：到中南美洲和欧洲的价格较有竞争力，到其他地区运费较贵；网站信息更新快，网络覆盖全，查询响应快。

缺点：价格较贵，需要考虑商品体积重，对托运物品限制也比较严格。

6. TNT 天地快件

优点：速度较快，到西欧国家 3 个工作日左右，可送达国家比较多；查询网站信息更新快，遇到问题响应及时。

缺点：考虑商品体积重，对所运货物限制较多。

7. 顺丰速运

优点：速度较快，到韩国、新加坡无燃油附加费，适宜发往以上两国家，一般 2~3 个工作日即可送达。

缺点：考虑商品体积重，对所运货物限制较多。

6.1.3 认识专线物流

1. 国际物流专线

国际物流专线如图 6-8 所示。

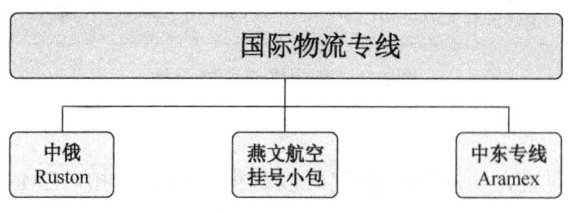

图 6-8 国际物流专线

2. 中俄航空（Ruston）

（1）优势

时效快：包机直达俄罗斯，80%以上包裹 25 天内到达买家目的地邮局。

价格优惠：收费标准为 0.08 元/g，另加挂号费 7.4 元/件。

交寄便利：北京、深圳、广州（含番禺）、东莞、佛山、杭州、金华、义乌、宁波、温州（含乐清）、上海、南京、苏州、无锡、郑州、泉州、武汉 1 件起免费上门揽收，揽收区域或非揽收区域也可自行发货到指定集货仓。

赔付保障：邮件丢失或损毁提供赔偿，可在线发起投诉，投诉成立后最快 5 个工作日完成赔付。

（2）运送范围及价格

中俄航空支持发往俄罗斯全境邮局可到达区域。

运费根据包裹质量按克计费，1g 起重，每个单件包裹限重 2kg 以内。

目的国无法投递的退件收费标准：选择销毁时不产生费用，选择退回的每单收取人民币 0.6 元退件附加费。选择退回的物流单一旦发生无法投递的情况，将免费退回卖家，不再单独收取退回运费。

3. 燕文航空挂号小包（Special Line-YW）

（1）线路介绍

拉美专线：通过调整航班资源一程直飞欧洲，再发挥欧洲到拉美航班货量少的特点，可以实现快速中转，避免旺季爆仓，大大缩短妥投时间。

俄罗斯专线：与俄罗斯合作伙伴实现系统内部互联，一单到底，全程无缝可视化跟踪。国内快速预分拣，快速通关，快速分拨派送，正常情况下俄罗斯全境派送时间不超过25天，人口50万以上城市派送时间低于17天。

印尼专线：使用服务稳定，可靠的中国香港地区邮政挂号小包服务，由于中国香港地区到印尼航班多，载量大，同时中国香港地区邮政和印尼邮政有良好的互动关系，因此中国香港地区邮政小包到达印尼的平均时效优于其他小包。

（2）交寄便利

北京、深圳、广州（含番禺）、东莞、佛山、杭州、金华、义乌、宁波、温州（含乐清）、上海、南京、苏州、无锡、郑州、泉州、武汉提供免费上门揽收服务，揽收区域之外可以自行发货到指定集货仓。

（3）赔付保障

邮件丢失或损毁提供赔偿，可在线发起投诉，投诉成立后最快5个工作日完成赔付。

（4）运送范围及价格

燕文航空挂号小包支持发往拉美地区的20个国家，以及俄罗斯和印尼。

运费根据包裹质量按克计费，1g起重，每个单件包裹限重在2kg以内。

4．中东专线（Aramex）

（1）基本介绍

中东专线（Aramex）在全球拥有超过354个分公司，17 000名员工。与中外运于2012年成立了中外运安迈世（上海）国际航空快递有限公司，提供一站式的跨境电商服务以及进出口中国的清关和派送服务。目前支持中东、印度次大陆、东南亚、欧洲及非洲航线。目前平台上发货目的国有22个：包括阿联酋、印度、巴林、塞浦路斯、埃及、约旦、科威特、黎巴嫩、阿曼、卡塔尔、沙特阿拉伯、土耳其、也门、孟加拉、巴基斯坦、斯里兰卡、新加坡、马来西亚、印度尼西亚、泰国等，且均为全境服务。在目的地国家无异常情况下一般3～6天完成派送。

（2）尺寸质量限制

质量限制：单件质量限制低于30 kg（含30kg），超出不承运。

尺寸：单边尺寸不超过120cm，围长不超过330cm。

✓ 6.1.4 认识海外仓

海外仓

1．基本介绍

海外仓就是在除本国地区的其他国家建立的海外仓库，一般用于电子商务贸易。货物从本国出口通过海运、货运、空运的形式储存到该国的仓库，买家通过网上下单购买所需物品，卖家只需在网上操作，对海外的仓库下达指令完成订单履行。货物从买家所在国发出，大大缩短了从本国发货所需要的时间。

2．优势

（1）提升购物体验。海外仓直接从所在国本地发货，大大缩短配送时间；使用本地物流，一般都能在线查询货物配送状态，从而实现包裹的全程跟踪；海外仓的头程采用传统的外贸物流方式，按照正常清关流程进口，大大降低了清关障碍；本地发货配送，减少了

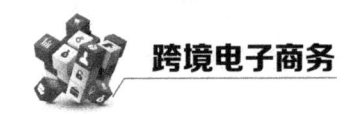

转运流程，从而大大降低了破损丢包率；海外仓中存有各类商品存货，因此也能轻松实现退换货。这些因素都会为买家带来良好的购物体验。

（2）降低物流费用。邮政大小包和国际专线物流对运输物品的质量、体积及价值有一定限制，导致很多大件物品和贵重物品只能通过国际快递运送。海外仓的出现，不仅突破了物品重量、体积、价值的限制，而且其费用比国际快递便宜。企业海外仓布局的模式有合作定制、自建和租赁模式，自建仓的风险与成本很高，涉及的关务、法务、税务等问题也比较烦琐。如果销量未达到运费折扣度，没有规模优势，可以选择租赁海外仓等模式。一般大卖家会选择定制仓，超大型卖家会布局海外自建仓，而大多数的中小卖家会选择第三方平台租赁海外仓。

3．劣势

（1）滞销库存难以处理。根据平台统计，平均每个卖家有10万的滞销库存，有的甚至达到几百万。其中，有70%的卖家选择低价销售，19%的卖家选择销毁；11%的卖家选择其他方式。这些滞销库存处理得好就是未挖掘的金库，处理不好就等同于要花钱处理废品。很多人在努力寻找点石成金的方法，但这些产品牌子、型号、材料、保质期都不一样，怎样分类归纳、集中处理再通过合适的渠道销售又是一大难题。

（2）本土化挑战重重。完成初期积累的卖家们，不再满足于做一个商品的搬运工，而是要打造能在本土激烈竞争的市场中被消费者认可和喜爱的商品乃至品牌。越来越多的卖家开始关注如何捕捉本土消费需求，如何设计和生产消费者喜爱的商品，如何做本土营销等。总的来说，卖家是跨境电商众多环节中的核心，而海外仓则是卖家走向本土化的重要伙伴。当卖家批量转型之际，将是海外仓去"仓"化之时。

4．如何选择海外仓

如何在众多的海外仓中选择一个适合自己的呢？卖家应把握以下几点。

（1）是否要求头程必须一体化操作。有人说将头程业务包含在海外仓服务中只是运营商增加收入的手段，但其实头程的把握是整个跨境物流链是否安全的关键，一个懂得从源头把握风险的物流企业才是可以信赖的企业。

（2）国内是否有专业团队提供服务。有些海外仓只负责海外入仓后的部分，一旦有问题，货已经在海外，往往比较难处理。而有国内专业团队的海外仓服务，会在货发往海外仓之前就把握规范好，以最大限度避免货物在海外发生问题，也能最大化避免在海外产生额外费用。

（3）是否提供成熟的管理系统。海外仓在某种程度上是一种服务商。客户、商品、海外仓库、物流公司之间的信息对接是至关重要的。对于海外仓自身来讲，系统是否成熟、流畅、高效、可靠也是一个海外仓是否能高效完成整个流程的关键。

（4）海外仓团队是否是本地团队。海外仓负责人是否有多年海外生活经历，并且在物流行业有多年运营经验十分重要。每个国家和地区都有不同的规则甚至潜规则，熟悉这些规则才能把握成本和风险。

（5）是否会选择客户。这更多是海外仓的管理理念。由于第三方海外仓是一个共用平台，每一个仓中必然有大量不同客户不同品类的商品，一个客户繁杂的海外仓风险会非常高。因为任何一个客户的商品出现法律、税务或者安全问题，都可能会影响其他客户。只有一个懂得选择客户的海外仓，才能保护客户安全。甚至可以说，一个懂得拒绝客户的海外仓，才让人更加放心。

（6）仓储费用的计算方式。众所周知，进海外仓之后最怕的就是压货。压货不仅仅给资金链带来巨大压力，每天发生的仓储费用也是负担。所以，能够提供合理仓储费用，甚至有些仓储免费的海外仓，可以为客户节约很多未知成本。

（7）规模大小。这个非常容易理解，规模小的海外仓公司，稳定性相对较差；反之，规模大的海外仓公司稳定性好。

（8）是否具备独立的税务、法律服务团队。之前讲到过，海外仓的关键在"流"，但问题在"法"，只有税务和法律有了保障，客户才能无忧地销售。更重要的是，税务和法律的保障不仅仅是保障流程合法，也是保障其他客户的流程合法。在一个共同的仓储体系中，只有大家都是合法的，才是真正的保障。

5．速卖通海外仓介绍

2016 年，速卖通"中国好买家"发布新政，主要涉及了"好买家计划"和"海外仓"计划。

好买家计划主要有六大资源：营销资源、流量扶持、品牌特权、物流开放、资金资质、专属服务。海外仓项目是速卖通本地化战略的重要措施。当前海外仓的布局重点在欧洲销量排名较高的国家和地区，如西班牙和法国。而欧洲买家的挑剔程度高，如何提高欧洲买家的满意度，也是当前速卖通海外仓布局欧洲市场的重要原因之一。

速卖通将在欧洲建立商城，为跨境消费者提供优质的本地购物体验，这个购物体验对商品质量、合法合规等有非常严格的要求。目前，速卖通在西班牙已成立 PLAZA 商城，法国商城也正在建设中。

6.1.5 跨境物流方案的选择

跨境物流业务有海运、空运、快递、陆运、多式联运等，其中又可细分为海运集装箱整箱、拼箱、空运、国际快递（商业快递、邮政小包）、专线物流等，与之相关联的业务还有拖车、报关报检、清关、海外仓储、海外退货业务、出口退税、单证等。

有些卖家会说，只要选择一个价格低廉的物流商就好了，我不需要了解这么多。真的是价格低就好吗？当你的订单量达到一定基数，当你的货物价值较高的时候，你是否还仅仅只考虑价格问题？是否只考虑小包？只考虑快递？

1．常见的国际物流问题

在实际工作中，卖家常会遇到以下物流问题：

（1）货物无法跟踪；

（2）买家没有收到货，货物丢包了；

（3）不能清关，货物被海关扣留（普通货、敏感货、配额问题等）；

（4）旺季仓位紧张，排不到期，货物发不出去；

（5）运输派送周期太长，买家苦苦等待不见货；

（6）库存周转天数、物流周期等问题。

2．选择跨境物流方式的一般原则

如何选择跨境物流商，关键在于如何选择既方便买家又适合自己的运输方式。跨境电商平台对卖家的货运服务有严格的要求。

原则一：安全性好、可跟踪性强，尽量可以让买家随时了解物品运送状态。

原则二：时效性好，可控性强。物品需在买家期望的运送时间内送达。通常来说，买家期望值随着物品价格升高而提高，如果买家可在当地购得相同商品，买家的期望值会更高。

原则三：服务好、性价比高。在确保不违反前两条原则的前提下选择性价比更高的物流方式。

3. 合理分析自身情况

卖家应根据自身情况，结合买家要求，合理选择跨境物流方案。自身情况分析参考如图 6-9 所示。

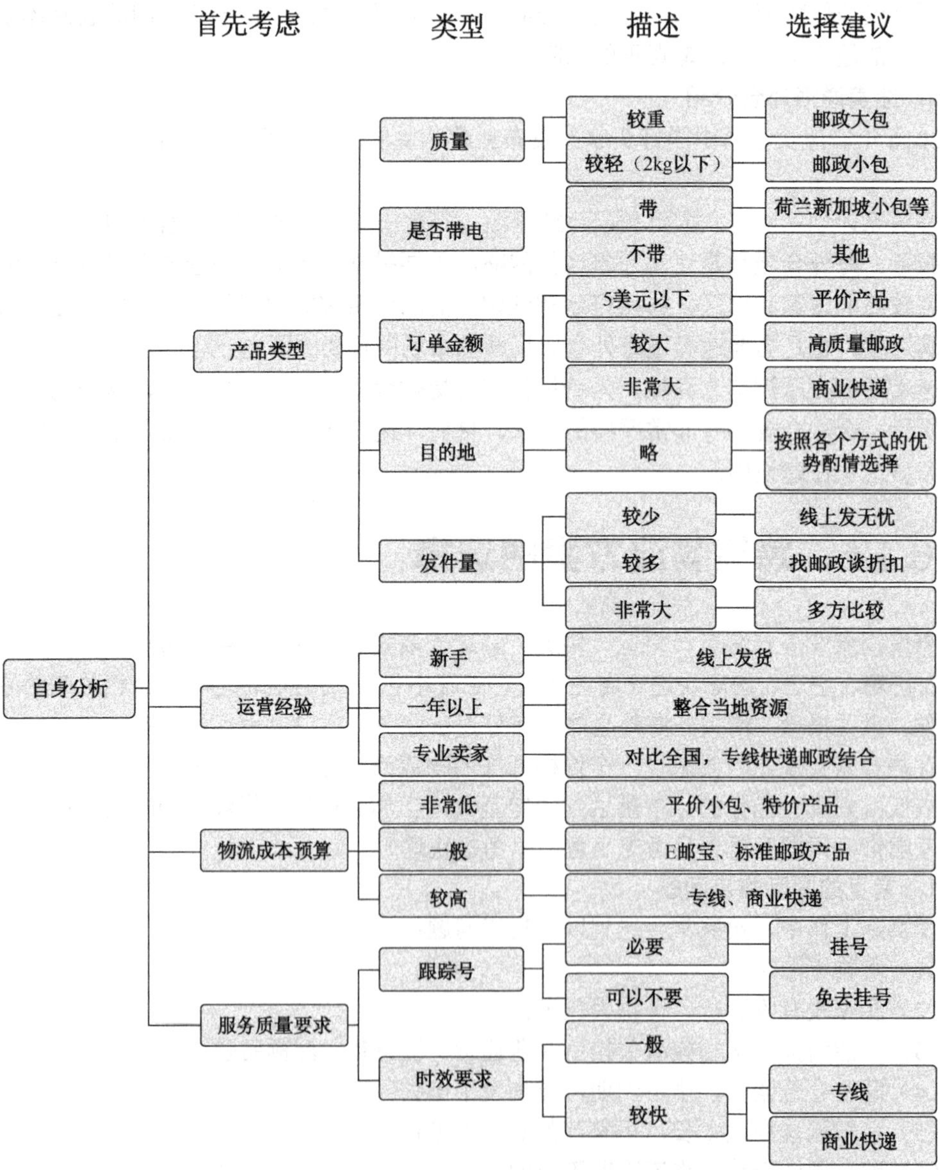

首先考虑	类型	描述	选择建议
产品类型	质量	较重	邮政大包
		较轻（2kg以下）	邮政小包
	是否带电	带	荷兰新加坡小包等
		不带	其他
	订单金额	5美元以下	平价产品
		较大	高质量邮政
		非常大	商业快递
	目的地	略	按照各个方式的优势酌情选择
自身分析	发件量	较少	线上发无忧
		较多	找邮政谈折扣
		非常大	多方比较
	运营经验	新手	线上发货
		一年以上	整合当地资源
		专业卖家	对比全国，专线快递邮政结合
	物流成本预算	非常低	平价小包、特价产品
		一般	E邮宝、标准邮政产品
		较高	专线、商业快递
	服务质量要求	跟踪号 必要	挂号
		可以不要	免去挂号
		时效要求 一般	
		较快	专线 / 商业快递

图 6-9 自身情况分析图

用户可以在跨境电商平台的后台查询到大量的物流方案介绍，并且可以直接点击下单，非常方便，所有的物流方案会被分类为经济类、标准类、快速等、海外仓几个类别，大家可以有针对性地查找使用。

176

可以根据自己的商品类型利用在线查询的方式找到适合自己的国际物流方案，速卖通后台的物流方案查询系统就可以非常方便地查看对比信息，平台还会对产品的质量做基本分析。物流方案查询网址为 https://sell.aliexpress.com/shipping/index.htm，如图 6-10 所示。

图 6-10　物流方案查询

小技巧：国际物流方案的选择技巧

下面向大家介绍一些对国际物流方案选择的经验和客户服务技巧。

（1）邮政小包会出现丢包情况，中间环节多，整个过程类似"睁眼瞎"，能看到节点信息，却不能查询哪个环节出了问题，不能及时止损、追责，因此更适合走货值较低的商品。

（2）有些国家不能查妥投，此时存在一定风险，要么关闭对该国的交易，要么更换物流方式。有些国家延误严重，丢包率居高不下，若无理想解决方案，建议这些国家不走邮政小包。

（3）时效长，客户对到货时间不确定，会导致对物流动态的咨询量剧增，为了降低这部分客服工作和损耗，可以事先给客户发信息，进行友情提示，强调平均时效，或自动邮件告诉消费者何时询问最为合适。

（4）不同的邮政小包，在不同地区的清关和时效上有不同的优势，可以同时考虑、多渠道发货。用邮政小包，在销售旺季是很大的挑战，建议多渠道分流，选择更好的物流产品分担压力，降低风险。

（5）尽量在满足物品安全度和速度的情况下，为买家选择运费低廉的服务。国际 EMS 无论服务还是时效性都比其他四大国际快递公司（UPS、DHL、TNT、FedEx）要逊色，但国际 EMS 的价格优势非常明显。

（6）商品运输无须精美的外包装，重点是安全快速地将售出的商品送达买家手中。

（7）即使拥有再多的经验，也无法估计所有买家的情况，所以把物流的选择权交给买家，只需要在物品描述中表明所支持的运输方式，再确定一种默认的运输方式即可，如果买家有别的需要自会联系卖家。

（8）有的买家可能适合多种运送方式，卖家可以写出常用的方式及折扣，为买家省去部分运费。

任务 2　跨境物流运费计算

✓ 6.2.1　国际海运运费计算（海外仓）

1．费用组成

海外仓费用=头程运费+处理费+仓储费+尾程运费+关税/增值税/杂费，如图 6-11 所示。

图 6-11　海外仓费用举例

值得注意的是，不同公司仓储收费方式不同，二程有的按体积计算、有的按重量计算。不同国家的关税也不同，如美洲国家只算进口关税，欧洲国家税收是进口关税+增值税，澳洲国家是进口关税+增值税+附加税。

2．对商品定价的帮助

对速卖通商品定价应该从以下几个方面着手：

商品成本 1＝商品的采购成本＋商品的国内运费

商品成本 2＝商品的到仓成本（头程运费＋仓储费＋处理费＋尾程派送费＋关税等）

商品成本 3＝平台扣点和计提损失

商品定价＝（商品成本 1＋商品成本 2＋商品成本 3）＋规划利润

最后，建议海外仓不要走散货，最好是凑齐整仓或者跟大卖家拼货凑齐整仓的价格，因为大货品重量级发整仓海外仓的价格是非常有优势的。

6.2.2 国际空运运费计算（海外仓）

1．国际航空快递运费计算方法

（1）当需寄送物品的实重大于材积时，运费计算方法为：

运费=首重运费＋（重量×2－1）×续重运费

例如，7kg 货品按首重 20 元、续重 9 元计算，则运费总额为 20＋（7×2－1）×9=137（元）

（2）当需寄送物品实际重量小而体积较大时，运费需按材积标准收取，然后再按上列公式计算运费总额。求取材积公式如下：

规则物品：重量（kg）=长（cm）×宽（cm）×高（cm）÷6000

不规则物品：重量（kg）=最长（cm）×最宽（cm）×最高（cm）÷6000

（3）国际快件有时还会加上燃油附加费。比如燃油附加费为 9%，还需要在运费的结果上追加"运费×9%"的燃油附加费。

燃油附加费一般会同运费一起打折。

总费用＝（运费＋燃油附加费）×折扣＋包装费用＋其他不确定费用

2．国际航空快递收费规定

（1）国内航空货物运价使用规则。

① 直达货物运价优先于分段相加组成的运价；

② 指定商品运价优先于等级货物运价和普通货物运价；

③ 等级货物运价优先于普通货物运价。

（2）国内航空货物运费计算规则。

① 货物运费计算以"元"为单位，元以下四舍五入；

② 按重量计得的运费与最低费用相比取其高者；

③ 按实际重量计得的运费与按较高重量分界点运价计得的运费比较取其低者；

④ 分段相加组成运价时，不考虑实际运输路线，不同运价组成点组成的运价相比取其低者。

（3）国内航空邮件运费。

普通邮件运费按照普通货物基础运价计收；特快专递邮件运费按照普通货物基础运价的 150%计收。

6.2.3 跨境小包物流运费计算

1．运费组成

航空小包：运费=公布价×实重×折扣＋挂号费（可上网查询）

航空平邮：运费=公布价×实重×折扣（不能上网查询）

中邮小包收费标准

2．收费标准

以中邮小包为例，国际小包在各个不同国家有不同的收费标准，读者可通过扫描二维码了解中邮小包近期的收费标准，其中显示的资费标准都不包含挂号费。

任务 3 线上线下发货

✓ 6.3.1 线上发货

速卖通线上线下发货对比

1．基本介绍

"线上发货"是由阿里巴巴全球速卖通、菜鸟网络联合多家优质第三方物流商打造的物流服务体系。

卖家使用"线上发货"可直接在速卖通后台在线选择物流方案,物流商上门揽货(或卖家自行寄至物流商仓库),发货到国外,卖家可在线支付运费并在线发起物流维权。阿里巴巴作为第三方将全程监督物流商服务质量,保障卖家权益。

2．线上发货的优势

(1) 卖家保护政策

① 平台网规认可。使用线上发货且成功入库的包裹,买卖双方均可在速卖通后台查询物流追踪信息,且平台网规认可。后续卖家遇到投诉,无须再提交发货底单等物流跟踪信息证明。

② 规避物流低分,提高账号表现。采用线上发货物流方式的订单若产生"DSR 物流服务 1,2,3 分"和由于物流原因引起的"纠纷提起"、"仲裁提起"、"卖家责任裁决率问题",平台会对该笔订单的这 4 项指标进行免责。

③ 物流问题赔付保障。阿里巴巴作为第三方将全程监督物流服务,卖家可针对丢包、货物破损、运费争议等物流问题在线发起投诉,并获得赔偿(仅国际小包物流方案支持)。

(2) 渠道稳定,时效快

① 渠道稳定:直接和中国邮政、西班牙邮政等物流商对接,安全可靠。

② 时效快:平台数据显示,线上发货上网时效、妥投时效高于线下。

③ 物流商承诺运达时间:因物流商原因在承诺时间内未妥投而引起的限时达纠纷赔款,由物流商承担。

(3) 运费低于市场价、支付更方便

可享受速卖通卖家专属合约运费:低于市场价,只发一件也可享受折扣。

在线支付宝支付运费:国际支付宝账户中未结汇美金也能支付运费,还能下载运费电子账单对账。

3．发货准备

(1) 平台运费模版设置。此部分内容参考项目 2 中店铺开设内容。

(2) 产品包装技巧。

① 包装:如果有多件物品,要把每件物品分开放置,为每件物品准备充足的缓冲材料(泡沫板、泡沫颗粒、泡沫、皱纹纸等)。需要注意的是颗粒缓冲材料可能会在运输过程中移动,所以采用颗粒材料,一定要压紧压实。

② 打包:使用一个新的包装材料,并使用缓冲材料把空隙填满,但不要让箱子鼓起来。

使用旧箱子时要注意移除以前的标签，并且旧箱的承重力是要打折扣的，使用时需要确保它足够坚固。

③ 封装：最后用宽大的胶带（封箱带）来封装，不要用玻璃胶。再用封箱带把包装拉紧（封箱带用十字交叉的方法拉紧，如果是胶带至少应有 6cm 宽）。

（3）包装的选择。

① 常用的货物包装材料有纸箱、泡沫箱、牛皮纸、文件袋、编织袋、自封袋、无纺布袋等。

② 常用的包装辅材有封箱胶带、警示不干胶、气泡膜、珍珠棉等。

其中以纸箱包装最为常用，下面重点介绍如何选择纸箱。

按做纸箱用的纸板（瓦楞板）可以把纸箱分为三、五、七层纸箱，纸箱的强度以三层最弱、七层最强。服装等不怕压、不易碎的产品，一般用三层箱就够了；玻璃、数码产品、电路板等贵重物品，建议最好用五层箱再配以气泡膜，以确保产品在运输途中的安全性。

按纸箱的形状可以把纸箱分为普箱（也称"双翼箱"，图 6-12），全盖箱，天地盒（图 6-13），异型箱（也称"啤盒"，图 6-14），火柴盒（图 6-15）。

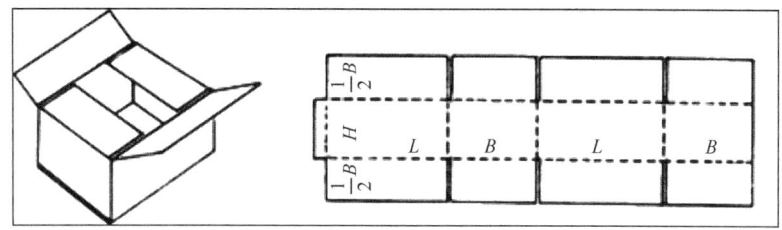

图 6-12　普箱的立体和平面示意图

天地盒属于礼盒范畴，密封性好、强度高，造价较高，适用于各类工艺礼品、高档数码产品、电路板等产品的包装。

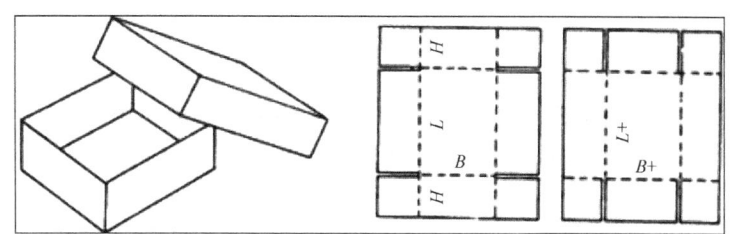

图 6-13　天地盒的立体和平面示意图

火柴盒成形方便、结构简单合理，适用于球拍、画（框）等较大型的扁状产品。

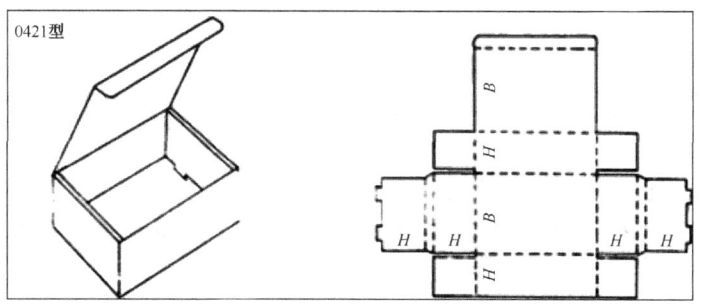

图 6-14　啤盒的立体和平面示意图

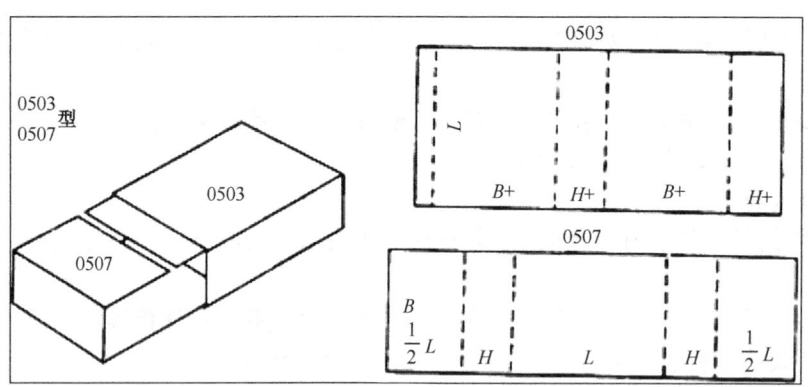

图 6-15　火柴盒的立体和平面示意图

衬垫（刀卡）主要用于箱子内部（图 6-16），起到加强箱子强度、保护产品的目的，广泛应用于易碎物品、贵重物品的包装。如手机、电子产品套装（电源、光盘、说明书等配件能合理布放）。

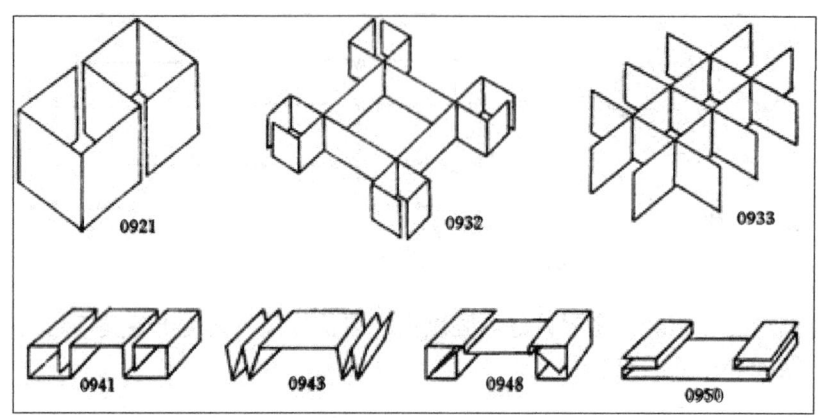

图 6-16　衬垫示意图

同样大小的箱子，天地盒、啤盒的价格要高于普箱。因为其用料较多，侧面一般为二层纸板，故强度、密封性也高于普箱。普箱方便、便宜、环保的特性使得普箱的应用范围最广。

卖家选购纸箱时最好是根据产品特征、买家要求，同时结合成本投入综合考虑。虽然强度高的纸箱安全性更高，但是成本也更高，物流费用也会增加。

卖家也可以订制自己的专用包装纸箱，印上自己店铺的 LOGO 信息。这样可以让您的产品在物流全程中吸引更多眼球，同时也是品牌传播的方式。

4．线上发货流程

（1）选择线上发货：使用仓库线上发货服务，需要在您商品的备货期内填写发货通知，如图 6-17 所示。

（2）选择服务仓库：根据需要选择仓库服务。

（3）填写发货预报：填写发货预报是非常重要的步骤，正确填写预报信息可以提升您货物的操作效率。

项目 6 跨境物流与海外仓

（4）发至相应仓库：填写完发货预报后，需要将货物发送至相应的仓库，如图 6-18 所示。

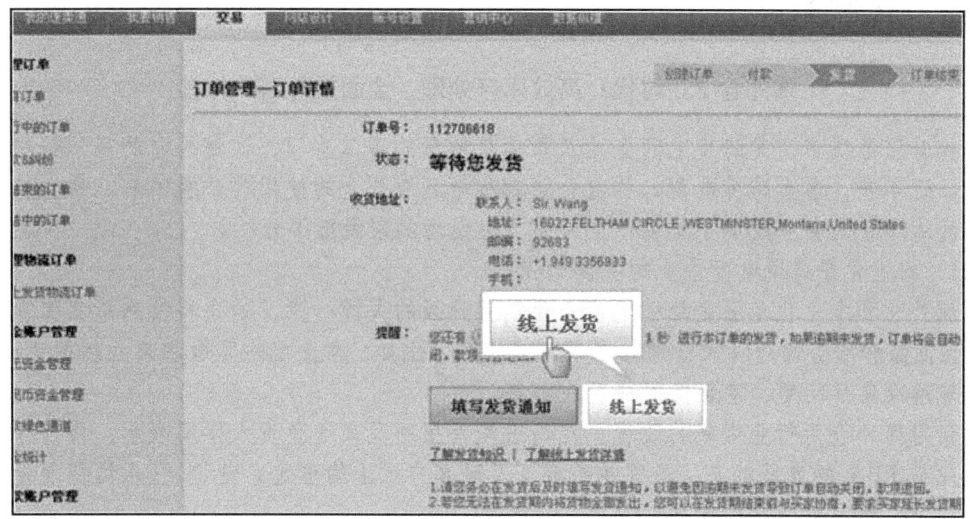

图 6-17 线上发货

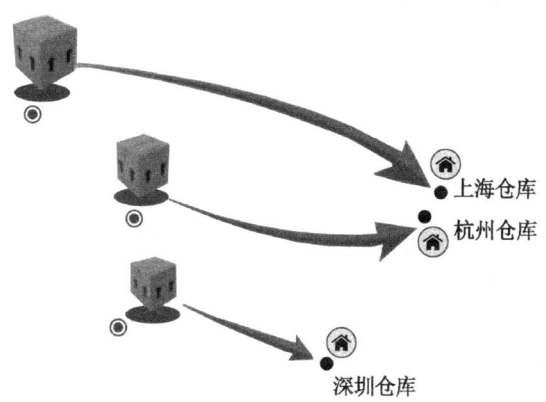

图 6-18 仓库示意图

（5）仓库计算费用：仓库会按照其公布的收费标准计算国际物流费用。

（6）支付国际运费：通过支付宝即时到账功能支付国际物流运费，费用将直接结算给相应的仓库。

（7）仓库发至买家：支付完国际物流运费后，仓库会将货物发送至指定的目的地。

6.3.2 线下发货

卖家直接与物流公司对接，货物的操作符合物流公司要求，有问题的货件处理起来更直接。卖家无须重新打印地址标签与报关单等，物流公司直接把货物收入与发出就可以了，且卖家直接跟物流公司结账。所以物流公司对线下发货的积极性比较高。线下发货，物流公司也会有多种物流渠道供卖家选择。

183

同步阅读

海外仓 2.0 时代：高效库存处理，全面提升客户体验

提升服务质量，是跨境电商企业获取销售增量的不二法门，而海外仓的采用是垫脚石之一。近年来，各大跨境电商、物流企业都参与到海外仓的使用和升级中来。易仓科技在近日的海外仓两会中聚集了众多行业大咖，为现场卖家做出了分析。

1. 本土化是跨境电商企业的关键一步

海外仓和本土化客服是跨境电商企业销售升级的关键一步，易仓科技副总裁陈贤亭表示，让商品和服务贴近买家能够给予买家安全感，比如，本土化的客服带来天然的亲近感，不仅能解决售后问题，甚至能促成新的销售。

针对海外仓为行业带来的改变，亚马逊华南招商及渠道负责人佟周表示，第三方海外仓企业是 FBA 的良好补充，最终也符合亚马逊客户至上的理念。他说，"永远把消费者放在第一位，卖家也就离成功更近了。"

速卖通华南区高级经理白强指出，跨境电商已经到了逐鹿本土化实力的阶段，而海外仓的服务质量是企业竞争的基础之一。

eBay 中国区业务拓展总监何国波表示，eBay 重视海外仓带来的消费体验升级，平台会支持消费者在购物时选择发货地，而支持本土发货不仅意味着会被更多的消费者选择，也意味着店铺会有更大的流量。

2. 自建仓是挑战也是机会

针对企业是否适合自主建仓，以及如何利用好海外仓，行业的"大卖"企业进行了分析。

海外仓是电商服务的升级，是时代往前推进的必然趋势。纵腾副总经理陈华辉指出，自建仓是挑战同时也是机会。他表示，在纵腾全球十多个仓库的投放中有盈有亏，因为每个国家的法律、法规、税务不同，前期测算和对未来的规划十分重要，对于订单的预测以及公司发展规划都将影响到自建仓是否可行。

"仓库需要订单量的支撑，一旦无法满足这一前提，半年到一年就不适合这样的仓库规模。通过海外仓，使得物流升级后，卖家选品和营销也应该升级，价值更高和适合海运的产品应进入选品范畴。"陈华辉谈道。

有棵树品牌公关总监张倩指出，销售规模才是企业是否在某一市场自建海外仓的考虑基础，一时的盈利还不足以支撑做出建仓的判断。并且，通过消费市场的数据积累和分析，海外仓运营也需要企业逐步摸索出适合自己的模式。

3. 跨境大咖谈海外仓升级

海外仓服务商十分重视海外仓 2.0 的升级。万邑通副总裁汪思杰谈道，海外仓是为了满足买家的期望，海外仓升级后应该致力于实现服务可视化，处理流程可视化。通过数据，帮助卖家小货量多频次发货，以降低库存及资金占用。飞鸟首席市场官于涌源指出，安全、高效、简单是他眼中海外仓的升级方向。另外，天珅（上海）电子商务有限公司副总经理张智俊表示，海外仓 2.0 应提供更全面的服务，给到卖家各项财税上的应对方案，并向海外服务中心进发，而不仅仅是一个海外仓储方案的提供者。

同步阅读

（资料来源：雨果网，作者：涂开基）

同步实训

美国时间 2015 年 5 月 7 日,一名为 Debora Negre 的澳大利亚客人订购了多款打底裤,订单金额共计 147.08 美元。订单详情如图 6-19 所示。

产品信息	单价	数量	订单金额
2015 Hot Fashion Comfortable Women Pencil Fit Running Pants (FREE GIFT) Workout Work Out Just Do It Print Sports Leggings 产品属性:Color: work out gold Size: M (ShuangYi A)	$ 7.04	2 pieces	$ 14.08
2015 Hot Fashion Comfortable Women Pencil Fit Running Pants (FREE GIFT) Workout Work Out Just Do It Print Sports Leggings 产品属性:Color: BOY Size: M (ShuangYi A)	$ 6.95	2 pieces	$ 13.90
2015 Hot Fashion Comfortable Women Pencil Fit Running Pants (FREE GIFT) Workout Work Out Just Do It Print Sports Leggings 产品属性:Color: workout red Size: M (ShuangYi A)	$ 7.32	2 pieces	$ 14.64
2015 Hot Fashion Comfortable Women Pencil Fit Running Pants (FREE GIFT) Workout Work Out Just Do It Print Sports Leggings 产品属性:Color: work out blue Size: M (ShuangYi A)	$ 6.95	2 pieces	$ 13.90
2015 Hot Fashion Comfortable Women Pencil Fit Running Pants (FREE GIFT) Workout Work Out Just Do It Print Sports Leggings 产品属性:Color: GUN white Size: S	$ 6.85	2 pieces	$ 13.70

图 6-19 订单详情

从订单详情可见,客户一共买了 21 条打底裤,以每条 150g 估算,总重量为 3.15kg,再加上赠品的重量,远远超过了小包 2kg 的限制。请问此时卖家应该如何选择国际物流方式?

实训提示

这种情况一般有两种选择:走商业快递或者分两个小包寄送。下面给出两种方式的价格表,请大家计算后给出建议。

E 特快价格表

路向	首重 50g（元）	续重 50g（元）
中国台湾	16	0.6
中国香港	48	0.5
俄罗斯	60	4
澳大利亚	69	3
日本	81	1.2
日本（促销价）	35	1.5
韩国	60	0.9

邮政小包价格表

代码	国名	计费区	资费标准（元/kg）
TG	泰国	2	71.50
XJP	新加坡	2	71.50
YD1	印度	2	71.50
YDNX	印度尼西亚	2	71.50
ADL	奥地利	2	81.00
ADLY	澳大利亚	2	81.00
AEL	爱尔兰	2	81.00
GJLY	保加利亚	2	81.00

思考与练习

请体验一次速卖通运费计算及发货流程，以文字配截图形式记录操作过程，并回答下列问题：

（1）用流程图描述本次线上发货流程。

（2）描述速卖通运用不同的物流方式计算运费的过程。

（3）比较线上发货与线下发货的优缺点。

与发展多年的外贸 B2B 相比，跨境 B2C 电商所占份额还远远不够。信息流、金融流、物流服务都是制约跨境 B2C 电商业务的瓶颈，其中物流服务以其配送慢、难追踪、清关慢、易破损、易丢包、难退换等不利因素成为跨境电商的最大痛点，设立海外仓则是解决此痛点的关键所在。

对于速度要求高的产品，可以选择商业快递。商业快递费用高，但可以全程追踪，5~7 天可到达目的地，丢包和客户撤销付款的风险小。在对速度要求不高的情况下，可以选择航空小包。航空小包可以发重量为 2kg 以下的货物，其特点是便宜、方便、全球通邮，价格统一，但时效不稳定，信息更新慢，丢包和客户纠纷风险大。

不同国家的物流环境，特别是物流软环境的不同，导致物流运输方式差异很大。

另外，为了解决以往小包时代成本高昂、配送周期漫长的问题，最好的解决方案就是在海外设立仓库。选择海外仓模式,让卖家可以在线远程管理海外仓储,保持海外仓储货物实时更新,严格按照卖家需求对货物进行存储、分拣、包装、配送,并且在发货完成后及时更新库存状况。此外,买家购买的货物从本地发货,更容易得到海外买家的信任,提升购买率,无形中让国内卖家与当地卖家站到了同一起跑线上。

习题答案

1. 单项选择题

(1) 以下可以发带电产品的物流方式有( )。
   A. 中国邮政平常小包　　　　　　B. 新加坡邮政小包
   C. 燕文航空经济小包　　　　　　D. 中俄航空 Ruston

(2) 不属于各国邮政小包共同点的一项是( )。
   A. 限重 2kg　　　　　　　　　　B. 周长限制 90cm,单边不超过 60cm
   C. 按克(g)收费　　　　　　　　D. 都有妥投信息

(3) 某件货重量为 1.05kg,包装尺寸为 40cm×20cm×10cm,由于是高价值货品,买家也愿意承担国际快递费用,所以选择走美国联邦快递,经查询,到目的地的运费单价为 31 元/kg 全包,泡货比按 6000 计算。请问需要支付的运费为( )元。
   A. 41.33　　　　B. 32.55　　　　C. 95.3　　　　D. 38.55

(4) 关于跨境物流的包装方式,下面描述正确的是( )。
   A. 跨境物流漂洋过海,包装得越结实越好
   B. 跨境销售品牌产品,为了体现产品的品质和档次,应该尽量采用彩盒包装,印刷上自己企业的 LOGO、条码、社交软件账号等信息
   C. 木质包装需要运用在一些特殊的产品上,且效果很好,所有的国家都接收木质包装的商品进口
   D. 最外层包装上需要贴上报关信息,为了避免税收,申报的金额越低越好

2. 多项选择题

(1) 关于海外仓的描述正确的是( )。
   A. 将货物发往海外仓可以帮助卖家减免关税
   B. 海外仓比较适合没有经验的新手卖家
   C. 由于速卖通的买家来自全球,所以要根据自己店铺的实际情况选择何时、如何入驻何地的海外仓
   D. 海外仓最大的好处就是缩短了买家的收货时间,优化了购物体验,但是对卖家的资金实力、选品能力都是巨大的考验

(2) 关于线上发货与线下发货的区别,下面描述正确的是( )。
   A. 新手卖家比较适合选择线上发货
   B. 量少时线上发货一样可以享受折扣,线下发货就较难享受折扣
   C. 线下发货可以用美金支付宝付运费,可以提高资金的使用率
   D. 线下发货直接面对发货的承运人,更加直观、安全,赔付速度更快

(3) 国际海运费由以下哪几项组成?( )

A．头程费　　　　B．处理费　　　　C．仓储费　　　　D．尾程费

（4）一个女装配饰速卖通店铺，卖家是新手，出单量不多，每天 5 单左右，客单价 4～5 美元，客重量 150g 左右，订单目的地集中在俄罗斯，卖家的物流预算不高，请问可以选择哪几种国际物流方案？（　　）

　　A．线上发无忧物流　　　　　　　B．俄国平价专线
　　C．中邮小包　　　　　　　　　　D．DHL

3．分析题

（1）简述常用的跨境物流方式及其各自的优缺点。

（2）跨境 B2B 电商模式中，物流方式选择的依据是什么，有什么新趋势？

（3）简述海外仓在跨境物流中的优缺点。

项目 7

跨境电商客服

跨境电商客服工作流程；跨境电商客服纠纷处理；跨境电商客服话术；客户评价管理；老客户维护方法与技巧。

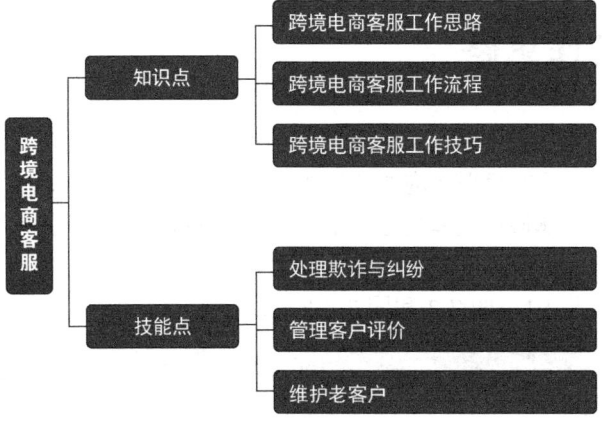

巴西是速卖通重要的一个站点，但是巴西物流一直以来是令各位卖家头疼的事情。对于发往巴西的商业包裹，手续繁复：一定要有税号，最好使用邮政渠道，这样相对来说扣关可能性较小；另外，个人寄的包裹不要夹带售后卡，避免被认为是商业行为的包裹。除此之外，巴西当地邮政派送效率也一直是让卖家纠结的问题。因为巴西人性情奔放，会享受生活，工作效率较为低下，同时作为全球节日最多的国家之一，遇到节假日递送延误明显。与此同时，巴西国际包裹常涉及三大关口（圣保罗、里约热内卢和库里提巴），这三大关口分工不同。所有邮政小包只能进入巴西三大关口之一的库里提巴，同时清关、分拣会有许多问题，导致大量货物积压延误。因此针对巴西客户的客服沟通就显得尤为重要，其对于因物流带来的不良购物体验的改善有很大的作用。针对巴西客户，客服要及时提醒相

应的买家提供 CPF 税号号码。同时，对于愿意付出更高成本获得更快物流服务的买家，可以在速卖通的物流模版里，添加 DHL 等较高成本的商业快递选项。如何通过提高客服技巧，向客户解释清楚问题，疏导客户心中的焦虑和不满，减少物流或者其他原因带来的纠纷，给予客户一次满意的跨境电商购物体验，是跨境电商卖家需要重点关注的问题。

速卖通客服应熟知的购物流程

引例分析

针对跨境电商在巴西市场发展的种种困难，从客服角度来说，有很多工作可以展开来帮助提高客户的购物满意度：可从售前问好和产品推荐、售中订单跟踪核对、售后各类问题处理等多方面入手与客户进行及时有效的沟通。各国政策和风俗民情不同，对于跨境电商的开展是一大挑战。巴西客户的服务方法虽然只是个案，但是之于全球各国客户服务依然有共性，本项目将讲述跨境电商客服的整个工作流程，总结各类问题的处理话术和应对办法。

任务 1　客服工作思路与技巧

7.1.1　工作思路

与传统商业沟通相比，跨境电商交易双方的沟通主要通过在线的实时沟通工具进行。而电商平台沟通的原则是及时、清楚、简洁、礼貌。以速卖通为例，国际版阿里旺旺（Trade Manager）、速卖通的站内信、Skype 都是可用的实时沟通工具。站内信、国际版阿里旺旺、Skype 分别如图 7-1、图 7-2 和图 7-3 所示。

售中客服技巧

图 7-1　站内信

项目 7　跨境电商客服

图 7-2　国际版阿里旺旺

图 7-3　Skype

　　沟通内容主要为：询价、物流方式、产品规格包装、数量、重量、品质等。跨境电商注重沟通的即时性，使用聊天工具时，如果在构思和打字上花费太长时间就容易造成话语流的交织或者长时间的话语间断，口语化词汇能够使沟通双方及时跟上快节奏的网络环境，提高即时沟通效率，达到交际目的。同时，多说一些感谢、抱歉、多多支持的字眼，让客户感受到客服真诚的工作态度。也可以多用表情，无论是外国人还是中国人，在聊天中使用表情的频率都很高，对于远距离交流的双方，表情可以更好地表达情感，拉近与客户之间的距离。对于承诺的事情要尽力做到，不能做到的事情不要轻易承诺。

　　日常的客服从买家下了订单就开始了，所有的客服都围绕着订单进行，围绕订单的客服环节可细化成售前、售中、售后客服三个步骤。跨境电商客服工作同样可以分为售前、售中和售后三部分内容。每部分工作各不相同。售前客服的主要任务是销售产品，对商品要熟悉，有与顾客良好沟通的能力，商品销售能力和关联商品的搭配能力。售中客服的主要任务是对订单进行追踪与反馈，要熟练操作快递单号查询、异常快递单处理工作并及时给予消费者反馈。售后客服的主要任务是售后的服务，要有抗压和解决问题的能力，熟悉速卖通规则，能够灵活处理问题。

想一想

售前、售中、售后客服工作相互独立，他们需要具备的工作能力和职业素养也不一样。这样的理解对吗？

7.1.2 工作流程

　　售前客服要做好充分的准备工作。遇到客户询盘，要亲切热情地打招呼并且了解客户的需求，向客户推荐产品并把产品信息介绍清楚，进行议价催付，完成销售。客户完成下单后，售中客服注意进行发货提醒和预计到货时间告知，及时追踪货物物流情况。包裹成功投递后，售后客服向客户确认货物送达并且鼓励客户给予好评。如有纠纷产生，灵活进行退换货或者投诉处理。售前、售中和售后客服工作流程如图7-4所示。

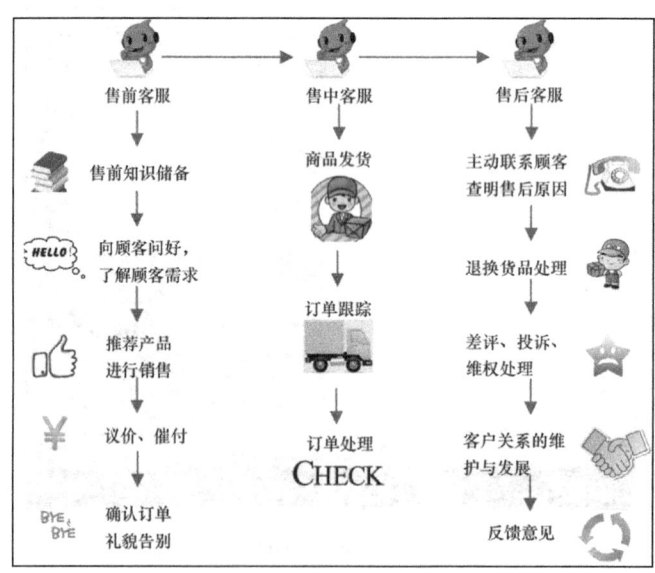

图7-4　客服工作流程

7.1.3 工作技巧

　　没有什么比改善客户体验，更能提高卖家搜索排名以及卖家声誉了，下面介绍一些好用的客服工作技巧。

技巧 1　快速回复

消费者希望自己的声音能被听到。电商卖家需要与代表着安全和面对面交流的实体店购买相竞争。如何赢取客户的青睐？卖家要做的第一件事就是快速回复客户信息。这也是亚马逊评判卖家绩效的一个关键指标。消费者将会非常开心在 1~2 小时内得到答复，而不是要等上一整天。即使你没有答案，让他们知道你正在努力也

速卖通客服旺旺的常规设置

好。更好地服务客户，有助于提高卖家信誉。也可以运用词句的缩写进行快速回复，包括首字母缩略模式：例如用"AFAIK"代替"As Far As I Know"，用"RFI"表示"Request For Information"；部分缩略模式：如"BstRgd"表示"Best Regard"，"pls"表示"please"；用字母代替同音单词模式，如"CU"表示"See you"，"Me 2"表示"Me too"等。

技巧 2　更快地处理和配送服务

改善客户服务的第二步是采用快速物流服务，尽快把包裹投递给客户。如果卖家销售的是小物品，并需要自己发货，可以尝试 USPS Priority 和 Priority Flat Rate 包裹。它们不仅具有一流的配送速度，成本也不高。快速配送是销售流程中确保正面反馈一个最重要的指标。

技巧 3　更快的发货速度

确保了解物流公司发货时间和最后一班离开本地货车的发车时间。卖家可能发现，加上揽货时间，很多包裹第二天才能真正离开本地。只需稍微更改一下发货安排，卖家就能使货物在交出当天离开本地，然后提前一天投递给客户。如果说出需求，物流公司（比如 UPS 或 USPS）也会很乐意帮助卖家的。

技巧 4　规范化回应内容

随着速卖通业务的扩大，卖家会发现针对相似的问题有相同的回应。因此，卖家可以建立一份问答文档，回复客户询盘时只需复制和粘贴即可，然后根据询盘细节进行修改。没有必要反复编写相同的内容。该措施有助于为品牌和业务建立起更专业的形象。

技巧 5　保持专业性和积极性

任何业务中都会有冲突。不幸的是，随着互联网匿名功能的出现，买家经常感到，当问题出现时，他们需要怒气冲冲地联系卖家，才能让自己的声音被听到。卖家需要在风暴中保持平静，在回应中体现出专业性，努力找出一个解决方案。不要陷入与客户争吵的旋涡，这样冲突会更快得到解决。再次强调，预先写好回应内容，能更容易保持积极的态度。

技巧 6　给客户选择

购物者希望自己能主导整个购买流程。卖家可以为客户提供多种选择。缓和争论最简单的方法，就是为客户提供几个选项，让他们感觉自己拥有主控权。比如，"我很乐意为您安排退货，或者作为补偿，我可以为您提供 10%的折扣，您喜欢哪种处理方式呢？"

技巧 7　擅用表情和符号

从事跨境贸易双方无法进行面对面沟通，无法从语音语调、肢体动作和面部表情来传达卖家的情感和判断买家的态度，因此使用表情符号来构建语境对于交流沟通就显得尤为重要。此外，掌握速卖通上各种表情符号在国际上通行的解释，尽量避免产生误会以致失去一个潜在客户。例如，微笑符号常常在电商平台上出现，营造的是一种轻松友好的语境以达到"谋取最大利润"的交际目的。除了表情符号以外，买家往往用大写、黑体字母、标点符号来表达不同的情感。例如，"MANUAL handle is suitable in Middle East"，在这个例子中，虽然无法从脸部表情或声调得知端倪，但屏幕上大写的"MANUAL"可见中东客户对"手动"的强调。例如，"Haven't received your confirmation！！！！！！"在这个句子里，买家用了多个惊叹号来表达自己强烈的不满和心焦的催促。

总之，在不同的客服环节，客服要做的工作也各不相同，起到的效果也各不相同，如图 7-5 所示。

客服环节	客服要做的事情	潜在的效果
买家下单但没有付款	留言给买家，提醒付款。每个买家的习惯都一样，可适当多提醒几次，但不宜太多（建议不超过3次）	尽可能促成交易
买家下单并付款	1. 资金审核中未到账：留言告知买家资金已在审核中，让买家耐心等待，到账后会及时通知买家 2. 付款成功：留言告知买家付款已成功，准备发货 3. 付款失败：留言告知买家付款失败，未通过平台风险管控	让买家清楚自己付款后的状态，防止资金审核较长引起买家的误会
订单发货前准备	留言给买家，询问收货地址、联系方式等物流关键信息是否正确	减少货物丢失或快递无法正常投递而造成不必要的缺失
订单已发货	1. 货物刚发出：留言给买家，告知订单已发货，并把订单号发给买家查询 2. 货物在途：留言给买家，定期更新包裹的在途状态	有效地避免买家在这个环节看不到物流信息，直接提出纠纷
订单延期到货	包裹无法按时送到，留言给买家，并为买家延长收货时间	避免买家因为延期提出纠纷
订单已签收	留言给买家，提醒买家到平台确认收货	尽可能的缩短回款周期
订单已确认收货	主动给买家好评（除非订单有纠纷），并留言建议买家留好评	提高店铺信誉

图 7-5　客服工作技巧

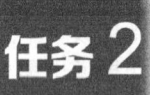　纠纷、评价和客户管理

7.2.1　欺诈与纠纷处理

提起纠纷，很多客服都非常害怕，正确地对待纠纷，与顾客进行沟通交流都可以避免更大的损失。客户纠纷从动机出发来说分为两类：善意的和恶意的。针对善意的客户，客服要高度重视并且妥善处理；针对恶意客户，可以通过"营销活动——客户管理——客户管理与营销"，将其拉入黑名单，如图 7-6 所示。

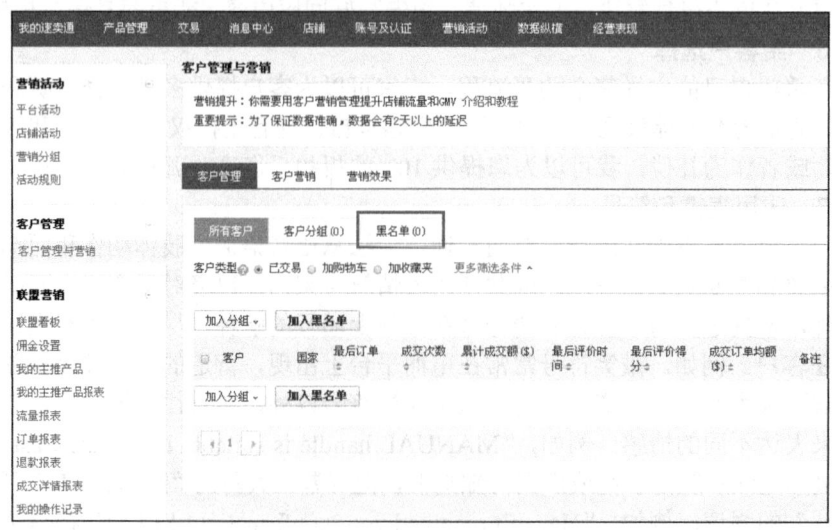

图 7-6　黑名单

纠纷的种类主要分为未收到货物和收到货物，未收到货物又分为包裹异常、卖家着急、物流延误、海关扣关、包裹退回；收到货物又分为货不对版、质量问题、货物短装、货物破损、销售假货，如图7-7所示。

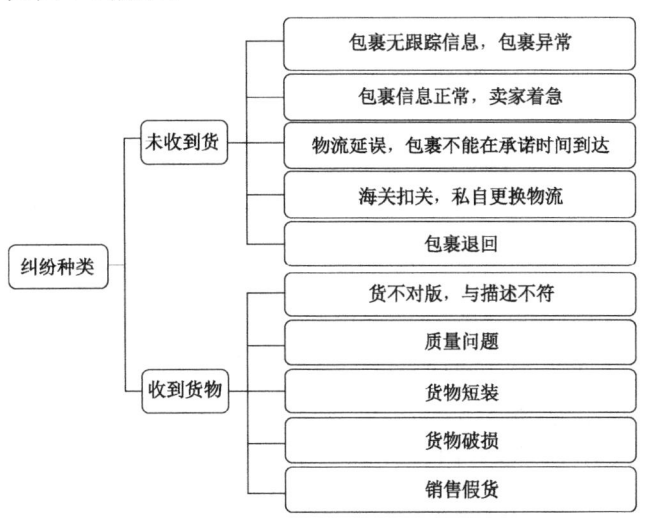

图 7-7　纠纷种类

针对不同的问题，有不同的解决方法。针对未收到货情况，解决方法如图 7-8 所示。

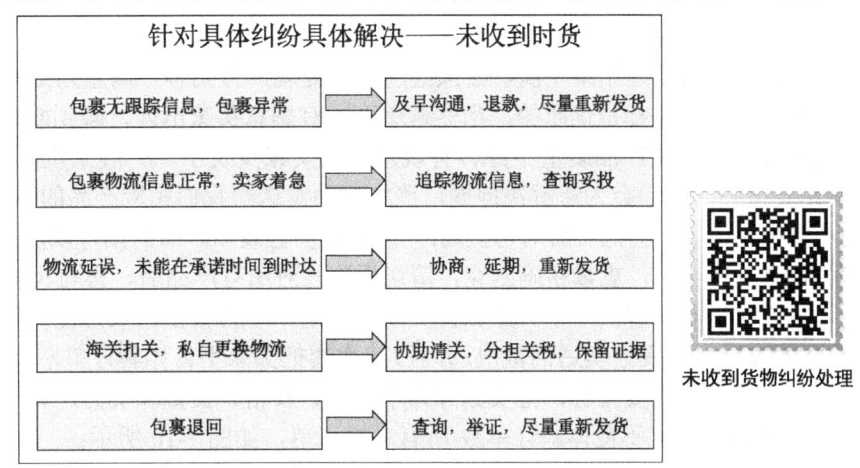

图 7-8　未收到货的解决方法

针对收到货物的情况，解决方法如图7-9所示。

纠纷并不可怕，本着诚信的态度积极与客户沟通，尽量将纠纷影响减少到最低，争取买家取消纠纷、部分退款、重新发货都是可能实现的。成功解决纠纷的技巧有以下几种：

技巧1　产品保证

根据产品实际详细描述产品品质，杜绝假货，保证产品质量。

技巧2　有效沟通

在交易过程中不断与买家进行沟通，比如买家下单前就跟买家确认产品信息，发货后时刻关注物流信息，及时处理物流疑问，经常查看订单，特别是在小包爆仓的情况下，及时给客人延长订单收货时间。这个小小的举动有着很大的作用，一般来说买家都是想收到货物的，如果货物已经能查看到物流，那延长收货时间买家基本都能理解并接受。

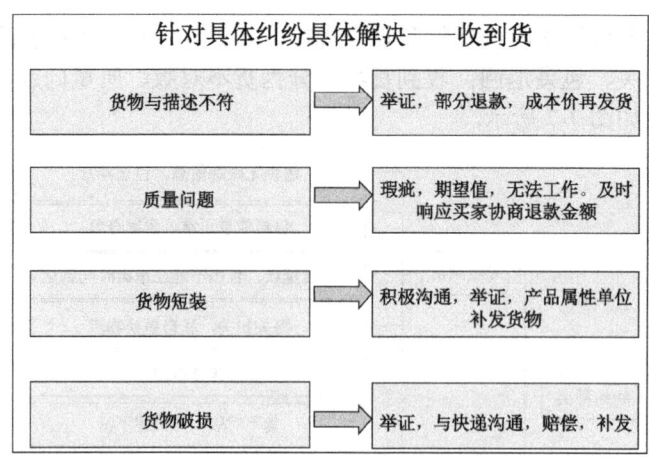

图 7-9 收到货物的解决方法

技巧 3　重视买家的抱怨

不要忽略买家提出的任何一个问题,在这些抱怨中可能发现一些深层次的原因,从而诊断出卖家在经营管理中存在的问题。对每一笔买家投诉及其解决进程进行记录,提供更优质的商品和服务。

技巧 4　准确及时地解决问题

在最短的时间答复客户而不是采取拖延的办法。

技巧 5　跟踪买家对处理意见的反馈

货不对版纠纷

如果买家对处理结果不满,必须继续跟进处理,直到客户满意为止。

绝大部分买家都是优质的,当然避免不了有恶意买家出现,碰到欺诈型买家时,两种情况比较常见:说产品质量不好、有误差;说卖家少发了。一般来说,第一句回复的是:"请不要担心,我们会为您解决问题,请您帮助发送给我们相应产品的图片。"如果是恶意说产品少发了,那就把后面语句换成:"请您提供包裹和产品的图片以及包裹总重量,因为我们都有发货记录,重量精确到克,请您再次核对所有产品后,再与我们联系。"

如果纠纷私下解决不了,那么提交至速卖通,平台会根据双方提供的证据进行一次性裁决,卖家同意接受速卖通的裁决。并且,速卖通把买家不良体验订单率(Order Defect Rate,ODR)作为一个重要指标,把卖家分为不及格、及格、良好和优秀。其中,买家不良体验订单率 ODR =买家不良体验订单数/所有考核订单,如图 7-10 所示。

买家不良体验	指标详解
成交不卖	买家对订单付款后,卖家逾期未发货由于卖家原因导致付款订单未发货的行为
仲裁提起	买卖双方对于买家提起的纠纷处理无法达成一致,最终提交至速卖通进行裁决的行为
5 天不回应纠纷	买家提起或修改纠纷后,卖家在 5 天之内未对纠纷订单做出回应导致纠纷结束的行为
中差评	在订单交易结束后,买家对卖家该笔订单总评给予 3 星以下的评价
DSR 商品描述中低分	在订单交易结束后,买家匿名给予分项评价——商品描述的准确性(Item as described)3 星及以下的评价
DSR 卖家沟通中低分	在订单交易结束后,买家匿名给予分项评价——沟通质量及回应速度(Communication)3 星及以下的评价
DSR 物流服务 1 分	在订单交易结束后,买家匿名给予分享评价——物品运送时间合理性(Shipping speed)1 星评价

图 7-10 买家不良体验指标详解

项目 7 跨境电商客服

如图 7-11 所示，为不及格、及格、良好和优秀卖家分类标准：

评级	优秀	良好	及格	不及格
新标准	符合以下所有条件： 1．考核订单量≥90 笔 2．ODR＜3.5% 3．卖家责任裁决率＜0.8%（手机、平板类目为＜1%） 4．90 天好评率≥97%	符合以下所有条件： 1．考核订单量≥30 笔 2．ORD＜6% 3．卖家责任裁决率＜0.8%（手机、平板类目为＜1%） 4．90 天好评率≥95%	符合以下所有条件： 1．ODR＜12% 2．卖家责任裁决率＜0.8%（手机、平板类目为＜1%） 3．90 天好评率≥90%	符合以下任一条件： 1．ORD≥12% 2．卖家责任裁决率≥0.8%（手机、平板类目为≥1%）
旧标准	符合以下所有条件： 1．考核期内结束的已支付订单数≥90 笔 2．ODR＜2.5% 3．卖家责任裁决率＜0.8% 4．90 天好评率≥7%	符合以下所有条件： 1．ODR＜4% 2．卖家责任裁决率＜0.8%	符合以下所有条件： 1．4%≤ODR＜8% 2．卖家责任裁决率＜0.8%	符合以下任一条件： 1．ODR＞8% 2．卖家责任裁决率≥0.8%
	历史累计结束的已支付订单＜30 笔的卖家，属于成长期卖家，不参与卖家服务等级考核			

图 7-11　不及格、及格、良好和优秀卖家分类标准

想一想

面对客户，一味忍让满足客户需求是正确的做法吗？

7.2.2　管理评价

卖家非常看重买家的好评，可是顾客有可能因为产品质量、客服水平、物流等因素给卖家一个差评，特别是点击鼠标就能够毫不留情留下差评，这对于店铺信用级别的影响是很大的。这时候售后客服不能坐以待毙，要积极响应中差评，找出顾客不满意的原因，积极改进，用优惠返现、下次折扣等方式让客户尽可能修改中差评。全球速卖通平台的评价分为信用评价及卖家分项评分两类，如图 7-12 所示。

信用评价，是指交易的买卖双方在订单交易结束后对对方信用状况的评价。信用评价包括五分制评分和评论两部分。

卖家分项评分，是指买家在订单交易结束后以匿名的方式对卖家在交易中提供的商品描述的准确性（Item as described）、沟通质量及回应速度（Communication）、物品运送时间合理性（Shipping speed）三方面服务做出的评价，是买家对卖家的单向评分。

197

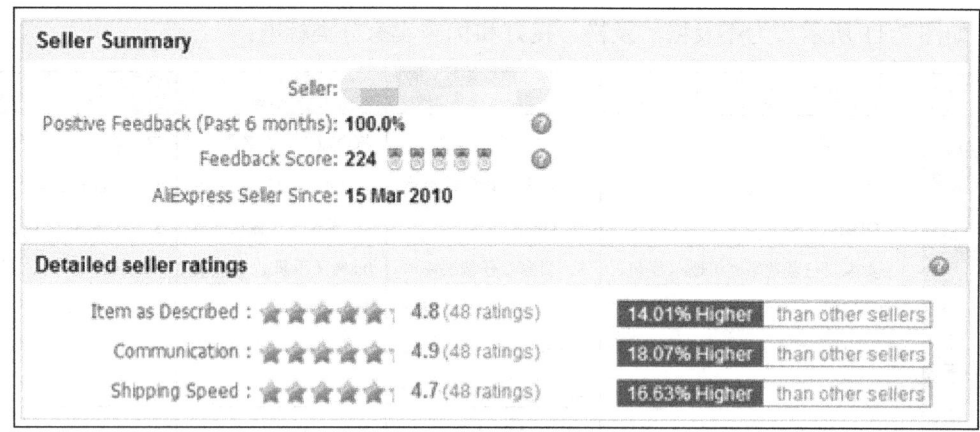

图 7-12　速卖通平台评价

信用评价买卖双方均可以进行互评,但卖家分项评分只能由买家对卖家做出。

(1) 所有卖家全部发货的订单,在交易结束 30 天内买卖双方均可评价。

(2) 对于信用评价,如果双方都未给出评价,则该订单不会有任何评价记录;如一方在评价期间内做出评价,另一方在评价期间内未评的,则系统不会给评价方默认评价(卖家分项评分也无默认评价)。

(3) 商品/商家好评率(Positive Feedback Ratings)和商家信用积分(Feedback Score)的计算规则:

① 相同买家在同一个自然旬(自然旬即为每月 1—10 号、11—20 号、21—31 号)内对同一个卖家只做出一个评价的,该买家订单的评价星级则为当笔评价的星级(自然旬统计的是美国时间)。

② 相同买家在同一个自然旬内对同一个卖家做出多个评价,按照评价类型(好评、中评、差评)分别汇总计算,即好中差评数都只各计 1 次(包括 1 个订单里有多个产品的情况)。

③ 在卖家分项评分中,同一买家在一个自然旬内对同一卖家的商品描述的准确性、沟通质量及回应速度、物品运送时间合理性三项中某一项的多次评分只算一个,该买家在该自然旬对某一项的评分计算方法为:

平均评分=买家对该分项评分总和/评价次数(四舍五入)

④ 以下 3 种情况不论买家留差评或好评,仅展示留评内容,都不计算好评率及评价积分。

a. 成交金额低于 5 美元的订单(成交金额明确为买家支付金额减去售中的退款金额,不包括售后退款情况)。

b. 买家提起未收到货纠纷,或纠纷中包含退货情况,且买家在纠纷上升到仲裁前未主动取消。

c. 运费补差价、赠品、定金、结账专用链、预售品等特殊商品(简称"黑五类")的评价。

除以上情况之外的评价,都会正常计算商品/商家好评率和商家信用积分。不论订单金额,都统一为:好评+1,中评 0,差评-1。

⑤ 卖家所得到的信用评价积分决定了卖家店铺的信用等级标志,具体标志及对应的积

分如图 7-13 所示。

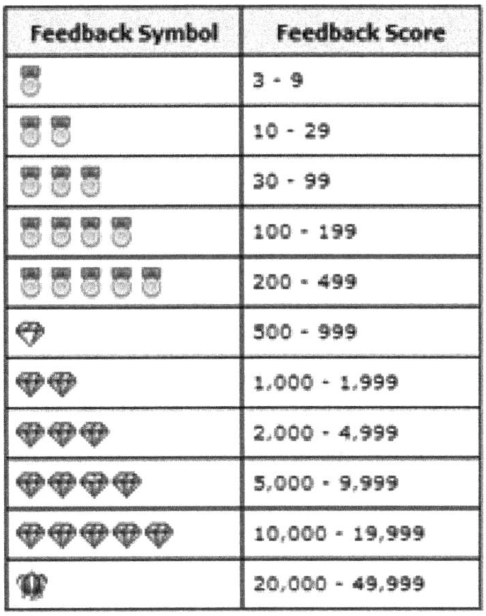

Feedback Symbol	Feedback Score
	3 - 9
	10 - 29
	30 - 99
	100 - 199
	200 - 499
	500 - 999
	1,000 - 1,999
	2,000 - 4,999
	5,000 - 9,999
	10,000 - 19,999
	20,000 - 49,999

图 7-13 店铺的信用等级

（4）评价档案包括近期评价摘要（会员公司名、近 6 个月好评率、近 6 个月评价数量、信用度和会员起始日期），评价历史（过去 1 个月、3 个月、6 个月、12 个月及历史累计的时间跨度内的好评率、中评率、差评率、评价数量和平均星级等指标）和评价记录（会员得到的所有评价记录、给出的所有评价记录以及在指定时间段内的指定评价记录）。

好评率＝6 个月内好评数量/（6 个月内好评数量＋6 个月内差评数量）

差评率＝6 个月内差评数量/（6 个月内好评数量＋6 个月内差评数量）

平均星级＝所有评价的星级总分/评价数量

卖家分项评分中各单项平均评分＝买家对该分项评分总和/评价次数（四舍五入）

（5）对于信用评价，买卖双方可以针对自己收到的差评进行回复解释。

（6）速卖通有权删除评价内容中包括人身攻击或者含有其他不当言论的评价。若买家信用评价被删除，则对应的卖家分项评分也随之被删除。

（7）速卖通保留变更信用评价体系包括评价方法、评价率计算方法、各种评价率等的权利。

7.2.3 老客户维护

老客户维护技巧

已在店内有过消费的客户即可培养成店铺的老客户，主要的联系方式有：注册 Facebook 账号建立客户群组；建立旺旺群组；发送产品推荐站内信给询过盘的客户；对留言互动较多且有过好评的客户建立优质客户表；全球交易助手批量群发站内信；购买 EDM 营销工具对优质客户进行消息群发。同时，在产品详情页的买家秀板块增加分享文字说明，可以鼓励买家把产品和链接分享到 Facebook 等社交网站，截图反馈给卖家后，可以向买家发放定向优惠券，在客户推广产品的同时增加老客户的重复购买率。

具体发送内容可以是新品推荐，爆款推荐以及节日问候，比如英国的 BANK HOLIDAY、各国的国庆日等。如果用英文发送，就要注意使用英文格式，可以用大写的形式表示强调，如图 7-14 所示。

邮件标题
R E W A R D S VIP Discount Must Have

邮件内容
Dear, You were not the biggest customer in our Store, but you are the Best one, After getting your satisfied Feedback, we are very appreciated and Moved!! Thank you for your supports Last time you bought the hat, Now we have the matching scarf and the baby serious, I don't know if you were a mother now, But you could have this in the future or a gift to your best friends. And Now we have the Coats/ Capes/ Vests in stock, Also can be Customized in any Size. If you are interested, you may ask us to talk the requirements then.

图 7-14 营销邮件

老客户的维护在不同时期应使用不同方法，主要分为完成交易第 30 天的满月之礼、上新通知、活动折扣、关联推荐和节日问候；满 90 天的百日之礼、店铺活动、定向优惠券和 VIP 专享日；180 天的特权提醒、节日关怀和降权预警；360 天以上的大促活动和事件营销，如图 7-15 所示。

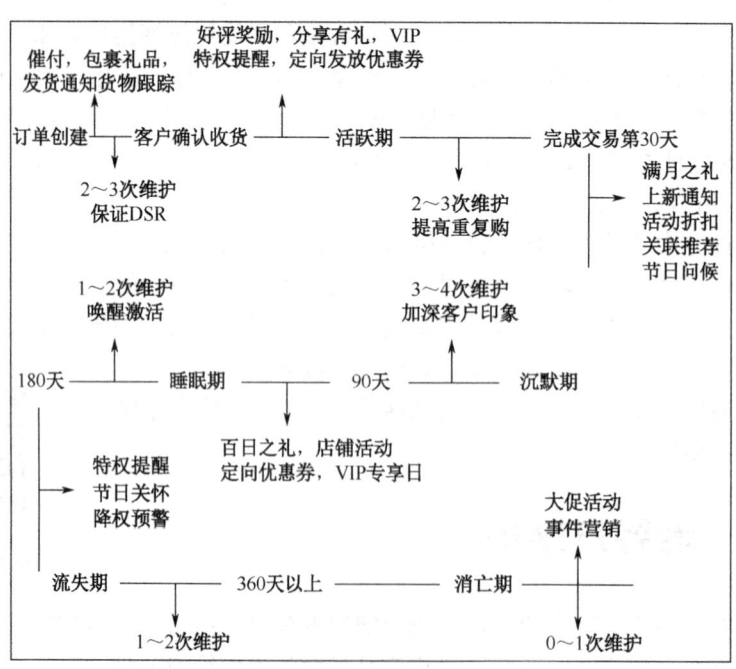

图 7-15 客户生命周期

跨境电商客服必须掌握的技能

巴西是速卖通重要的站点之一，但是巴西物流一直以来都是令各位卖家头疼的事情。针对这个问题，阿里巴巴速卖通大学开展了此次关于巴西物流现状与物流方式优化的课程。下面讲述如何以客服技巧为切入点，提高客户在物流方面的满意度，减少纠纷带来的影响。

1．从订单环节入手做好客服

减少纠纷，客服从订单环节就要入手并注意多方面的细节。这样一方面从源头避免纠纷，另一方面可以提高物流表现能力。

那么如何从订单环节做好客服呢？主要有五部分，如图7-16所示。

订单所处环节	卖家主动客服内容	好处
平台验款与资金未到账（巴西：boleto付款）	发送邮件，解释平台验款与boleto付款的时间及原因	防止资金审核较长引起客户误会
发货前准备	询问地址完整，联系方式，个人税号（CPF）或者公司税号，进行海关易收税商品确认	减少货件丢失，被扣关等
货物在物流途中	主动告知包裹状态，定期发送包裹更新状态	避免买家没有看到客服信息直接引发纠纷
包裹运输可能超时	主动为买家延长收货时间	避免买家因为临近最后收货确认日期而开启纠纷
包裹成功投递	让买家确认收货，建议买家留好评	缩短回款周期

图7-16　如何从订单环节做好客服

这里要注意的问题有：

（1）**平台验款与资金未到账环节**。巴西买家喜欢用boleto付款，但是boleto不是网上实时付款，使用这个方式付款一般需要2～7天才能到账，所以若对方使用boleto或其他方式付款，要等货款成功到账之后再发货。

（2）**发货前准备环节**。针对商业快递或者大金额的邮政包裹一般都要跟客户索要税号；另外，针对巴西海关的关税情况，也要进行了解，如图7-17所示。

1. 商业包裹——大部分需要缴纳关税
   a. 3000美金之下，可以以个人名义进行清关；
   b. 超过3000美金，必须使用公司的进口执照完成清关。
2. 邮政包裹，50美金起征点
   a. 个人寄给个人的包裹，50美金以下，免征关税；
   b. 个人寄给个人，发货人必须填写为个人，而不是公司；
   c. 海关对金额的理解，不仅仅按照申报金额，还要参考市场价格；
   d. 如被认为是商业行为的包裹，那么即使金额比较低，也会收税。

图7-17　巴西海关关税情况

对于发往巴西的商业包裹，一定要有税号，最好使用邮政渠道，这样被扣关可能性较小；另外，个人寄的包裹不要夹带售后卡，以避免被认为是商业行为包裹。

(3) 物流运输途中环节。 巴西客人收货的心理预期是60天，一旦超过60天，就会增加引发纠纷的概率。当货物在运输途中时，要积极跟进物流信息，一般客户在60~90天之后就会开始投诉，因此最好对每一个还没有收到货物的客户主动延长收货时间。

(4) 包裹已妥投环节。 首先利用第三方软件查询货物已妥投的情况，然后申请放款和进行好评邮件营销。此外，客服在日常工作中，要分订单进行查询，对于查询不到的订单要重视，根据实际情况选择是否进行退款处理。因为一旦被投诉，店铺将会被冻结7天。

对于巴西物流主要分为三阶段进行跟进：

30天——把跟踪号码、物流信息告知客户。

45天——对客户进行安抚，请求耐心等待，表示如果再没收到货物，可以选择退款和部分退款。

60天——超过客户忍受期，一般采取退款处理，并要向客户致歉，以便留住客户。这样，客户如果再收到货物，一般会再把钱款打过来。

2. 从纠纷环节入手做好客服

提起纠纷，很多客服都非常害怕，正确地对待纠纷，与顾客进行沟通都可以避免更大的损失。纠纷的种类如图7-18所示。

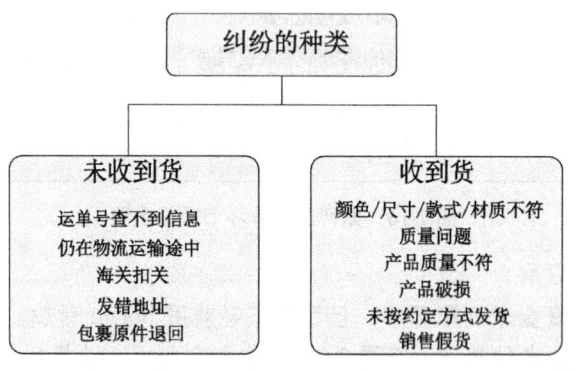

图7-18 纠纷的种类

纠纷的处理方式主要分成3种：同意纠纷；拒绝纠纷内容，提出建议方案；买家取消退款申请。在实际工作中，前两种方式使用较多，第三种一般很难被客户同意，除非有好的利益给予买家。

同意纠纷——在物流方面：一般从卖家承诺时间来判断，如果超过承诺时间而货物未到，只要买家提交纠纷到平台，一般都会判卖家输，因此要斟酌好承诺到货时间。

拒绝纠纷——客户以查不到跟踪信息为缘由提起纠纷的，首先进行核实，如果证实，应立刻给予退款。因为一旦被平台裁决，会被关店7天。另外，在45天之后提起纠纷，是否拒绝纠纷，要根据你承诺的时间来判断。

引起纠纷的原因很多，接下来将讨论卖家应如何处理纠纷以及遇到纠纷的正确心态。

(1) 如何处理未收到货物类纠纷

强调海关扣关的问题： 因为买家以货物被海关扣关提交的纠纷，平台会要求买家提供扣关证明，且会根据货物被海关扣留原因而裁定责任方。如果是因为假货、低报货值、缺少发票、报关单等原因被扣关或被海关直接销毁则是卖家责任；如果是买家不清关则是买家责任，但前提需要物流公司出具官方证明。

物流现实是货物在运输途中：从速卖通通知卖家举证 3 天内，卖家需提供物流底单、物流信息截图、妥投证明等能够证明物流状态的证据。

（2）如何处理收货后与约定不符类纠纷

虚拟产品：一旦买家投诉卖家销售的产品为虚拟产品，订单将被取消，并将全额退款给买家。

货物短装：提供单件产品重量照片；整件产品加上包裹重量照片；发货底单和物流出具的包裹重量证明。

（3）解决纠纷的正确心态

记住：将心比心，有效沟通，保留证据。买家出现不满意时，卖家应马上做出回应，与买家友好协商，及时提出解决方案。尽量引导买家朝着保留订单的方向发展；当出现退款时，尽量引导买家部分退款。同时，交易过程中的证据都要保留下来。

3．物流相关客服模版参考

最后为大家提供物流相关客服模版参考，针对售前、售中、售后以及纠纷和申请修改中差评等方面，及其注意事项。

售中客服常用邮件模版

（1）售前。初次与客户打招呼，要亲切、热情，在初步沟通中介绍清楚产品，参考模版如图 7-19 所示。

```
. Hello, Dear Friend:
  _ Thanks for your visiting to my online store,
    ... ...
    If you can not find anything you like, you can tell us ,and we
    will help you to find the source! Thanks again.
```

图 7-19　售前打招呼

（2）售中。注意索取税号；下单后，注意告知对方付款和到货时间事项；发货进行提醒，参考模版如图 7-20 所示。

（3）售后。确认货物送达后，再索要确认和好评（图 7-21）。

```
Dear Friend:
_ Thanks for buying products from my store . As the request of Brazil
  Customs, all Express parcels imported to Brazil need CPF number
  for Customs Clearance.
Dear Friend:
_ Thanks buying from my online store.
_ Please kindly know that Brazil Bank system will take at least
  5 days for checking your Boleto payment. After payment
  done, we will ship it out within 2 days. Thanks again.
```

图 7-20　售中通知

```
Dear Friend:
_ This is a After-sale customers service mail
_ We received notice of logistics company that the parcel was signed
  at your address. Is it in a good condition ? Do you need any other
  help? Any problem ,please feel free to contact us!
_ If all well, Would you please confirm the order status and leave a
  feedback for us ? Expect your 5 star for us if you are satisfied. . Thank
  you so much!
```

图 7-21　售后确认

（4）应对纠纷模版。一旦纠纷发生，卖家就要积极应对，参考模版如图 7-22 所示。

图 7-22 应对纠纷模版

(5) **申请更改中差评**。注意要先分析问题，提出解决方案，参考模版如图 7-23 所示。

图 7-23 申请更改中差评参考模版

另外，许多情况下可能联系不到买家，这时可以尝试使用 What's app、Facebook、Skype 等工具进行联系，但要注意时差。

总的来说，客服是一种修行，卖家要总是让买家感觉自己在赢，这样才有更多回头客。希望每个客服都能通过这些技巧来改善物流表现、提升客户体验。

(资料来源：雨果网，《跨境电商客服必须 get 的技能》)

实训 纠纷提交和协商流程

实训目的

通过速卖通平台的实践，能够掌握正确处理纠纷的流程和方法，加深对跨境电商客服纠纷处理工作内容和技巧的感性认识。

实训内容与步骤

在交易过程中，如果买家提起退款/退货退款申请，即进入纠纷阶段，须与卖家协商解决，流程如图 7-24 所示。

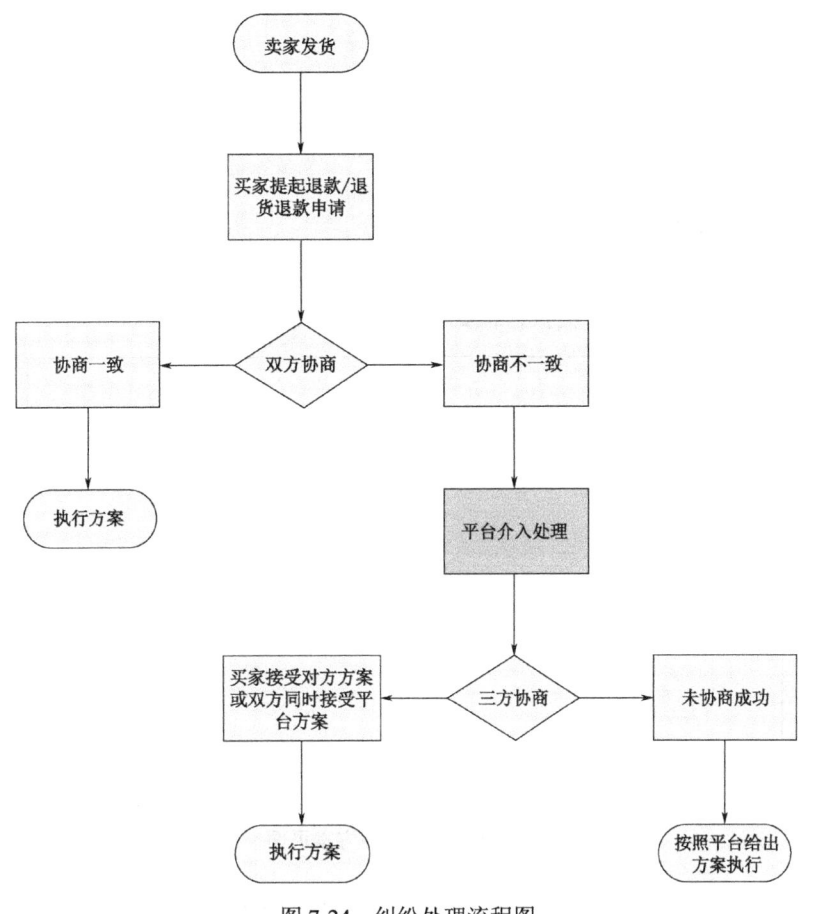

图 7-24 纠纷处理流程图

1. 买家提起退款/退货申请

买家可以在卖家全部发货 10 天后申请退款。若卖家设置的限时达时间小于 5 天，则买家可以在卖家全部发货后立即申请退款。

2. 买卖双方交易协商

买家提起退货/退款申请后，需要卖家的确认，卖家可以在纠纷列表页面中看到所有的纠纷订单。快速筛选区域展示关键纠纷状态："纠纷处理中"，"买家已提交纠纷，等待您确认"，"等待您确认收货"。对于卖家未响应过的纠纷，点击"接受"或"拒绝并提供方案"按钮进入纠纷详情，页面如图 7-25 所示。

进入纠纷详情页面后，卖家可以看到买家提起纠纷的时间、原因、证据以及买家提供的协商方案等信息。当买家提起纠纷后，请卖家在 5 天内接受或拒绝买家提出的纠纷，若逾期未响应，系统会自动根据买家提出的退款金额执行。建议卖家在协商阶段积极与买家沟通。

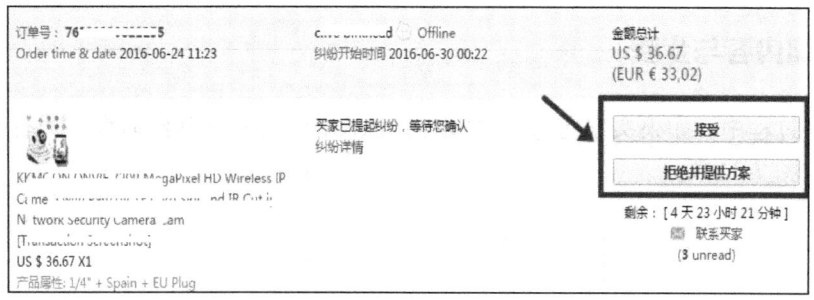

图 7-25 确认纠纷页面

（1）同意协商方案。

买家提起的退款申请有两种类型。

① 仅退款。卖家接受时会提示卖家确认退款方案，若同意退款申请，则退款协议达成，款项会按照双方达成一致的方案执行，如图 7-26 所示。

图 7-26 同意协商方案页面

② 退货退款。若卖家接受，则需要卖家确认收货地址，默认地址为卖家注册时填写的地址（地址需要全部用英文填写），若地址不正确，则点击"修改收货地址"，如图 7-27 所示。

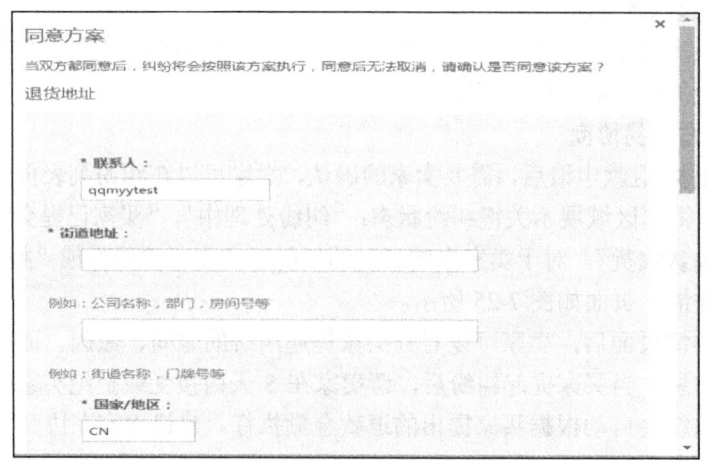

图 7-27 修改收货地址页面

（2）新增或修改证据。买家和卖家均可在原有证据基础上，新增和修改证据，如图 7-28 所示。

图 7-28　新增和修改证据页面

（3）增加或修改协商方案。买卖双方最多可提供两个互斥方案，如方案一提交了"退货/退款"方案，则方案二默认只能选"仅退款不退货"的方案，如图 7-29 所示。

图 7-29　增加或修改协商方案页面

3. 平台介入协商

买家提交纠纷后，"纠纷小二"会在 7 天内（包含第 7 天）介入处理。平台会参看案件情况以及双方协商阶段提供的证明给出方案。买卖双方在纠纷详情页面可以看到买家、卖家、平台三方的方案。纠纷处理过程中，纠纷原因、方案、举证均可随时独立修改（在案件结束之前，买卖双方如果对自己之前提供的方案、证据等不满意，可以随时进行修改）。买卖双方如果接受对方或者平台给出的方案，可以点击接受此方案，此时双方对同一个方案达成一致，纠纷解决完成。纠纷完成赔付状态中，买卖双方不能够再次协商。

4. 退货流程

如果卖家和买家达成退款又退货的协议，那么买家必须要在 10 天内将货物发出（否则款项会转给卖家）。买家退货并填写退货运单号后，卖家有 30 天确认收货时间，如果卖家未收到货物或对收到的货物不满，可以直接将订单提交纠纷平台。纠纷部门会联系双方跟进处理。买家退货后，卖家需要在 30 天内确认收货或提起纠纷，逾期未操作默认卖家收货，执行退款操作。若买家已经退货，并填写了退货单号，则需要等待卖家确认，如图 7-30 所示。

图 7-30　确认收到退货页面

卖家需在 30 天内确认收到退货：

（1）若确认收到退货，并同意退款，则点击"确定"按钮。速卖通会将货款退给买家。卖家确认收货，纠纷处理完成。

（2）若卖家在接近 30 天的时间内没有收到退货，或收到的退货有问题。卖家可以点击"升级纠纷"按钮，提交至平台进行纠纷裁决，平台会在 2 个工作日内介入处理，卖家可以在纠纷页面查看状态及进行响应。平台裁决期间，卖家也可以点击"撤销仲裁"按钮取消纠纷裁决。

（3）若 30 天内卖家未进行任何操作，即未确认收货，也未提交纠纷裁决。系统会默认卖家已收到退货，并将货款自动退还买家。确认收货后，纠纷处理完成，如图 7-31 所示。

图 7-31　纠纷处理完成页面

 实训提示

在处理纠纷的过程中，除了保留好相应的证据，与买家沟通过程的话术也很重要，沟通顺利可以极大地加速纠纷处理速度。

请体验一次速卖通客服处理纠纷，以文字配截图形式记录操作过程，并回答下列问题：

（1）用流程图描述本次纠纷处理流程。

（2）作为客服，确定自己遇到的是什么类型的纠纷？应该选择怎样的处理方法？

（3）在此次交易中，你体会到客服在纠纷处理中起到了积极作用吗？如有，请举例说明。

项目小结

本项目从客服工作思路与技巧；纠纷、评价与客户管理这两个任务进行学习。跨境电商客服工作主要分为售前、售中和售后三个流程，每个工作流程分工不同但有着紧密的联系。售前客服要有丰富的知识储备、能了解客户需求、推荐产品、进行销售；售中客服要跟踪商品发货，进行订单处理；售后客服要主动联系顾客、处理退换货、差评投诉，并维系客户关系。纠纷、评价与客户管理主要包括在工作过程中熟练运用各类技巧进行反欺诈与纠纷处理。管理评价，特别是积极响应中差评，找出顾客不满意的原因，积极改进，用优惠返现、下次折扣等方式让客户尽可能修改中差评。老客户维护，通过群发消息和节日问候等方式进行老客户的维护，把在店内有过消费的客户培养成不断光顾店铺的老客户。

1. 单项选择题

（1）以下观点哪一项是错误的。（　　）

　　A．售前客服的主要任务是销售产品

　　B．售中客服的主要任务是对订单进行追踪与反馈

　　C．售后客服的主要任务是售后服务

　　D．售中客服要对还未付款的订单进行催付

（2）以下哪一项不属于客服工作技巧。（　　）

　　A．快速回复　　　　　　　　　　B．规范化回应内容

　　C．擅用表情和符号　　　　　　　D．替客户做决定

（3）如果卖家和买家达成退款又退货的协议，买家必须要在（　　）天内将货物发出（否则货款会自动打给卖家）。

　　A．10　　　　　B．15　　　　　C．20　　　　　D．5

（4）买家提交纠纷后，"纠纷小二"会在（　　）天内介入处理。

　　A．7　　　　　　B．8　　　　　C．9　　　　　D．10

（5）速卖通好评率计算公式为（　　）。

　　A．3个月内好评数量/（3个月内好评数量＋3个月内差评数量）

　　B．6个月内好评数量/（6个月内好评数量＋6个月内差评数量）

　　C．9个月内好评数量/（9个月内好评数量＋9个月内差评数量）

　　D．12个月内好评数量/（12个月内好评数量＋12个月内差评数量）

2. 多项选择题

（1）卖家分项评分，是指买家在订单交易结束后以匿名的方式对卖家在交易过程中（　　）方面服务做出的评价，是买家对卖家的单向评分。

　　A．提供的商品描述的准确性　　　B．沟通质量及回应速度

　　C．物品运送时间合理性　　　　　D．海关清关速度

（2）以下属于速卖通客服可利用的实时沟通工具有（　　）。

　　A．国际版阿里旺旺　　　　　　　B．速卖通的站内信

　　C．Facebook　　　　　　　　　　D．Skype

（3）速卖通把买家不良体验订单率作为一个重要指标，把卖家分为（　　）卖家。

　　A．不及格　　　B．及格　　　　C．良好　　　　D．优秀

（4）成功解决纠纷的技巧有（　　）。

　　A．产品保证

　　B．及时有效的沟通

　　C．重视买家的抱怨

　　D．处理纠纷后应跟踪买家对处理意见的反馈

（5）下列属于因未收到货物而引发纠纷的有（　　）。

　　A．物流延误　　　B．海关扣关　　　C．货不对版　　　D．质量问题

3．分析题

（1）比较跨境电商客服与非跨境电商客服的异同点。

（2）调研本地一家已经实施跨境电商业务的传统外贸企业，分析这家企业通过跨境电商客服方式招揽客户数量与之前传统外贸企业时期有无变化。

项目 8

跨境电商支付与财务管理

跨境支付方式及其特点；跨境电商平台收款与提现；店铺日常财务核算。

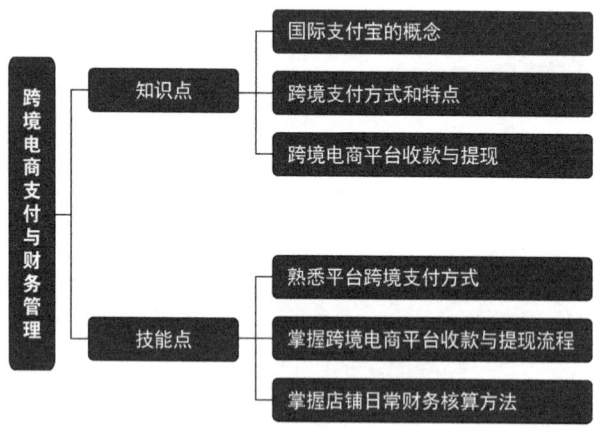

2015年，尽管全球贸易增速放缓，中国跨境电商却以30%的速率逆势增长，其中跨境电商零售占中国跨境电商市场的比重不断提升。国家连续颁布文件大力扶持跨境电商，在这样的政策背景下，很多网络创业者紧跟时代发展浪潮，积极投身于跨境电商平台创业之中。小李就是其中众多跨境电商草根创业者之一，他带着几个小伙伴注册了速卖通店铺，他们有热情、有思想、肯吃苦，生意慢慢好起来，投入的资金也慢慢增多。但一年忙碌下来，他们却感觉没怎么赚到钱。为什么生意好却看不到钱在哪里呢？究竟是哪个环节出了问题？或是他们忽略了什么？小李和他的同伴进行了深入反思。

项目 8　跨境电商支付与财务管理

> **引例分析**
>
> 　　要想弄清楚刚才的问题，就必须从公司的财务和账目入手。小李团队创业支出有这样几方面：设备、货物成本、运费和人力。收入来自平台账户里的美金和人民币。小李感觉没赚到钱并不一定是真的没赚到钱，因为不能只以货币收支来判断是否盈利，还要考虑固定资产（设备等）、库存和未到账的应收账款。为了确保跨境资金安全，保护买卖双方的合法权益，速卖通平台会根据实际情况决定具体的放款时间和比例，一般发货后 3～5 天会放款 70%～97%，部分订单放款会超过 5 天。如果考虑了这三方面仍然入不敷出，那一定是定价出了问题。因此，我们需要清楚店铺的收入、支出和财务管理法。本项目我们就来解决这些问题。

任务 1　跨境支付

8.1.1　跨境支付介绍

1. 跨境支付的概念

跨境支付指两个或者两个以上国家或者地区之间因国际贸易、国际投资及其他方面所发生的国际间债权债务借助一定的结算工具和支付系统实现资金跨国和跨地区转移的行为。

如中国消费者在网上购买国外商家产品或国外消费者购买中国商家产品时，由于币种不同，就需要通过一定的结算工具和支付系统实现两个国家或地区之间的资金转换，最终完成交易。

2. 跨境外汇支付业务

跨境外汇支付业务是指支付机构通过银行为电子商务交易双方提供跨境互联网支付所涉及的外汇资金集中收付及相关结售汇服务。

"信息流、资金流、物流"是电子商务的三大要素，中国第三方支付机构主要为跨境电商提供"购付汇"和"收结汇"两类业务，如图 8-1 所示。

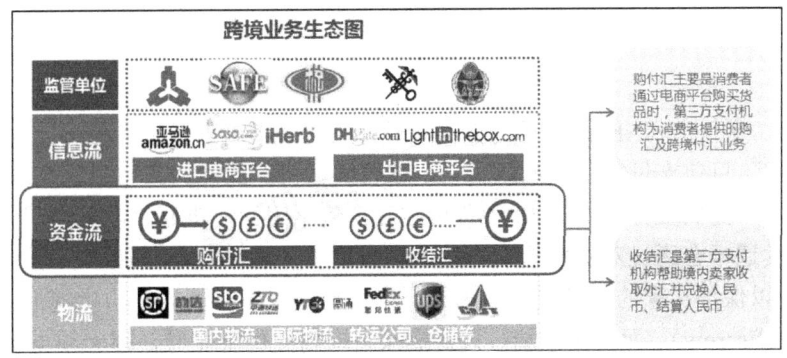

图 8-1　跨境业务生态图

3. 跨境支付政策

根据规定，支付机构开展电商跨境外汇支付业务首先需要有央行颁发的"支付业务许可证"，其次需要外汇管理局准许开展跨境电子商务外汇支付业务试点的批复文件。跨境人民币支付业务不需要外汇管理局的批复，由各地央行分支机构发布相关文件即可。

截至 2017 年 3 月，国家共发放 29 张跨境支付许可（图 8-2），区域主要集中在北京、上海、浙江，跨境支付业务主要集中在酒店、航空、教育及货物贸易等领域。

图 8-2　跨境支付许可牌照

8.1.2　国际支付宝 Escrow

1. 支付宝（Alipay）与国际支付宝（Escrow）

图 8-3　支付宝（Alipay）跨境业务发展

2007 年，支付宝（Alipay）成为首家获批开展跨境支付业务的第三方支付机构，2010 年速卖通上线。目前支付宝已经形成了"全球收全球付"的能力，可以为全球 200 多个国家和地区的用户提供服务，支持 18 种货币结算，包括美元、英磅、欧元、日元等。

全球速卖通平台通过对买家调研，发现买家群体更加喜欢和信赖"Escrow"一词，认为 Escrow 可以保护买家的交易安全。因此，平台在买家端将国内支付宝（Alipay）改名为国际支付宝（Escrow）。而在卖家端，只要卖家有国内支付宝账号，则无须再另外申请国际支付宝（Escrow）账户。

国际支付宝（Escrow）是由阿里巴巴与蚂蚁金融服务开发的，用以保护国际在线交易中买卖双方交易安全所设置的一种服务，全称为 Escrow Service。它是一种第三方支付担保服务，而不是一种支付工具。

（1）国际支付宝对卖家的保障。国际支付宝的风险控制体系可以保护卖家在交易中免受信用卡盗卡的欺骗，而且只有当且仅当国际支付宝（Escrow）收到了货款，才会通知卖家发货，这样可以避免买家在交易中使用其他支付方式导致的交易欺诈。

（2）国际支付宝对买家的保障。交易过程中先由买家将货款打到第三方担保平台的国际支付宝（Escrow）账户中，然后第三方担保平台通知卖家发货，买家收到商品后确认，货款转给卖家。至此，一笔网络交易完成。平台会根据卖家店铺的纠纷、仲裁、退款、评价和拒付等各方面指标，计算出卖家提前放款额度，并冻结一定比例的保证金，用于放款订单后期可能产生的退款或赔偿，以及其他可能对买家、速卖通或第三方造成的损失。冻结保证金如图 8-4 所示。

图 8-4　账户冻结金额

目前，国际支付宝支持部分产品的小额批发、样品、小单、试单交易，只要卖家的产品满足 2 个条件即可通过国际支付宝进行交易：

（1）产品可以通过 EMS、DHL、UPS、FedEx、TNT、SF、邮政航空包裹七种运输方式进行发货。

（2）单笔订单金额小于 10 000 美金（产品总价加上运费的总额）。

2．国际支付宝（Escrow）支持的支付方式

买家可通过国际支付宝使用多种方式进行支付，买家付款界面如图 8-5 所示。

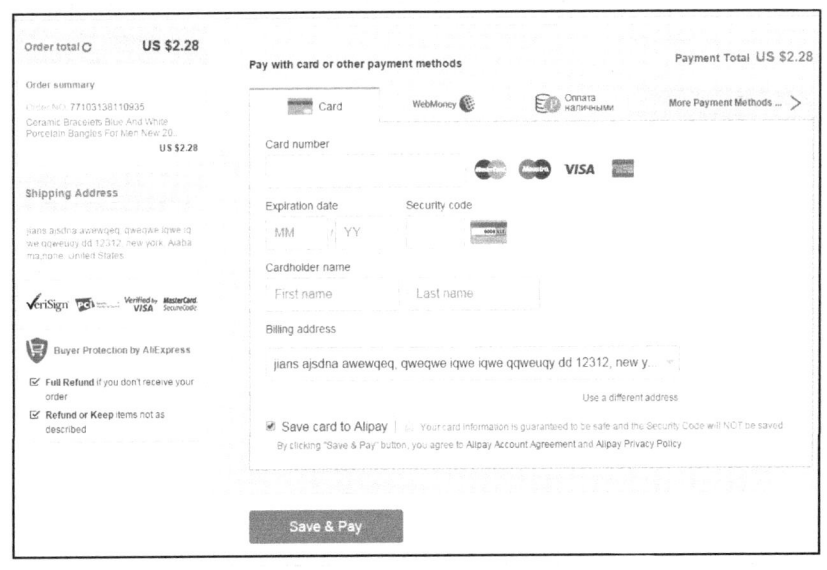

图 8-5　买家付款界面

（1）信用卡/借记卡。买家通过人民币通道收到的货款，在放款后直接进入支付宝国际账户的人民币账户中；通过美元通道收到的货款，在放款后直接进入支付宝国际账户的美元账户中，如图8-6所示。

图8-6 信用卡/借记卡

跨境支付——信用卡支付

（2）Western Union 西联汇款、T/T 银行汇款支付。Western Union 西联汇款、T/T（Telegraphic Transfer）电汇都是国际贸易主流的支付方式，常用于大额交易。如果买家使用此方式支付，在订单完成后，平台会直接将美元支付给卖家。但银行会收取一定的汇款手续费和提现费用。

（3）Boleto支付。Boleto是由多家巴西银行共同支持的一种支付方式，在巴西占据绝对主导地位，客户可以到巴西任何一家银行、ATM机、彩票网点或使用网上银行授权银行转账。该支付渠道有如下特点：

① 一旦付款，不会产生拒付和伪冒，保证商家的交易安全；

② 无须预付交易保证金，降低了支付门槛；

③ 单笔支付限额为1～3000美金，月累计支付不超过3000美金；

跨境支付——西联支付

④ 不是网上实时付款，消费者需在网上打印付款单并通过网上银行、线下银行或其他指定网点进行付款。消费者可以在1～3天内付款，各个银行需要1～3个工作日的时间完成数据交换，所以每笔交易一般需2～7天的时间才能完成支付。因此，当买家使用Boleto支付时，卖家需要等待几天才能看到付款成功，不要立即催付或修改订单价格，如图8-7所示。

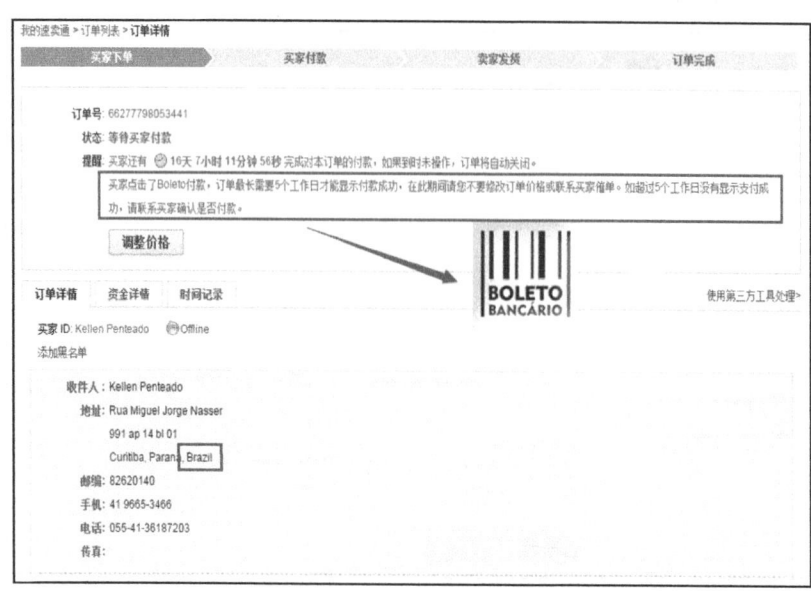

图8-7 Boleto付款订单

（4）QIWI Wallet、Webmoney、Yandex.Money 支付。QIWI Wallet、Webmoney、Yandex.Money 是俄罗斯三大主流支付方式，如图 8-8 所示。

图 8-8　俄罗斯三大主流支付方式

① QIWI Wallet 是俄罗斯 mail.ru 旗下公司出品的类似于中国支付宝的产品，是俄罗斯最大的第三方支付工具之一，买家可以根据自己的情况选择合适的付款方式，支持 USD/RUB/EUR/KZT 四种币种付款。俄罗斯人对 QIWI Wallet 非常信任，俄罗斯买家可以先对 QIWI Wallet 进行充值，再到对应的商户网站购买产品。

QIWI Wallet 的优势在于其拥有较完善的风险保障机制。不同于 PayPal 或者信用卡有 180 天的"风险观察期"，QIWI Wallet 不存在拒付（Chargeback）风险。如果买家通过 QIWI Wallet 钱包支付，通过资金审核（一般 24 小时内）即可到账。

2012 年，阿里巴巴与 QIWI Wallet 签署战略合作协议。合作后，俄罗斯用户可通过 QIWI Wallet 在阿里巴巴平台上购买中国产品。

② WebMoney 是由成立于 1998 年的 WebMoney Transfer Techology 公司开发的一种在线电子商务支付系统，目前被包括中国在内的全球 70 个国家使用，支持 USD/RUB/EUR/BYR 等多币种收付，许多国际性网站都与其有合作。WebMoney 的优势在于使用人数较多，适用范围广。

在速卖通平台上，WebMoney 这种支付方式的消费额度是 0.01～5000 美金。同时，WebMoney 会根据买家会员级别设置不同的支付限额。

③ Yandex.Money 是俄罗斯领先的网络平台及搜索引擎 Yandex 旗下的电子支付工具，拥有 1800 万活跃用户。Yandex.Money 的优势在于充值方便，可通过支付终端、电子货币、预付卡和银行转账（银行卡）等方式向钱包内充值，实时到账，无拒付风险，使用范围广。

8.1.3　其他跨境支付方式

其他使用较多的跨境支付方式主要有 PayPal、Moneybookers 和 Payoneer，如图 8-9 所示。

图 8-9　其他跨境支付方式

1. PayPal

PayPal 是美国 eBay 公司的全资子公司。PayPal 作为国际贸易支付工具，已在全球 190 个国家和地区支持 26 种货币进行交易，在全球拥有超过 1.6 亿用户，支持即时支付、即时到账，集信用卡、借记卡、电子支票等支付方式于一身。

PayPal 最大的好处是免费注册，它使用电子邮件来标识用户身份，并允许用户之间转移资金，避免了传统的邮寄支票或者汇款的方法。PayPal 也和一些电子商务网站合作，成为它们的货款支付方式之一，但收取一定数额的手续费。在跨国交易中超过 90%的卖家和超过 85%的买家认可并正在使用 PayPal 电子支付业务。

跨境支付——Moneybookers

2．Moneybookers

2003 年，Moneybookers 成为世界上第一家被政府官方所认可的电子银行。用户可以通过电子邮件地址以及带照片的身份标识（如身份证、护照、驾照）完成 Moneybookers 认证。

Moneybookers 的优势在于，它无须申请美元支票，多个国际中介公司可提供兑换人民币的业务，另外也可以直接把美元欧元转账到用户国内的外币存折或卡上。Moneybookers 不像 PayPal 必须用信用卡来激活，Moneybookers 无付款手续费，且收款手续费低廉。

3．Payoneer

Payoneer 是一家总部位于纽约的在线支付公司，主要业务是帮助其合作伙伴将资金下发到全球，同时也为全球客户提供美国银行/欧洲银行收款账户用于接收欧美电商平台和企业的贸易款项。

Payoneer 的优点在于注册便捷，使用中国身份证即可完成账户在线注册，并自动绑定美国银行账户和欧洲银行账户；费用低廉，电汇设置单笔封顶价，人民币结汇手续费最多不超过 2%；适用于单笔资金额度小但是客户群分布广的跨境电商网站或卖家。

任务 2　收款与提现

8.2.1　收款与提现账户

1．支付宝国际账户

支付宝国际账户 Alipay account（如图 8-10 所示）是支付宝为从事跨境交易的国内卖家建立的资金账户管理平台，包括对交易的收款、退款、提现等主要功能。支付宝国际账户是多币种账户，包含美元账户和人民币账户。目前只有 AliExpress（速卖通）与阿里巴巴国际站会员才能使用。卖家通过交易获得的订单款项，以人民币或美金的形式汇入支付宝国际账户中。

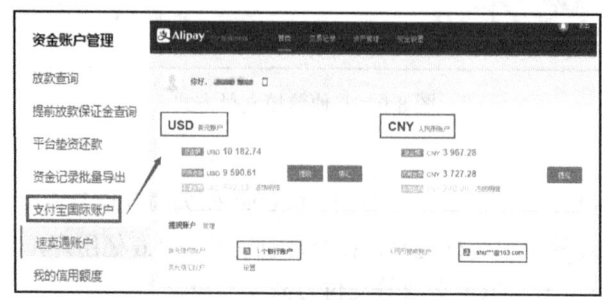

图 8-10　支付宝国际账户

2. 提现账户设置

速卖通会员可登录"我的速卖通—交易—资金账户管理",进入"支付宝国际账户",在"提现账户管理"功能菜单中,进行人民币和美元提现账户的设置,如图 8-11 所示。

图 8-11　收款提现账户设置

（1）人民币提现账户与国内支付宝账户绑定,将人民币直接提取到国内支付宝账户。

（2）卖家可以设置三个美元账户提现银行账号,但需要区分是个人账户还是公司账户。

① 公司账户。所有信息不能使用中文填写,否则将引起放款失败,从而产生重复的放款手续费损失;设置的公司账户必须是美元账户或是能接收美元的外币账户;在中国大陆地区开设的公司账户必须有进出口权才能接收美元并结汇;使用公司账户收款的订单,必须办理正式报关手续才能顺利结汇。

② 个人账户。除开户名（中文）外的其他信息不要使用中文填写,否则将引起放款失败,从而产生重复的放款手续费损失;客户创建的个人账户必须能接收海外银行（新加坡花旗银行）并且是公司对个人的美元转账,开设个人美元账户的具体信息可以咨询相关银行。个人账户对于收汇没有限制,个人账户年提款总额可以超过 5 万美元,但结汇需符合国家外汇管制条例,每人年结汇限额为 5 万美元。

注意:选择账户类型后,依次填写"账户名（英文）"（若为公司账户,应填写企业在银行开户时使用的户名,如 Alibaba Corp;若为个人账户应填写在银行开户时填写的姓名拼音,如张三,应填写 ZHANG SAN）、"Swift Code"和"银行账号"。填写完毕后,单击"下一步"按钮,即可添加美元提现银行账户,如图 8-12 所示。

小知识　　　　　　　　　　SWIFT Code

SWIFT 是环球银行金融电信协会（Society for Worldwide Interbank Financial Telecommunication）的简称,它是一个国际银行间非盈利性的国际合作组织,为国际金融业务提供快捷、准确、优质的服务。SWIFT 运营着世界级的金融电文网络,银行和其他金融机构通过它与同业交换电文（Message）来完成金融交易。SWIFT Code 是由该协会提出并被 ISO 通过的银行识别代码,由计算机可以识别的 8 或 11 位英文或阿拉伯数字组成。

设置完成后,用户可以在"资产管理—提现账户"中查询,如图 8-13 所示。

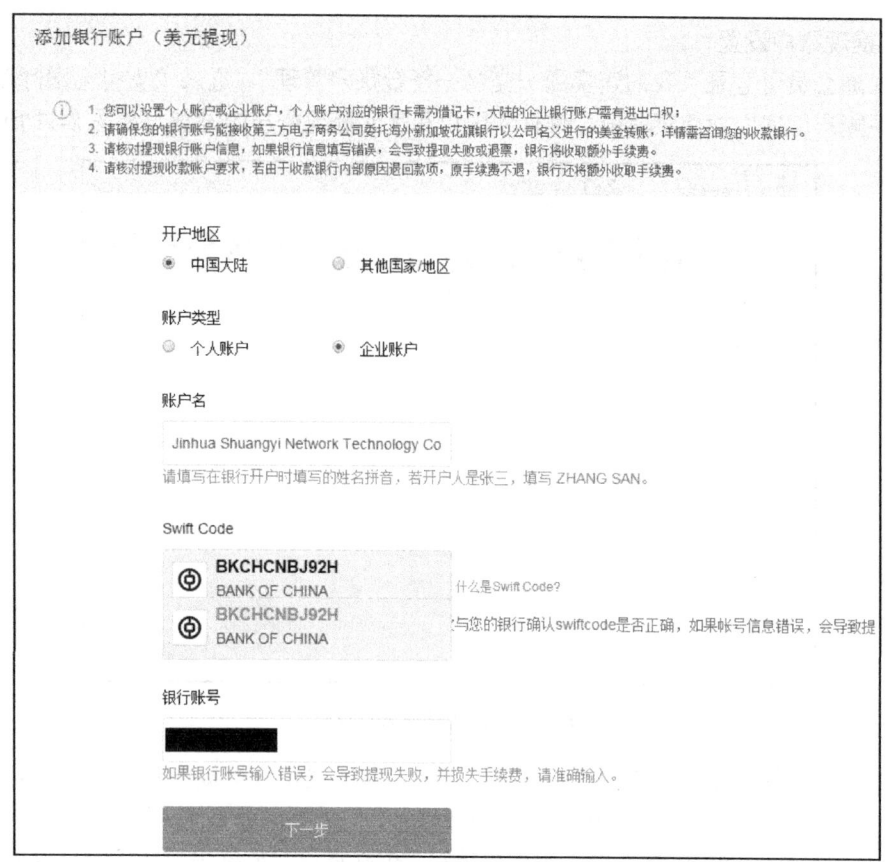

图 8-12 添加美元提现银行账户

图 8-13 提现账户

3. 速卖通账户

（1）什么是"速卖通账户"？

"速卖通账户"是由于业务发展需要，新增加的支付渠道；新增加的部分支付渠道的资项目 8　跨境电商支付与财务管理

金会直接结算到卖家的速卖通结算账户。有一部分资金会放款到速卖通账户下，如图 8-14 所示。

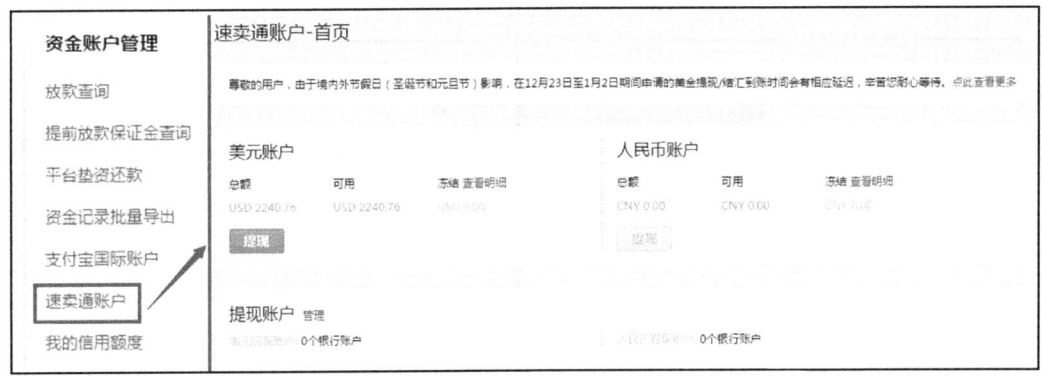

图 8-14　速卖通账户提现

（2）速卖通账户与支付宝国际账户的区别是什么？

速卖通账户与支付宝国际账户的功能基本一致，都是针对资金的查询、管理和提现。

（3）什么情况下买家支付的资金会流入速卖通账户中？

系统会根据买家支付渠道等信息决定结算到支付宝国际账户还是速卖通结算账户。目前主要是信用卡支付的订单，后续资金放款可能会进入该账户。

（4）支付宝国际账户和速卖通账户的资金能否互相转移？

目前不支持两个账户之间资金的转移。

✓ 8.2.2　提现操作

用户提现采用余额提现方式，分为人民币提现和美元提现。用户可在"我的账户"中查询到可提现的、已冻结的人民币和美元金额，以及账户的人民币和美元总额。

人民币提现款项将转入支付宝国内账户中；美元提现则款项将转入到用户设置的美元提现银行账号中。

1. 人民币提现

（1）选择人民币账户，单击"提现"按钮，如图 8-15 所示。

图 8-15　人民币账户提现

（2）输入"提现金额"，确认提现信息，如图 8-16 所示。1～3 个工作日后，提现金额会到达买家支付宝国内账户中。

（3）提现金额汇入支付宝国内账户后，可提取到银行卡中。

① 登录国内支付宝账户，单击"提现"按钮，如图 8-17（a）所示。

221

② 选择收款银行账户，输入取款金额、银行服务类型，可填写备注和短信通知手机号，如图8-17（b）所示。

③ 最后，输入支付宝支付密码，确认转账，如图8-17（c）所示。

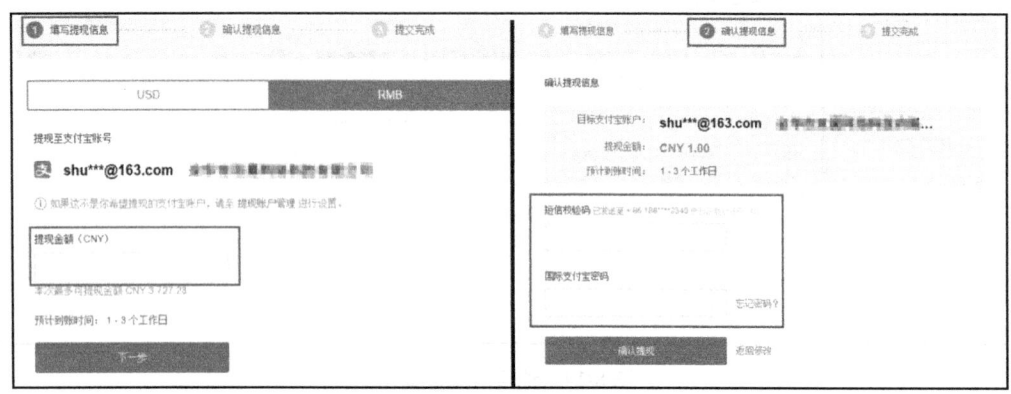

图8-16 填写、确认提现信息

（a）

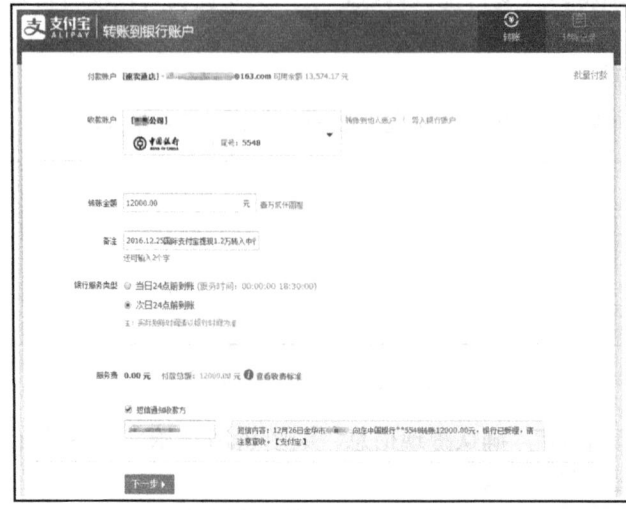

（b）

图8-17 国内支付宝提现

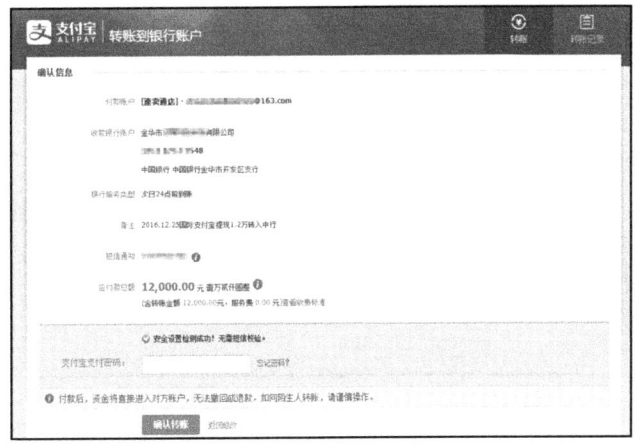

(c)

图 8-17　国内支付宝提现（续）

2. 美元账户提现

美元账户提现分为"提现"和"结汇"两种方式。"提现"是指将美元账户的美金提取到银行卡的美元账户；"结汇"是 Alipay 为卖家提供的将卖家在速卖通交易中收取的美元货款兑换为人民币，并汇入卖家的国内支付宝账户的服务。

注意：结汇汇率以卖家发起申请时，Alipay 的合作银行提供的实时汇率为准。卖家提供的国内支付宝账户的身份信息应与卖家在速卖通经过认证的身份信息一致。

（1）选择美元账户，单击"提现"按钮，如图 8-18（a）所示。

（2）输入"提现金额"，确认提现信息，如图 8-18（b）所示。

（3）至此，美元账户提现完成，如图 8-18（c）所示。

注意：美元提现每次会收取 15 美金手续费。

(a)

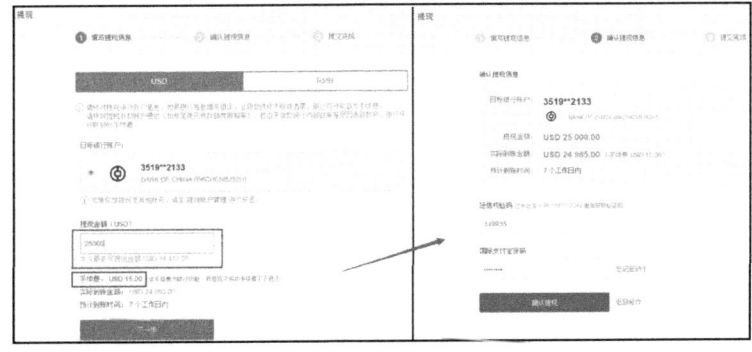

(b)

图 8-18　美元账户提现

(c)

图 8-18　美元账户提现（续）

8.2.3　结汇和退税

1. 结汇

（1）收款账户与结汇

前面讲到卖家设置了美元收款账户收取美金，可以设置两种提现银行账户：公司银行账户和个人银行账户。

① 使用公司账户收款时，卖家必须办理正式报关手续，并在银行端完成相关出口收汇核查、国际收支统计申报之后，才能顺利收汇、结汇。

② 使用个人账户收款，卖家会受到每年 5 万美金的限制，超过 5 万美金的部分可以通过以下两种方式解决：

　　a. 分年结汇，例如，2016 年先结汇 5 万美金，剩余的待下一年结汇。

　　b. 可先用某一账户提现 5 万美金，下次提现时更改个人收款账户，分开提现。

（2）提现美元到银行卡再结汇

当美元提取到银行卡中之后，卖家就可通过网上银行或前往银行柜台办理结汇。网上银行结汇步骤如下：

① 填写结汇信息，选择结汇方式（转大金额时银行会要求选择"预约结汇"）、交易方式、支取金额和货款性质，如图 8-19 所示。

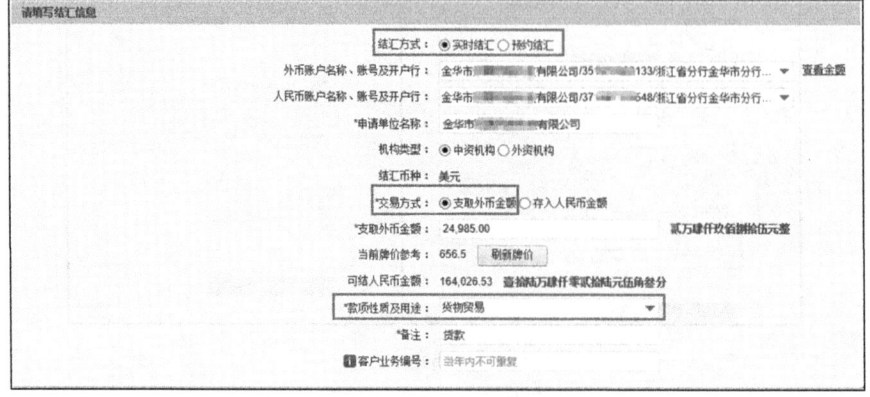

图 8-19　结汇信息

② 填写申报信息，包括结汇用途、交易编码（选择"未纳入海关统计的网络购物"），如图 8-20 所示。

③ 最后确认提交，等待处理。

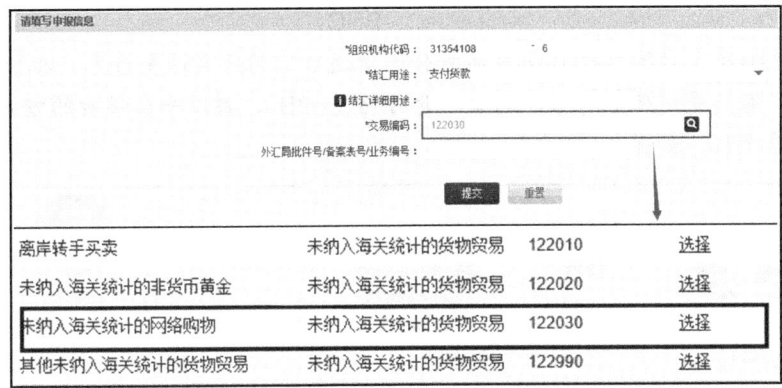

图 8-20　申报信息

（3）支付宝国际账户直接结汇

美元结汇是 Alipay 为卖家提供的将卖家在速卖通交易中收取的美元货款兑换为人民币，并汇入卖家国内支付宝账户的服务。结汇汇率以卖家发起申请时 Alipay 的合作银行提供的实时汇率为准。卖家提供的国内支付宝账户的身份信息应与卖家在速卖通经过认证的身份信息一致。

用户可以开通结汇功能，设置美元结汇账户直接结汇，如图 8-21 所示。

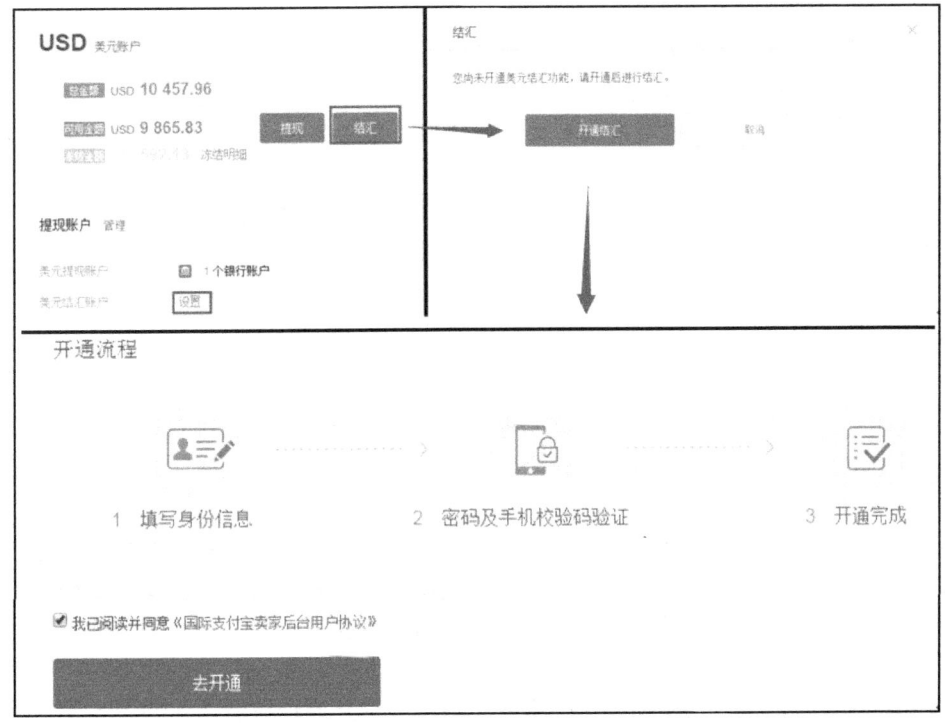

图 8-21　开通结汇

2. 退税

2016年,速卖通推出BBC(B2B2C)海外仓出口退税服务,可提供通关、物流、收汇、退税、融资等服务。

小知识　　　　　　　　　　　BBC

BBC(B2B2C)是阿里巴巴一达通联合速卖通专门为速卖通平台客户推出的海外仓出口退税服务,客户通过先备货出口到海外仓存储(B2B),再以平台售卖的方式(B2C)完成出口,即享退税,如图8-22所示。

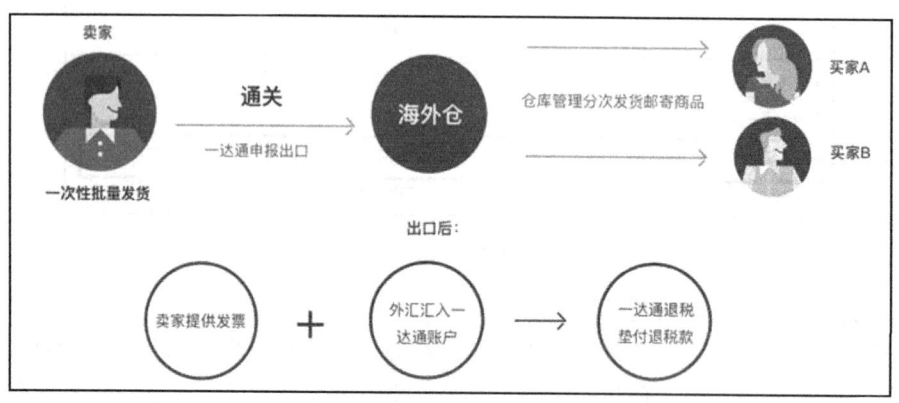

图8-22　BBC出口场景

阿里巴巴一达通作为卖家的出口退税服务商,用一达通抬头报关后,需要卖家将外汇汇入一达通并提供开具给一达通的有效增值税发票,一达通三个工作日内可将退税款垫付给用户。BBC提供的服务具体有:

(1)通关:通过一达通抬头报关,只需在线上操作,可快速审单,报关出口。
(2)收汇:通过一达通收汇,实时结汇提现。
(3)退税:卖家开具有效增值税发票给一达通,外汇收齐后,一达通即可垫付退税款,最快为出口三天后拿到。
(4)融资:提供退税融资服务,积累数据可使用流水贷服务。
(5)物流:提供海运、空运、陆运以及快递物流服务。
(6)仓库:提供菜鸟仓仓储服务(目前开通中国香港仓和西班牙仓),30天免收仓租,也可选择自有海外仓收货。

小知识

一达通是国内首家结合进出口代理和电子商务功能的中小企业进出口环节外包服务提供商,为中小企业提供通关、运输、保险、码头、外汇、退税、融资、认证等全程进出口服务。2014年3月,阿里巴巴全资收购一达通。

卖家根据自己对海外市场销量的掌握,将商品批量申报出口储存在海外仓。这需要卖家对海外市场事先有较为精准的判断。通过批量出口,节省物流成本。卖家平台收到订单后由目的国派送,这样极大地缩短了买家收货时效。当然,这需要卖家本身或上游供应商具有开票能力。

卖家可在速卖通后台"交易—退税服务"板块申请开通退税服务,如图8-23所示。

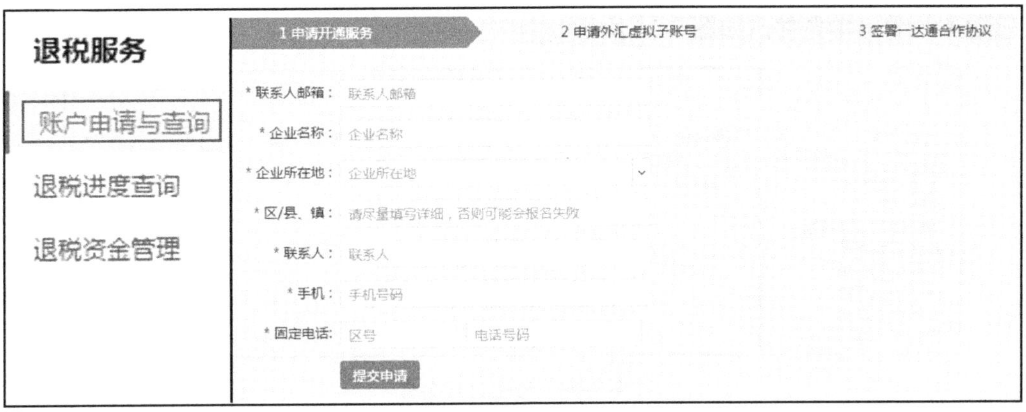

项目 8　跨境电商支付与财务管理

图 8-23　开通退税服务

任务 3　查看报表与财务管理

8.3.1　订单报表

卖家可以在速卖通后台"交易—管理订单"板块操作"订单批量导出",如图 8-24 所示。

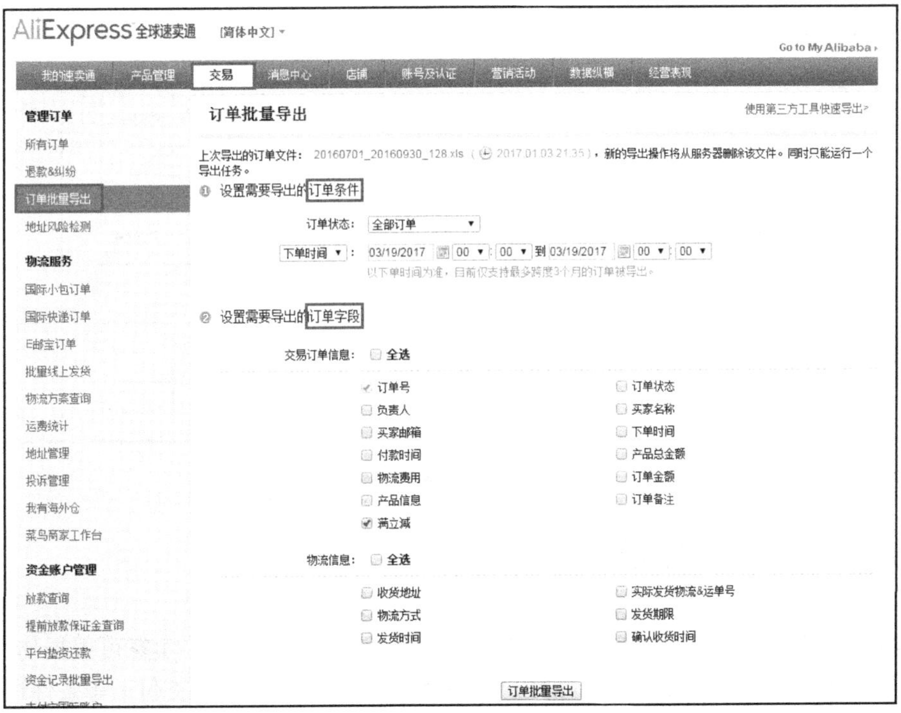

图 8-24　批量导出订单

227

(1) 设置订单条件，如图 8-25 所示。

图 8-25　设置订单条件

(2) 设置订单字段，包括交易订单信息和物流信息。

(3) 导出并下载 Excel 表格进行查看，如图 8-26 所示。

图 8-26　订单和物流信息

8.3.2　运费报表

卖家可以在速卖通后台"交易—物流服务"板块进行运费统计。卖家可根据物流方式、支付方式（国内支付宝或支付宝国际账户）、支付状态（已支付或未支付）等条件进行运单查询，如图 8-27 所示。

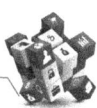

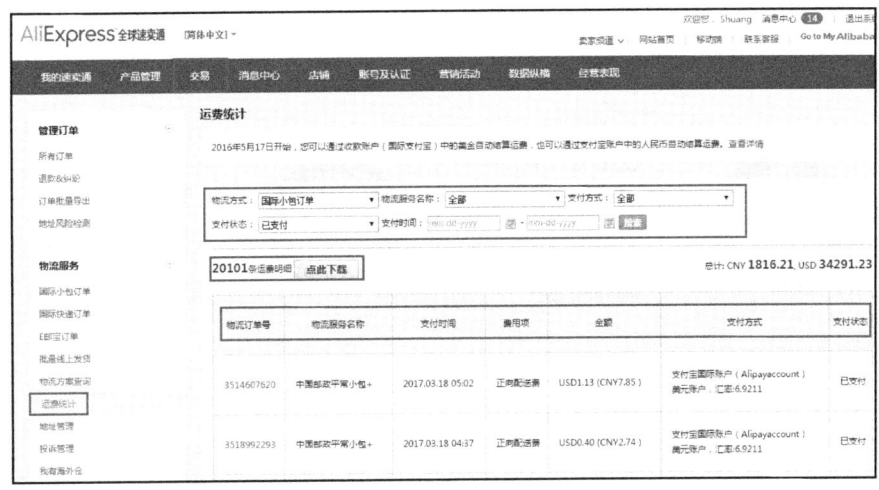

图 8-27　运费统计

卖家也可下载运费明细（Excel）进行财务统计，如图 8-28 所示。

物流订单号	国际物流单号	物流服务名称	创建时间	支付时间	订单重量	费用项	金额（CNY）	支付方式	支付金额	支付币种	备注	支付状态
3514607620	04731198599	中国邮政平常小包+	2017.03.17 18:03	2017.03.18 05:02	0.094	正向配送费	7.85	支付宝国际账户(	1.13	USD		已支付
3518992293	04731204008	中国邮政平常小包+	2017.03.17 18:03	2017.03.18 04:37	0.032	正向配送费	2.74	支付宝国际账户(	0.4	USD		已支付
3518538412	04729644902	中国邮政平常小包+	2017.03.17 02:06	2017.03.18 04:27	0.096	正向配送费	8.21	支付宝国际账户(	1.19	USD		已支付
3518994265	04731203838	中国邮政平常小包+	2017.03.17 18:03	2017.03.18 04:27	0.102	正向配送费	8.77	支付宝国际账户(	1.27	USD		已支付
3514617027	04731202041	中国邮政平常小包+	2017.03.17 18:03	2017.03.18 04:27	0.028	正向配送费	3.18	支付宝国际账户(	0.46	USD		已支付
3519002046	04731207477	中国邮政平常小包+	2017.03.17 18:03	2017.03.18 04:27	0.036	正向配送费	3.08	支付宝国际账户(	0.45	USD		已支付
3519004044	04731194570	中国邮政平常小包+	2017.03.17 18:03	2017.03.18 04:27	0.028	正向配送费	2.58	支付宝国际账户(	0.37	USD		已支付
3514217428	04729635640	中国邮政平常小包+	2017.03.17 02:06	2017.03.18 04:27	0.113	正向配送费	9.66	支付宝国际账户(	1.4	USD		已支付
3511857108	LP00070264672257	中外运-西邮经济小包	2017.03.15 18:09	2017.03.18 00:31	0.03	正向配送费	5.2	支付宝国际账户(	0.75	USD		已支付

图 8-28　运费明细表

8.3.3　资金账户管理

1. 放款查询

卖家可以在速卖通后台“交易—资金账户管理”板块进行放款查询（订单分为“已放款”和“待放款”两种状态，币种分为美元、人民币和卢布 3 种），如图 8-29 所示。

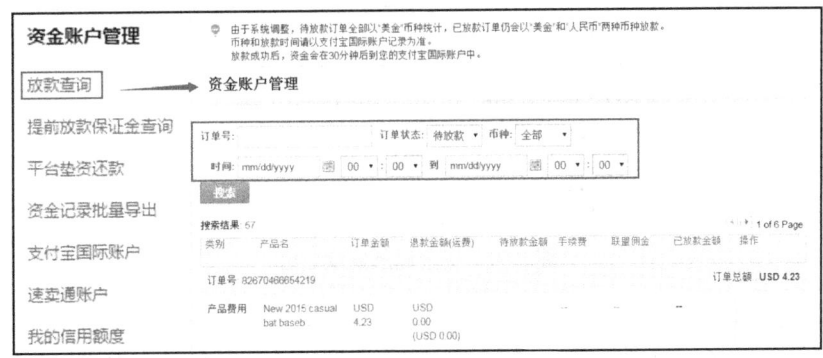

图 8-29　放款查询

2. 提前放款保证金

卖家可以在速卖通后台“交易—资金账户管理”板块进行“提前放款保证金查询”，如图 8-30 所示。速卖通平台会根据卖家的经营表现，上调或释放卖家提前放款需要的保证金总额。

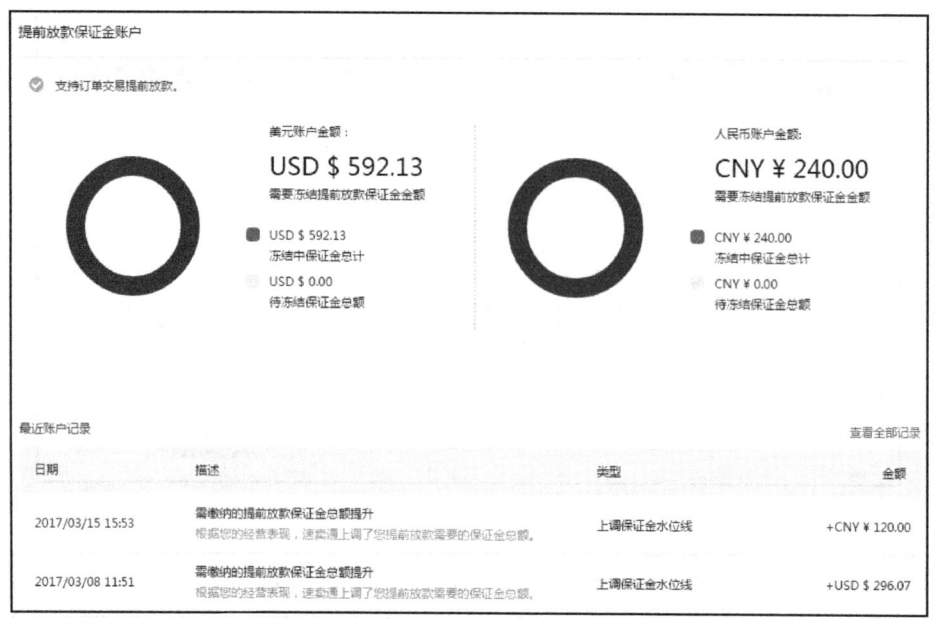

图 8-30　提前放款保证金账户

3．资金记录批量导出

卖家可以在速卖通后台"交易—资金账户管理"板块进行"资金记录批量导出",可导出放款记录明细、售后退款记录明细、保证金冻结解冻/使用和追缴明细,以及平台垫资及偿还明细,如图 8-31 所示。

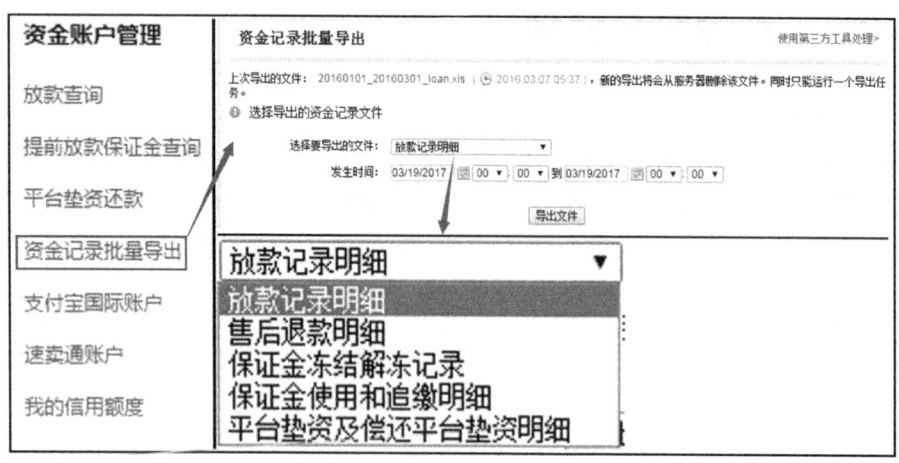

图 8-31　资金记录批量导出

4．支付宝国际账户

支付宝国际账户可以查询美元和人民币账户金额,以及所有资金地进出情况。因此,对于店铺的财务核算这个板块非常重要,在实训中我们会教给大家店铺财务核算的方法。

卖家可以在"交易记录"板块查询美元和人民币账户在某一时间范围内的入款和出款明细,如图 8-32 所示,并下载 Excel 表格。

项目 8　跨境电商支付与财务管理

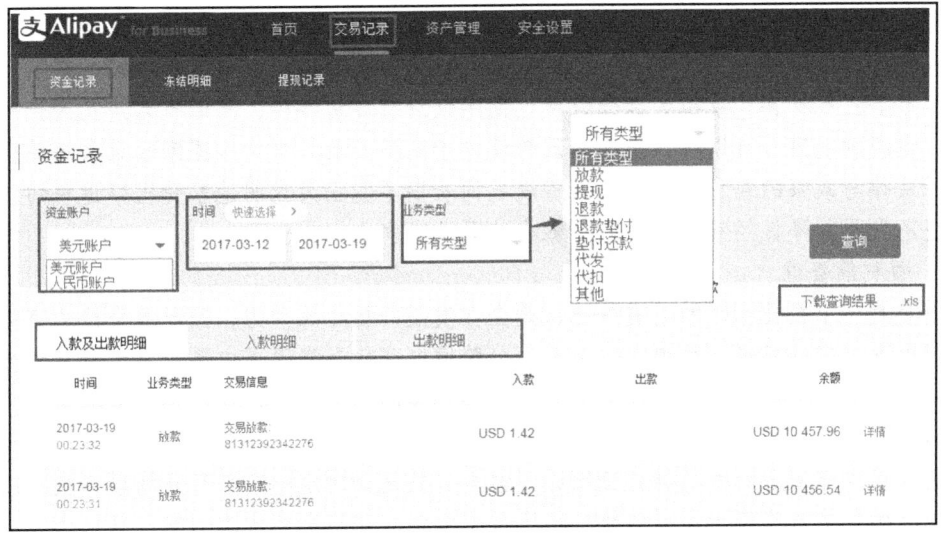

图 8-32　交易记录板块

新时期跨境电商财务困境研究（节选）

一、跨境电商当前面临的主要财务困境

跨境电子商务作为一种创新型的电子化对外贸易模式，有着传统外贸所难以比拟的活力和优势，产业发展潜力巨大。然而，如同每一新生事物一样，在其发展的道路上难免遇到瓶颈和困境，这将制约跨境电子商务的快速发展。当前，跨境电商主要面临四大财务困境：结汇难、退税难、筹资难和核算难。

1. 规范结汇难

我国传统的国际贸易在结汇时是根据企业类别进行分类控制的，信用好、规模大的企业结汇手续简单、快捷，刚起步的小企业结汇审核严、手续多、流程长。目前，国内大部分跨境电商以中小型企业为主，"淘宝店铺"是最典型的跨境电商经营模式，他们往往不具备传统外贸企业的结汇资格，加之商品出口主要是通过行邮物品的渠道将产品邮寄到境外，缺少正规的报关程序，难以合法结汇，因此现阶段跨境电商大都采取非常规的结汇手段。例如，为应对国家对个人结汇每年 5 万美元的限制，不少跨境电商都是借用亲属账户或者通过地下钱庄来实现资金的跨境结汇，还有部分电商则是通过中国香港账户来规避结汇限额的难题。不论是采用哪种结汇方式，均是非正规渠道，存在诸多风险。尽管目前已经陆续出现一些支付平台可以有助于解决结汇难题，但是尚需获得政府相关部门的更多支持。总体而言，当前跨境电商在结汇环节十分不顺畅，这将直接导致跨境电商的贸易资金收支不及时，进而造成资金周转不畅，这已是制约跨境电商发展的一大难题。

2. 正规退税难

出口退税是指国家为了增加出口货物的竞争力，退还其在国内生产及流通环节已缴纳的增值税和消费税。为防范骗取出口退税的行为，税务机关必须依据国家有关的税收法规对出口企业的退税申请进行严格审查，经审核无误后，方能予以退税。然而，我国跨境电

231

子商务产业尚处于发展初期，绝大多数跨境电商从事的是小额对外贸易，主要以行邮、包裹形式直接出口货物，在海关、收付汇和检验检疫等环节难以办理正常手续，自然无法提供报关单等正规材料，故绝大部分跨境电商不仅没有办法缴税，同时也无法正大光明地享受出口退税的优惠。可以说，当前我国跨境电子商务产业并未纳入国家政策和海关监管，尚处于法律与政策的灰色地带，如果跨境电商长期不能正大光明地享受出口退税的优惠政策，将不利于其降低经营成本，进而影响其国际竞争力。

3. 顺利筹资难

资金是一个企业生存的关键命脉，是企业发展的核心驱动力，因此筹资能力直接关系到跨境电商未来的发展。目前，我国大部分跨境电商的融资渠道主要来源于自有资金，资本实力相当有限，而跨境电子商务正处于蓬勃发展的加速阶段，资金需求量非常大，仅仅通过自身资源来寻求自我滚动式发展的模式将极大地限制跨境电商的快速成长。然而，当前我国跨境电子商务的外部融资机制并不健全，缺乏针对这一新兴行业的融资扶持政策，跨境电商的筹资难度极大，以传统的银行信贷为例：跨境电商作为创新型网络企业，通常规模小、实力弱、风险高，可供抵押和质押的资产不多，更难找人为其提供担保，加之缺乏良好的信用记录，银行出于风险和效率的考虑，往往更偏好贷款给传统的大企业，对跨境电商的支持力度很小。尽管现在有越来越多的网络融资服务，但尚处于初期探索阶段，还面临着诸多法律和监管方面的风险和挑战。可以说，现阶段跨境电商融资贷款难的问题十分突出，这严重制约了跨境电商的生存及未来发展。

4. 标准核算难

会计核算是企业财务管控的基本内容，是现代经济活动的首要管理手段。跨境电子商务的无国界化、会计主体虚拟化以及支付形式的多样化等特点，不但对会计准则国际化提出了新的要求，亦对会计主体、会计分期、持续经营和货币计量等基本假设构成了极大的挑战，传统的会计准则和财务制度很难适应跨境电商的核算要求。然而，我国尚缺乏针对跨境电子商务行业专门的会计核算和财务管理制度，亦未对跨境电子商务中特殊的会计处理做出明确规定，尤其缺乏具有实际可操作性的指导文件，这给财会人员准确反映公司财务状况和经营成果带来了困难，也导致跨境电商企业的会计核算缺乏可比性和一致性。此外，跨境电商作为新兴产业，目前尚没有一套适用于该行业较为成熟的 ERP 软件系统，且大多 ERP 系统的开发往往更侧重于库存、销售等模块，财务模块仅有简单的收入、成本核算功能，难以满足跨境电商较为复杂的财务管控需求。

二、解决跨境电商财务困境的对策

结合上述财务困境的成因，要从根本上摆脱目前跨境电商所陷入的财务困境，必须从提高财务风险意识、加大政策扶持力度、加强信息化建设和积极培养专业人才四大方面入手。

1. 提高财务风险意识

事先预防是解决问题最好的办法。既然风险存在于跨境电子商务运营过程的各个环节，跨境电商要维持生存并谋求发展，全体员工均要树立较强的风险意识。跨境电商应在企业内部成立一个危机管理小组，在企业规划中提前做好应对预案，以备出现危机时，能及时采取应对措施；企业的经营管理人员要具备较强的风险预判能力和危机处理能力，尽量避免可预见的财务风险，对于难以预见的财务风险，尽可能将其影响降低到最小；财务管理人员要对经营过程中主要的财务指标和非财务指标进行实时监测，密切关注资金的流向，规避企业资金链断裂，进而引发严重的财务危机。

项目 8 跨境电商支付与财务管理

2. 加大政策扶持力度

针对现阶段跨境电商所面临的诸多财务困境，国家应该积极制定和完善相应的法律法规及配套政策，使得跨境电子商务能够在法律的监督和保护下健康快速发展。具体来说：在结汇方面，外汇管理部门应给与更大政策支持，对于以快递方式出运货物的小型跨境电商，可通过第三方支付机构办理结汇，同时取消对外贸企业结汇的分类管理，进而推行一种更为高效的结汇管理模式；在退税方面，税务机关应基于现有进出口贸易的法律法规，结合当前跨境电子商务的特点，制定出专门针对跨境电子商务退缴税的实施办法；在筹资方面，商业银行要加大对跨境电商的信贷支持，尤其要支持和鼓励政策性银行针对跨境电商开发贴息或免息的小额贷款业务，构建与跨境电商相配套的支付服务体系，并扶持电商平台开发融资产品；在核算方面，有关部门应借鉴国外相关研究成果和实践经验，抓紧时间研究制定符合我国当前国情的、针对跨境电子商务行业的会计核算和财务管理制度。

3. 加强信息化建设

要解决当前跨境电子商务发展的瓶颈问题，中央和各地政府必须积极利用信息化手段，探索制定跨境电子商务所涉及的在线结汇、退税等相关的接口规范及信息标准，在跨境电商与海关、外管、银行、税务等政府部门之间搭建跨境电子商务综合信息服务平台，实现云端信息交换与数据共享，进而综合解决当前跨境电商所面临的无法规范结汇、不能正常退税及难以授信等问题，以助推跨境电子商务快速发展。软件开发企业要协同跨境电商积极开发一套适用于跨境电子商务行业完善的 ERP 系统，尤其是注重对财务模块的开发，以减少跨境电商财务管理人员的工作量，提高其工作效率。

4. 积极培养专业人才

人才是跨境电子商务领域的重要生力军，而目前国内既熟悉会计实务又掌握现代信息技术和国际商务惯例的复合型人才奇缺，因此必须要大力培养复合型跨境电子商务的财会人才，坚持人才创新带动产业创新，为跨境电商财务工作提供持续助力。一方面政府必须重视对高素质、全方位会计人才的培养，加快改革高校现行的会计教育体系，整合现有教育资源，更新教育手段和方法，建议在高校增设跨境电商会计专业化方向，深入研究跨境电子商务的会计理论与实务，并通过校企合作的教学模式，培养一批能驾驭跨境电子商务的高素质财会人才，以助推我国跨境电子商务的发展。另一方面，要加大对现有财会人员的在职培训，通过后续教育改变其落后的财务管理理念，重组落后的财会知识结构，并提高网络信息安全的应用水平。

(资料来源：李婧. 国际商务财会. 2015 年 12 期)

同步实训

实训 1　查询银行的 SWIFT Code

 实训目的

了解 SWIFT Code 的含义、代码组成，掌握 SWIFT Code 的查询方法。

233

实训内容与步骤

（1）了解 SWIFT Code。

在前文的"小知识"板块，我们了解了 SWIFT 是环球银行金融电信协会（Society for Worldwide Interbank Financial Telecommunication）的简称，它是一个国际银行间非盈利性的国际合作组织，为国际金融业务提供快捷、准确、优质的服务。SWIFT 运营着世界级的金融电文网络，银行和其他金融机构通过它与同业交换电文（Message）来完成金融交易。

SWIFT Code 是由该协会提出并被 ISO9362 通过的银行识别代码，也叫 SWIFT-BIC、BIC Code 或 SWIFT ID。

（2）SWIFT Code 代码组成。

SWIFT Code 由计算机可以识别的 8 或 11 位英文或阿拉伯数字组成，可以拆分为"银行代码、国家代码、地区代码和分行代码"4 部分，形式为 AAAA BB CC DDD。

① 银行代码：由 4 位英文字母组成，每家银行只有一个银行代码，由其自己决定，通常是该行的英文缩写，适用于其所有的分支机构。

② 国家代码：由 2 位英文字母组成，用以区分用户所在的国家和地理区域。

③ 地区代码：由 0、1 以外的两位数字或两位字母组成，用以区分位于所在国家的地理位置，如时区、省、州、城市等。

④ 分行代码：由 3 位字母或数字组成，用来区分一个国家中某一分行、组织或部门。如果银行的 SWIFT Code 只有 8 位而无分行代码时，其初始值为"XXX"。

熟悉国内主要银行的统一代码：

中国银行（Bank of China）：BKCHCNBJ

中国工商银行（Industrial & Commercial Bank of China）：ICBKCNBJ

中国农业银行（Agricultural Bank of China）：ABOCCNBJ

中国建设银行（China Construction Bank）：PCBCCNBJ

中国交通银行：COMMCN

招商银行：CMBCCNBS

民生银行：MSBCCNBJ

华夏银行：HXBKCN

工行国际借记卡：ICBKCNBJICC

（3）登录 SWIFT 查询网站，网址为 http://www.swiftcode.cn，根据提示填入你想查询的银行信息，如图 8-33 所示。注意：该网站主要提供国内银行 SWIFT 编码查询。

图 8-33　国内银行 SWIFT Code 查询网站

例如，查询中国银行上海分行的 SWIFT Code，银行选择"中国银行"，省份选择"上海市",城市选择"上海市",银行网点选择"上海市分行",点击"查询"按钮,查询结果为 BKCHCNBJ300,如图 8-34 所示。

图 8-34　国内银行 SWIFT Code 查询结果

(4)登录 SWIFT 国际网站查询页面后,根据提示填入您查询的银行信息。网址为:https://www2.swift.com/bsl/index.faces?bicSearch_bicOrInstitution。

注意:可查国内外各银行。

以中国银行上海分行为例,"BIC or Institution name"中填入中国银行的统一代码:BKCHCNBJ;"City"中填入要查询的城市拼音:shanghai;"Country"选择 CHINA;最后在"Challenge response"中填入您所看到的验证码。完整填写要查询的银行信息后,单击"Search"按钮,如图 8-35 所示。

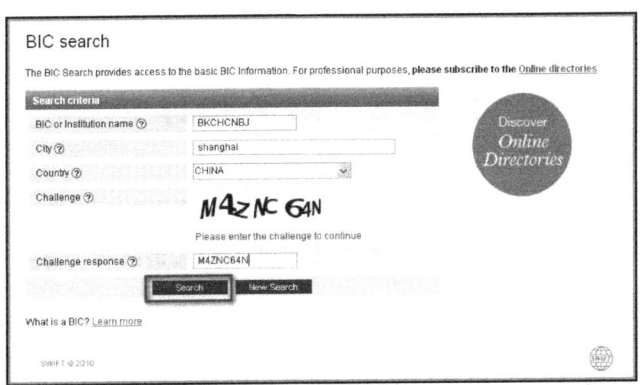

图 8-35　国际 SWIFT Code 查询网站

在系统显示的搜索结果中,可以看到所要查询的银行 SWIFT Code 了,如图 8-36 所示。

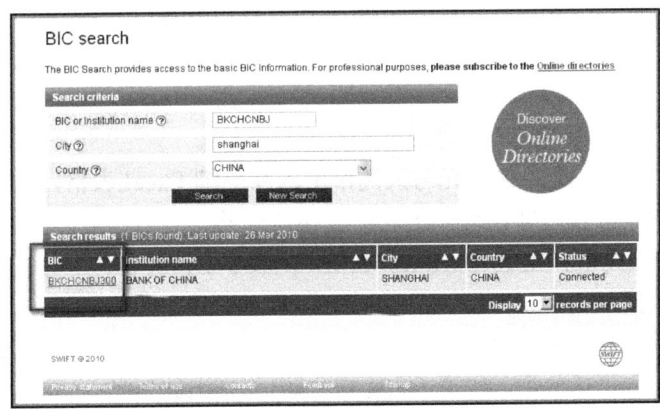

图 8-36　SWIFT Code 查询结果

 跨境电子商务

实训提示

实训介绍了两个 SWIFT Code 查询网站,"http://www.swiftcode.cn" 可以查询国内银行信息;"https://www2.swift.com/bsl/index.faces?bicSearch_bicOrInstitution" 可以查国内外各家银行信息。两个查询方式及输入的信息略有不同,在 SWIFT 国际网站查询需先确认银行代码。

思考与练习

分别用以下两个网站查询下面所列银行的 SWIFT Code。
(1) http://www.swiftcode.cn
(2) https://www2.swift.com/bsl/index.faces?bicSearch_bicOrInstitution
中国银行浙江省分行
中国工商银行广东惠州支行
中国农业银行大连市分行
中国建设银行浙江分行营业部
中国交通银行浙江台州分行
招商银行北京分行
民生银行汕头分行

实训 2 财务核算

实训目的

登录卖家后台查找并下载店铺订单信息、收入和支出数据,掌握店铺财务核算的方法。

实训内容与步骤

(1)登录速卖通后台,进入"交易—资金账户管理—支付宝国际账户",首页可以查看到支付宝国际账户的美元和人民币账户金额,如图 8-37 所示。

单击"交易记录"板块,可以查询美元和人民币账户在某一时间范围内的入款和出款明细。

注意:时间范围不能超过 6 个月。

(2)下载 2017 年 1—2 月的美元与人民币出入款明细 Excel 表格,步骤如图 8-37 所示。
注意:知道下载方法即可,文件下载请扫描二维码。

(3)分别打开人民币和美元账单 Excel 表格,如表 8-1 和表 8-2 所示,读懂以下数据:

时间:系统款项进出的日期和时间。

业务类型:入款包括放款、代发(无忧物流赔付);出款包括退款、代扣运费(线上发货的订单运费可在后台自动扣除)、提现

2017 年 1-2 月的美元账户明细

和提现手续费等。

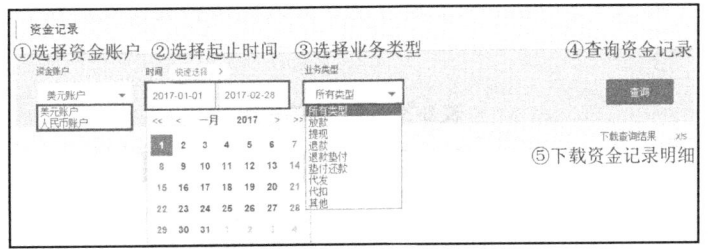

图 8-37 资金记录查询与下载

交易信息：放款、代发、退款项的交易信息为"订单号"。

入款：本次入账的金额。

出款：本次出账的金额。

余额：款项进出后的余额 balance。

2017 年 1-2 月的人民币账户明细

表 8-1 人民币账单流水

时间	业务类型	交易信息	入款	出款	余额
2017-01-24 16:09:29	放款	交易放款:81561901046047	CNY 19.36		CNY 2 916.80
2017-01-24 16:07:53	放款	交易放款:81677193987161	CNY 11.32		CNY 2 897.44
2017-01-24 16:07:47	放款	交易放款:81553324857480	CNY 11.73		CNY 2 886.12
2017-01-24 16:07:45	放款	交易放款:81675871881261	CNY 36.95		CNY 2 874.39
2017-01-24 03:14:47	放款	交易放款:80971781674090	CNY 40.90		CNY 2 837.44
2017-01-20 19:38:21	放款	交易放款:81477687817223	CNY 11.69		CNY 2 796.54
2017-01-20 19:26:30	放款	交易放款:81517707088398	CNY 24.70		CNY 2 784.85
2017-01-20 19:26:29	放款	交易放款:81517707088398	CNY 24.70		CNY 2 760.15
2017-01-20 19:24:32	放款	交易放款:81517707088398	CNY 24.70		CNY 2 735.45
2017-01-20 19:24:32	放款	交易放款:81517707088398	CNY 46.33		CNY 2 710.75
2017-01-18 05:52:11	退款	交易退款:80151153801353		CNY 21.78	CNY 2 664.42
2017-01-18 05:47:14	退款	交易退款:80151153801353		CNY 21.37	CNY 2 686.20
2017-01-17 17:36:58	放款	交易放款:81513153208060	CNY 36.49		CNY 2 707.57
2017-01-13 15:02:13	放款	交易放款:81389100493667	CNY 8.59		CNY 2 671.08
2017-01-04 04:17:17	退款	交易退款:79781915811591		CNY 25.34	CNY 2 662.49

表 8-2 美元账单流水

	时间	业务类型	交易信息	入款	出款	余额
1	时间	业务类型	交易信息	入款	出款	余额
2	2017-03-20 19:27:22	代发	代发:订单号:81410624450111,物流敢用敢赔付金额	USD 4.80		USD 10 538.65
3	2017-03-20 19:27:21	代发	代发:订单号:81410624450111,物流敢用敢赔付金额	USD 7.75		USD 10 533.85
4	2017-03-20 19:06:11	代发	代发:订单号:81410624450111,物流敢用敢赔付金额	USD 4.80		USD 10 526.10
5	2017-03-20 17:51:59	放款	交易放款:82664940088585	USD 3.19		USD 10 521.30
6	2017-03-20 17:01:36	放款	交易放款:82725792106944	USD 4.00		USD 10 518.11
7	2017-03-20 16:26:43	放款	交易放款:501854447269583	USD 3.89		USD 10 514.11
8	2017-03-20 15:43:38	放款	交易放款:501876672279873	USD 3.71		USD 10 510.22
41	2017-03-20 13:46:36	放款	交易放款:82548726459009	USD 3.81		USD 10 400.74
42	2017-03-20 13:22:12	放款	交易放款:501887220200623	USD 2.01		USD 10 396.93
43	2017-03-20 09:29:49	代扣运费	代扣运费:922506644970208		USD 1.65	USD 10 394.92
44	2017-03-20 09:28:39	代扣运费	代扣运费:922758032280208		USD 0.83	USD 10 396.57
45	2017-03-20 09:27:52	代扣运费	代扣运费:922678780400208		USD 1.71	USD 10 397.40
46	2017-03-20 09:27:36	代扣运费	代扣运费:922678706160208		USD 0.81	USD 10 399.11
47	2017-03-20 09:27:21	代扣运费	代扣运费:922574059730208		USD 1.70	USD 10 399.92
48	2017-03-20 09:27:10	代扣运费	代扣运费:922757878820208		USD 2.49	USD 10 401.62
49	2017-03-20 06:17:34	放款	交易放款:501438830419165	USD 5.24		USD 10 404.11
50	2017-03-20 05:57:33	放款	交易放款:501379172639165	USD 5.24		USD 10 398.87
118	2017-03-18 02:40:16	退款	交易退款:81470895820086		USD 2.21	USD 10 446.46

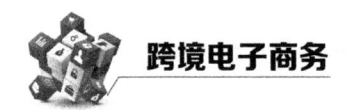

(4) 将出入款的数据转换为数字格式，用求和公式分别加总入款和出款，总入款－总出款＝净收入，如表 8-3 所示。用上述方法计算人民币和美元账户在 2017 年 1—2 月的净收入。

表 8-3 进出账单总计

	A	B	C	D	E	F
1	时间	业务类型	交易信息	入款	出款	余额
7881	2016-07-01 07:10	放款	75424051455639	6.14		13392.94
7882	2016-07-01 06:22	放款	76339925042995	2.9		13386.8
7883	2016-07-01 06:07	代扣运费	901232781910208		1.14	13383.9
7884	2016-07-01 06:06	代扣运费	901223560610208		0.39	13385.04
7885	2016-07-01 05:58	代扣运费	901222285440208		1.02	13385.43
7886	2016-07-01 05:58	代扣运费	901233476140208		0.34	13386.45
7887	2016-07-01 05:58	代扣运费	901223245690208		1.12	13386.79
7888	2016-07-01 05:57	代扣运费	901233399570208		0.39	13387.91
7889	2016-07-01 05:51	代扣运费	901232107990208		0.56	13388.3
7890	2016-07-01 05:47	代扣运费	901233190800208		0.48	13388.86
7891	2016-07-01 05:46	代扣运费	901227058370208		2.37	13389.34
7892	2016-07-01 05:45	代扣运费	901222848410208		3.9	13391.71
7905	2016-07-01 04:16	代扣运费	901224053380208		1.01	13414.6
7906	2016-07-01 04:11	代扣运费	901230432670208		9.59	13415.61
7907	2016-07-01 03:58	代扣运费	901228186010208		6.97	13425.2
7908	2016-07-01 03:40	代扣运费	901227708620208		4.08	13432.17
7909			美元账户入款/出款总计	16243.6	5833.43	
7910			净收入	10410.1		

(5) 处理表格，将"业务类型"进行统一，可根据业务类型进一步统计细分数据，如线上运费＝代扣运费，用 SUMIF 公式将业务类型是"代扣运费"的出款列数据进行加总，如表 8-4 所示。

表 8-4 按业务类型统计数据

时间	业务类型	订单号	入款	出款	余额
2015-01-27 21:07:(	放款	65301784103434	7.4		107.72
2015-01-26 08:00:4	放款	65133109885327	6.93		100.32
2015-01-26 08:00:4	放款	65133109885327	6.93		93.39
2015-01-23 04:09:1	放款	65272086905697	7.31		86.46
2015-01-23 04:09:1	放款	65272086905697	7.21		79.15
2015-01-21 04:54:1	放款	64954334143172	6.93		71.94
2015-01-20 22:36:1	放款	64872170585488	7.12		65.01
2015-01-17 14:06:1	放款	64982470793664	7.4		57.89
2015-01-13 14:36:1	放款	65137862717304	6.93		50.49
2015-01-13 14:33:1	放款	65137862717304	7.5		43.56
2015-01-13 14:33:1	放款	65137862717304	6.93		36.06
2015-01-08 09:16:1	放款	65097058405821	6.93		29.13
2015-01-08 09:16:1	放款	65097058405821	7.4		22.2
2015-01-03 09:27:1	放款	64965940568867	7.4		14.8
2014-12-29 21:46:1	放款	64988429982287	7.4		7.4
		美元收入/支出	21282.61	7613.4	13669.21
		运费支出		=SUMIF(B:B,"代扣运费",E:E)	
		退款		SUMIF(range, criteria, [sum_range])	
		核对		7613.4	

(6) 核算店铺收支，销售净收入＝放款－退款＋赔付，支出＝商品成本＋包装成本＋线上运费＋线下运费＋其他支出，绘制财务报表，如表 8-5 所示。

表 8-5 店铺财务报表

	收入项目			支出项目	
1	商品销售毛收入（即平台放款）		1	商品成本（含包装成本）	
2	线上物流赔付		2	订单退款	
3	物流返点		3	线上运费	
4	其他收入		4	线下运费	
			5	其他支出	
	收入总计			支出总计	
	净利润（收入－支出）				

实训提示

支付宝国际账户有人民币和美元两个账户，计算商品销售毛收入时，一定要注意单位统一，通过汇率转换统一为人民币进行计算。

思考与练习

根据实训 2 的步骤完成店铺的财务核算，并回答下列问题：
（1）支付宝国际账户有哪些板块？可以查询或下载哪些信息？
（2）要核算店铺财务，需要哪些财务数据？哪些数据可从速卖通后台得到？哪些不能？
（3）根据其他报表，完成店铺财务报表 8-5。

项目小结

信息流、资金流、物流是电子商务的三大要素，在跨境电子商务快速增长的刺激之下，跨境支付的需求也日益强烈，特别是第三方支付的应用，加快了跨境交易的频率，成为当前跨境网络交易的主要支付手段。截至 2017 年 3 月，共有 29 家公司拿到国家发放的跨境支付许可，包括支付宝、财付通、银联电子支付、快钱、汇付天下等。

由于国际买家群体的偏好，在速卖通平台的买家端"支付宝（Alipay）"改名为"国际支付宝（Escrow）"，它是一种第三方支付担保服务，其风控体系为卖家提供保障，第三方担保、保证金机制为买家提供保障。国际支付宝（Escrow）支持的支付方式很多，主要有信用卡/借记卡、Western Union（西联汇款）、T/T（银行汇款）、Boleto、QIWI、Webmoney 和 Yandex.Money，我们要了解不同国家常用的支付工具及其特点和注意事项。

支付宝国际账户 Alipay Account 是支付宝为从事跨境交易的国内卖家建立的资金账户管理平台，包括对交易的收款、退款、提现等主要功能，包含美元账户和人民币账户。我们要掌握收款提现账户设置、提现、结汇和退税操作。

最后，我们应掌握在速卖通后台如何查询和下载各类财务数据和报表，并进行店铺的财务核算。

 同步测试

习题答案

1．单项选择题

（1）在全球速卖通平台，买家不能使用下列哪种支付方式（   ）。

    A．Master（信用卡）   B．Western Union（西联汇款）

    C．PayPal（贝宝）   D．QIWI Wallet

（2）下列说法错误的是（   ）。

    A．针对线上已发货的订单，平台允许使用支付宝付款

    B．针对线上已发货的订单，平台允许使用支付宝国际账户付款

    C．若未主动支付运费且支付宝国际账户中的余额不足，系统将顺延至第二天划扣，直至运费划扣完成

    D．运费未支付还可创建新的线上发货订单

（3）下列说法错误的是（   ）。

    A．买家使用信用卡进行支付，如果资金是通过美元通道，平台会直接将买家支付的美金支付给卖家

    B．买家使用信用卡进行支付，如果资金是通过人民币通道，平台会将买家支付的美金结算成人民币支付给卖家

    C．如果买家使用T/T银行电汇进行支付，平台会将美金按照买家支付当天的汇率兑换为人民币支付给卖家

    D．如果买家使用T/T银行电汇进行支付，平台会直接将美金支付给卖家

（4）卖家可以在速卖通后台"交易—资金账户管理"板块进行放款查询，订单的币种没有（   ）。

    A．欧元   B．美元   C．卢布   D．人民币

2．多项选择题

（1）国际支付宝目前支持买家用（   ）支付。

    A．美元   B．英镑   C．欧元   D．卢布

（2）俄罗斯买家在速卖通平台可以使用的支付方式有（   ）。

    A．Webmoney   B．QIWI Wallet   C．Master card   D．VISA

（3）俄罗斯的三大主流支付方式是（   ）。

    A．QIWI Wallet   B．Webmoney

    C．Boleto   D．Yandex.Money

（4）SWIFT Code由8或11位英文或阿拉伯数字组成，包括（   ）。

    A．银行代码   B．国家代码

    C．地区代码   D．分行代码

（5）下列说法正确的是（   ）。

    A．SWIFT Code对于某个具体的银行不是唯一的，可以通过拨打银行服务电话或登录SWIFT国际网站查询

    B．SWIFT Code是国际编号，相当于各个银行的身份证号

C. 速卖通平台提现采用余额提现方式，分为美元提现与人民币提现
D. 美元提现将提款到卖家的美元银行账户中，人民币提现将提款到卖家的支付宝国内账户中

3. **分析题**

（1）国际支付宝（Escrow）支持的支付方式有哪些？买家可以使用哪些币种进行付款？卖家可以使用哪些币种进行收款？

（2）卖家可以设置三个美元账户提现银行账号，可选个人账户或公司账户。这两类账户在银行办理及结汇手续中有什么不同？

参 考 文 献

[1] 井然哲．跨境电商运营与案例．北京：电子工业出版社，2016．
[2] 柯丽敏，洪方仁，郑锴．跨境电商案例解析．北京：中国海关出版社，2016．
[3] 速卖通大学．跨境电商：阿里巴巴速卖通宝典．北京：电子工业出版社，2015．
[4] 柯丽敏，洪方仁．跨境电商理论与实务．北京：中国海关出版社，2016．
[5] 刘春光，李念．跨境电子商务实务．北京：电子工业出版社，2016．
[6] 廖丽玲，杜艳红．基于电商 B2C 英语语言特征的跨境电商专业英语写作教学研究．北京城市学院学报．2016（6）
[7] 上海情报服务平台，http://www.istis.sh.cn.
[8] 老 A 电商学院，吴元轼．淘宝网店金牌客服实战．北京：人民邮电出版社，2015．
[9] 林海，张燕，刘洁．网店客服．北京：清华大学出版，2014．
[10] 百度百科，http://baike.baidu.com.
[11] 联商咨询，http://www.linkshop.com.cn.
[12] 中研网，http://www.chinairn.com.
[13] 埃森哲，https://www.accenture.com.
[14] 中国电子商务研究中心，http://www.100ec.cn.
[15] 派代网，http://www.paidai.com.
[16] 速卖通官网纠纷专区，http://seller.aliexpress.com/promotion/dispute/index.html?spm=5261.8113035.107.2.zvhk9Y&tracelog=rules_homepage.
[17] 全球速卖通大学，https://university.aliexpress.com/index.htm?spm=a2g09.8133122.0.0.59Yy4G.